Author——陳喜輝

句句有梗的
希臘神話

從
世間真理到無用歪理,
西洋藝術、文學、戲劇
⋯⋯⋯⋯
都從這裡開始

MYTHOLOGY

ⅠⅠⅠⅠ
原點

目　錄

 聖山王族

B 在野神靈

大地超人

D 傷愛飛情

自序

　　借梁山好漢的故事來想像奧林帕斯眾神的生活並不合適，梁山上奇缺女性與愛情，幾個母夜叉之類輕易地成全了好漢們重義輕色的美名。若論武功，即使公孫勝也只相當於奧林帕斯山下小妖的水準。但無論如何，奧林帕斯天神們還是太像佔山為王的土匪了──當然他們不土，起碼是貴族落草，林沖、盧俊義的檔次。若溫和一點兒，我們還可以把奧林帕斯想像成一個度假村，那裡住著人類的一些高貴而浪漫的親戚。

　　較比之下，中國的神更像神的樣子。他們使命感很強，喜歡開天闢地、搏土造人、補天治水的大事業，但不願意和男女人民在一起。他們住在九重之上、虛無縹緲之中，而且簡直是一種故意。據說本來神仙和人類居住得很近，樓上樓下，可以方便來往，搞搞意思，可是天帝顓頊執政時很不喜歡無差別狀態，就搞了個「絕地天通」的工程，拉遠了仙境與人間的距離，從此人神兩界，互無興趣，基本斷交。這些神身體不似人形，不食人間煙火，也沒有七情六欲。比如就愛情而言，中國神話中沒有代表人的自然本性的愛情之神，只有婚姻之神──月老，給人的感覺彷彿退休老幹部開了個婚姻介紹所，並且專做「黃昏戀」。神神之戀、神人之戀既稀少又沒有情調。試想女媧人首蛇身，西王母殺氣騰騰，人類豈敢盼望垂青。級別較低的嫦娥倒是浪漫了一下，但丈夫既非血肉凡胎，她後來又乾脆逃離丈夫和人間，寧肯去月亮上過一種沒有人間溫暖和愛情的清冷生活。織女、七仙女──嚴格說都不算女神──耐不住寂寞下凡走一遭，最終也像女知青或女大學生村官（農村政府基層員工）一樣返城了。哪有神仙眷侶，

我們記憶中像點兒樣子的愛情，多是由一些三流的仙女甚至女鬼、花妖、蛇怪或狐狸精之類造成的。再等而下之的甚至是「天子」——皇帝的微服私訪調戲民女了。

確實，中國的神是真正的神。愛情是以有限去追求無限，是以缺陷去追求圓滿，是以人性去追求神性，是痛苦歡樂的交織。神本身就是圓滿，神本身就是無限，神也無所謂痛苦，他們要愛情幹什麼？即使在希臘神話中，天神們要體驗真正的愛情，也只有與人類互動。

但中國神話中人性的貧困，無疑減弱了神話的現世色彩，讓我們覺得不親切。我從小就知道月亮上有男士吳剛、女士嫦娥。長大以後我就想，偌大一個月亮，孤男寡女的，就怎麼沒有一點兒故事？嫦娥似乎已經失語，所以養了一隻「看起來好像要說點兒什麼，但最後卻什麼都沒有說」（《宅男行不行》臺詞）的無言的兔子；吳剛孤獨成病，砍樹強迫症成為全部生活。原來，他們是在不同的神話中登月的，借用專業術語，這是兩個沒有任何聯繫的「獨立神話」。故事固然清晰了，道德固然純潔了，但文學與人情都沒有了。在後來「子不語怪力亂神」、「男女授受不親」的文化傳統中，他們倆就更沒有交往的可能和機會了。幸虧現在有了電視劇《春光燦爛豬八戒》，我們才不再替嫦娥姐姐難過了。

希臘神話神人同形、同性，它較少宗教性和天上的威嚴，富於人生的情趣和人文精神。它是世俗的、明媚的、浪漫的和活潑的，它更像是現實

人生的圖畫，根本就是現實人生的寓言（據說在希臘語中「神話」一詞即有「寓言」之意）。伊迪絲‧漢彌敦（Edith Hamilton）曾說：「神話學家們使一個恐怖的世界轉變成為一個美麗的世界。」這是「致魅」時代，人類偶然出現於洪荒的世界上，依賴神話甚至迷信在自己與世界之間建立了必然、豐富的聯繫，原始世界因為這些富有人情味的神靈而顯得格外美麗生動，至今想來仍令人神往。中國希臘文學專家羅念生先生曾描述他想像中的雅典：「那裡夜夜都有月光。」希臘的月光應該格外迷人，因為天空中佈滿了神靈和傳說，地上的一棵小草、一滴露珠都體現著某位小仙女的情懷，而主管月亮的，是一位美麗而嚴厲的女神。那是一段神在人間的時光，深閨少女常在一陣頭暈目眩的幸福中失身於英俊而強力的神靈，牧羊少年有機會與仙女聊天、戀愛。妖怪妖而不怪，史芬克斯既聰明又講理；土匪匪而不土，扳松賊席尼斯豈非最早的彈性力學專家？即使懲罰和受難的故事，也不陰森可怕。希臘神話中的地獄，讓人想到的不是來生，而是今天的客廳或辦公室。當我們看到冥王黑帝斯（略相當於閻王爺）風風火火地戀愛時，我們感到如此欣慰和開心，就像看到我們假正經的老闆捲入了一宗桃色新聞，讓人覺得希臘的地獄甚至比天堂有趣。

我們現在仍然願意這樣想像，遺憾的是，天文學和太空船破壞了我們的敬畏感、好心情和想像力。強大的科學實現了「祛魅」，但從此「世界不再令人著迷」（席勒）。童話《彼得‧潘》裡說，當一個人長大，說他不相信仙人的時候，世界上就有一個仙人落下去死了。若按照希臘神話的說

法，神靈是「不死者」，那我們願意相信這些仙人移民到更遙遠的星球上去避難了。走進今日的山林，再也沒有仙女了，沒有狐狸精了，甚至沒有狐狸了，只有滿地的塑膠垃圾。近似妖怪的是都市里滿街的汽車，能帶來奇跡感、新事物的地方只剩下電子大世界了。一個沒有神仙和妖怪的世界是多麼荒涼無趣啊！由此我們也理解了後現代主義「返魅」的意義：一種有機主義、生態主義倫理觀，渴望回到人與自然的統一狀態。我們今天浸淫其中的魔幻遊戲、玄幻文學乃至穿越影視等，都在某種意義上表達了這種久遠而深刻的「返魅」願望。

然而，神光並沒有熄滅。每天清晨，當曙光女神厄俄斯（Eos，羅馬神話中稱奧蘿拉〔Aurora〕）披著玫瑰色的輕紗出現在東方，太陽神阿波羅仍然駕馭著他黃金的太陽車從此出發，向大地與人類流瀉著萬古不滅的金輝，德爾菲廟宇門楣上「認識你自己」的神諭仍然是人類無法釋懷的使命和力量，是一切學科殊途同歸、無法抵達的終點。

而夜深人靜的時刻，仰望仍然神秘的星空，我們不願意相信月亮女神的家園已經被登月太空梭建成了殖民地，那閃爍的星星怎能不是神靈？詩人余光中就在這樣的月光下詠歎：「今夜的天空很希臘。」

希臘東北部有一座山，名叫奧林帕斯（Olympus，不同於Olympia）。此山高9600英尺，山頂終年積雪，是天地相接的所在。山不在高，有仙則靈，此山瓊樓玉宇，金光閃耀，是宇宙的中央機關所在地，以宙斯（Zeus）為核心的第三代神靈們就在這裡管理宇宙大事。很顯然，這裡更便於諸神監視人類，插手人間事務。同時，發現和追逐大地上美麗的少男少女也容易多了。

奧林帕斯諸神指的是大議會成員，有「十二」之編制，也有「十三」神之說，但由於種種原因，名單並不一致，共涉及十四位神靈。其中一半是主神宙斯的兄弟姐妹，另一半是宙斯的英雄兒女。這是一個以主神宙斯為中心的大家族，次一級的在野神靈也都和聖山王族沾親帶故。每位神都有具體負責的地域和部門，並能發揮自己的特長。另外，諸神頻繁下山活動，大地上英雄輩出。「爸爸去哪兒了」是神話母題，但在希臘神話中都有明確線索，若是其父不詳或預設狀態，十有八九就是宙斯了。

希羅多德（Herodotus）說：「可以說，幾乎所有的神都是從埃及傳入的。」埃及神話只是希臘神話的源泉之一，希臘人廣泛地吸收了地中海周圍其他地區和民族的神話傳說。但希臘人的偉大與驕傲在於柏拉圖曾說過：「我們把一切外來的東西變得更美麗。」同時，這種完整的「體系神話」也無疑是多少代作家、藝術家持續拼湊、加工的結果，至今還留有很多矛盾和漏洞。

聖山王族並沒有開天闢地的偉業。宇宙最初混沌一團（卡厄斯〔Chaos〕），後來由於能量偏移，打了個「大哈欠」（即大爆炸），從中誕生了四位神靈，其

聖山王族

中最重要的成員是地母蓋亞（Gaea）。蓋亞自己通過無性繁殖、單性繁殖或有絲分裂之類的方式（據說在生命進化史上兩性合作的時間很短）生下了天空之神烏拉諾斯（Uranus）——男，然後與之結合，生十二泰坦（Titan），這是第二代神靈。十二泰坦有男有女，二元結合，比單性繁殖更有效率和樂趣。宙斯及其哥哥姐姐等都是泰坦神的兒女。

聖山王族除了長生不老（「不死者」）並具有超自然的威力，其他方面皆和人類（「必死者」）一樣，比如受命運和定數的限制。他們具有人的形貌和七情六欲，自私任性，愛虛榮，喜享樂，每日裡宴飲喧嘩，搬弄是非，打架泡妞，有好品質的時候很少。他們一半是天使，一半是魔鬼，動態辯證，渾然一體，完全不同於中國古典倫理學中性善與性惡的截然二分，他們實在太像人類了。

說到宙斯，後世的人們常稱為朱比特（Jupiter），這是他的羅馬名字。羅馬本來也有自產的神話，但故事少，版本低。希臘神話傳播到羅馬後，以強大的優勢覆蓋了羅馬神話。故事合併了，豐富但並不完美，留下了一些漏洞。最麻煩的是諸神的希臘名字與羅馬名字並存，彷彿雙語字幕。比如希臘的愛情女神阿芙蘿黛蒂（Aphrodite）對應羅馬的維納斯（Venus），就像中國常取的女孩名稱「翠花」到美國後又名「瑪麗」一樣。至於怎麼稱呼最合適，就看在什麼語系、語境和文化傳統中了，相當多的文學作品混合使用希臘名與羅馬名。

主神宙斯

ZEUS

乾坤霹靂王

羅馬名：朱比特（Jupiter）
關鍵字：雷人、平衡、優生

　　宙斯是萬神之王，若套用漢文化的「職稱」，相當於老天爺，是天地、神祇和人類的最高主宰，雷電之神，具體權力範圍是天空。制空權在神話中應該格外重要，那時的天並不空，何況宙斯的獨門熱核級兵器——雷電，一定是古代人最敬畏的，幾千年前人類哪見識過第二種那麼巨響又那麼閃光的東西？宙斯的制式兵器還包括防守型的埃癸斯（Aegis）或稱「宙斯之盾」。

　　不過，希臘的老天爺可不是

《朱比特的童年時代》*The Nurture of Jupiter*
普桑（Nicolas Poussin, 1594-1665）
Dulwich Picture Gallery, London, United Kingdom

ZEUS

長袍馬褂、手握太極球的中國武林盟主的樣子。新人類有個詞只有用在宙斯形象上才不算浪費：**巨酷**。

他坐在主神的寶座上，長髮捲曲，留著大鬍子，左手持權杖，右手持雷錘，腳下盤踞著一隻神鷹，表情十分威嚴。誰要是觸犯了他的尊嚴，他的「掌中雷」（或稱電磁炮、電炮）可不是好玩的。當然，除了主持奧林帕斯上議院會議之外，宙斯很少呆坐在這裡，**他熱愛人民特別是女人，是社會運動者和行動者，至少戀愛是不肯讓別人代勞的。**在戀愛方面，他也是個超級「雷人」。

宙斯是第三代領導核心。其家族祖孫三代是進化論的典範，都是父親要毀滅兒子，兒子卻比父親強大，最終取而代之。宙斯的父親是泰坦神克羅納斯（Cronus），母親是眾神之母瑞雅（Rhea），本是十二泰坦行列中的一對兄妹。那是個肉食奇缺、父親存疑的時代，但進化論的威脅是真實存在的，克羅納斯就曾閹割了自己的父親烏拉諾斯。所以在宙斯出生前，克羅納斯連續吃掉了自己的五個孩子（分別是赫斯提亞〔Hestia〕、黛美特〔Demeter〕、赫拉〔Hera〕、波賽頓〔Poseidon〕和黑帝斯〔Hades〕，其實都暫存腹中）。待宙斯出生，克羅納斯十分興奮，又有小鮮肉吃了。但母親瑞雅不願意了，就在繦褓裡裹了石頭抱給丈夫，克羅納斯一口就把這「**大春捲**」吞到了肚裡，而真實的宙斯則像革命後代一樣被藏匿到一個島上，喝山羊奶長大。

宙斯長大後，與母親合作，給父親下了催吐劑（某種藥草），使之吐出了波賽頓等五個姐姐哥哥，姐姐哥哥們已然長大。然後，第三代神童們依靠統一戰線和武裝鬥爭，戰勝了殘暴專權的父親以及其他泰坦。宙斯後來以史為鑒，為了避免吃下石頭，把第一任妻子墨提斯（Metis）及其身孕的孩子（雅典娜〔Athena〕）整個吞下。他還忍痛割愛了被預言將生下強

大後裔的海洋女神忒提斯（Thetis，阿基里斯〔Achilles〕的母親）。

　　宙斯從此一統天地，分疆裂土，其組閣方式自然是家族模式。十二天神中有一半是宙斯的兄弟姐妹——當初共打江山的老一輩革命家，另一半是宙斯的英雄兒女——宙斯在革命勝利後加速培養的接班人，在這方面宙斯自然不會有絲毫猶豫和為難。諸神分工明確，也能恪盡職守。雖然常常兄弟相鬩，夫妻反目，但畢竟是內部矛盾，又有宙斯的新權威主義震懾，所以基本秩序不亂。作為娛樂物件和夥伴，人類很快被製造完畢，雖然他們已經獲得了**火**——文明的開端，但這火一時還燒不到奧林帕斯的山門，只夠人類互相煎熬的，眾神倒能從中取樂。

　　宙斯的特點可以概括為兩方面：其一是**威嚴公正**，這對於領導者來說是必備的優秀品質。宙斯雖然威力強大，但很有民主作風，能尊重其他神靈和人類的自由選擇。除了戀愛以外，很少營私舞弊。他的女兒青春女神赫蓓（Hebe）竟然被安排在奧林帕斯山上的宴會廳當陪酒小姐（司酒女神），犯了不雅的錯誤又堅決開除，可見宙斯鐵面無私。不過若仔細分析，會發現宙斯特別善於和稀泥，公正之下常常藏著計謀和私欲，每逢重大判決，往往會耍滑頭或轉移矛盾。

　　宙斯的另一個特點是**好色**，這個廣泛流行的說法很真實，但措辭不妥。宙斯結婚七次，妻子全是女神，一般認為是墨提斯、提密斯（Themis）、尤瑞諾美（Eurynome）、黛美特、敏莫絲妮（Mnemosyne）、麗朵（Leto）和赫拉，其中一些有時被說成情婦，這些女神即使不嫁給宙斯，也與人類無緣。宙斯另有姓名可考的**情婦幾十個**，其中很多是塵世凡女，就這些故事讓人生氣。「史學之父」（後來也被稱為「謊言之父」）希羅多德說過：「在古代希臘神話無憂無慮的世界裡，神看見人類的女孩子生得美麗就任加蹂躪，這種事多得可以用詩句開列一個長長的名單……其結果總是無一例外

《歐羅芭被劫》*The Rape of Europa*
魯本斯（Peter Paul Rubens, 1577-1640）
Prado Museum, Madrid, Spain

地生下英雄人物。」例外也有，比如生下天下第一美女海倫（Helen）。

　　宙斯在戀愛中坑蒙拐騙，始亂終棄，無所不用其極，很多人會因此產生道德上的憤怒。這大可不必，且未免迂腐，我們不能用今天的制度文明去衡量幾千年前的原始神明與人類。而且考慮到宙斯誘騙凡女生下的都是重要神童或傑出人物，符合優生學，是種族意志和進化論的典範，這應該是人類求之不得的好事。強大的生命理應擁有更多的後代，古今如此，生命皆然。這不該叫「好色」，而且這是希臘英雄傳說的必備開端。另外，通常我們也希望一些領袖人物好色，這是他們寶貴的人情味。當然，這麼說可能忽視了宙斯的妻子赫拉的感受。

　　宙斯的風流韻事適合作為一些人間英雄故事的序言部分，不必在此重複敘述。宙斯的快樂事業也總是與赫拉的嫉妒交織在一起，像下面這樣赫拉未出場的故事很少。

　　有一天，腓尼基首都西頓城（Sidon）的國王阿革諾（Agenor）的女兒歐羅芭（Europa）正在海岸邊的草地上與姐妹們採花嬉戲。她飄飄的長裙、清新的容顏和快樂的笑聲讓正在聖山上開會的宙斯心旌搖盪，宙斯咳嗽兩聲，說要下山檢查工作，揮手宣佈散會。他常用的手段是變形，為了騙過赫拉，此番他變成了一頭神奇的大公牛，來到海岸邊的牛群中，走近歐羅芭。

　　那時的牛，與今天的「BMW」類似，**且此牛非凡牛**，它金光閃耀、健壯、快樂而溫馴。好奇的歐羅芭很喜歡，她吵嚷著把花環掛到牛角上，然後坐到了寬寬的牛背上。神牛心中暗喜，輕輕啟動了腳步，像那種高級轎車一樣，平穩加速，瞬間百公里，就到了海水中。海洋碧藍無邊，自動分開波浪，神牛水陸兩用，像快艇一樣無聲飛馳。歐羅芭恐懼、迷茫而又感覺神奇，一動也不敢動。也不知過了多久，終於到達了陌生的海岸，一

塊陌生荒涼的大陸。歐羅芭彷彿夢中醒來，面前出現了一位高大威風的男子。然後，就是省略號、Enter換行了。**「搭便車經常是上賊船」，教訓自古就有啊！**

第二天早晨，曙光映紅了海岸，呼嘯的海風和波濤喚醒了歐羅芭。孤獨，恐懼，羞辱，思念親人，她痛不欲生。忽然，一位美麗的女神從天而降，原來是愛情女神，她一般是事先蠱惑安排，但這次老闆的愛情事發突然，她就專程做善後工作來了。看見女孩在哭，女神笑了，真誠地笑了：「女孩，你不知道昨天晚上的男人是誰嗎？」確實，從結果上看，女孩兒高興都來不及呢！那時所謂的公主，跟今天村長的女兒相似。宙斯與她生了米諾斯（Minos）等三個兒子，個個權高位重，聲名顯赫，其中有兩位成了地獄的判官。為了紀念這次愛情，宙斯還用歐羅芭的名字**命名了一塊大陸**，這就是後來的歐洲了。宙斯從不在戀愛時送禮物，但總能在事後給予榮譽稱號或安排子女工作以示撫慰。

宙斯的羅馬名字是朱比特，天文學家用這個名字命名了太陽系最大的一顆行星：木星。（天王星的名字來源於宙斯的爺爺烏拉諾斯；宙斯的父親克羅納斯到羅馬後成為果實之神薩頓〔Saturn〕，並被用來命名土星。）木星的衛星們自然必用宙斯諸多情人的芳名了。1610年，伽利略（Galileo Galilei）借助望遠鏡觀測到了木星的四顆衛星，分別用宙斯的四個情人（包括美少年蓋尼米德〔Ganymede〕）命名，其中木衛二就叫歐羅芭。後來天文學家們發現木星有幾十顆衛星，

估計宙斯情人的數量足夠配套使用。

《朱比特與朱諾》 *Jupiter and Juno*
卡拉契（Annibale Carracci, 1560-1609）

天后赫拉

HERA

聖山獅子吼

羅馬名：朱諾（Juno）

關鍵詞：嫉妒、女權、小三

　　蛾眉善妒的赫拉按順序是宙斯的第七位（有人說是第三位）即最後一任妻子，在地位上是第一位，所以是奧林帕斯**第一夫人**。從血緣來看，她是宙斯的姐姐。這種「亂愛」即血婚制，曾是遠古時代相當久遠和普遍的繁衍和婚配方式，現代西方語言中仍然姨姑不分、叔舅混同，就是血婚制的遺俗。作為姐姐，赫拉當然瞭解弟弟，她並不想嫁給這位風流之王。但是弟弟也瞭解姐姐的弱點，宙斯又一次施展變形的本事，化成一隻可憐的、濕淋淋的布穀鳥，撲到赫拉的懷裡，赫拉在愛撫可憐的鳥兒的同時，自己被愛撫了。於是兩人舉行了盛大的婚禮，新婚蜜夜長達三百年，太陽神（一種說法還沒有出生）倒是乘機節省了不少能源。

　　紅粉領袖赫拉高眺豐滿，容貌端莊，眼睛很大，香氣四溢，頭戴花環或是后冠。她沒有太具體的職務，因為第一夫人干政，不宜家國。她主要從事一些類似婦女團體的工作，是婦女和婚姻的保護神，司生育。她堅決捍衛一夫一妻制，是女權主義領袖，具體表現就是**偵察和迫害宙斯的婚外**

情人和私生的後代，因此是奧林帕斯最善妒的女神。當然不嫉妒反而奇怪了，因為赫拉自己是守身如玉的，再說**不吃飯容易，不吃醋也難**。赫拉總因此與宙斯吵架，她甚至曾經把感情糾紛升級為政治鬥爭，率眾起義，失敗後被宙斯用金手鐲吊在天空，玉足上再吊一塊黑鐵砧，花容淒慘。她由此認識到，強大的、多妻主義的宙斯是不可改變的，於是只能

遷怒於那些比她更可憐的女子和孩子。

愛奧（Io）是阿果斯城（Argos）的第一代國王伊納可斯（Inachus，也是伊納可斯河河神）的女兒，美麗而明慧，是全體人民心中的明珠。高高的山上的諸神也常常在宴飲中為大地上這位可愛的少女而停止了喧嘩。有一天，宙斯偷偷溜到山下，以凡人的面目出現在少女愛奧身邊：「可愛的姑娘啊，你的美麗能讓人類永生，可除了我誰能讓你永生呢？」宙斯顯示了自己的身份，並不懷好意地勸愛奧到樹林裡躲避刺眼的陽光。不管宙斯是真是假，少女都只有恐懼。她轉身就跑，天神立刻改變了局部天氣，讓草地與樹林籠罩在一片黑霧當中。少女失魂落魄，最後撞進了宙斯的懷抱中。

這時，奧林帕斯山上的赫拉忽然感到一陣莫名而熟悉的煩躁，她起身俯瞰大地，豔陽之下，卻有一片地方烏煙瘴氣。**哼，玩什麼鬼把戲，當初也不是沒被你騙過**！赫拉怒然而飛，從天而降。雲霧散去，宙斯慌亂之間，將愛奧變成了一頭**雪白的小母牛**。赫拉心裡冷笑，卻不動聲色。她拍拍漂亮而可憐的小母牛，與宙斯聊起了田園生活，誰家的牛啊，什麼綱目科屬種啊，就像後來的電影中，丈夫把情人藏到床下，妻子卻細緻地跟丈夫談論床單的圖案、價格一樣。末了赫拉表示很喜歡這頭牛，要把它帶走。宙斯心如刀割，卻不能不答應。更可憐的是愛奧啊，她乖乖地被赫拉牽著鼻子走，甚至不如中國的竇娥，能喊聲冤枉。

接著，赫拉委派百眼妖怪阿古斯（Argus）去看守小母牛。百眼怪物每次睡覺的時候只閉上兩隻眼睛，所以**用它看守人質頂得上一個連的兵力**。愛奧心裡想感化它，但感天動地的言辭一出口，卻都是哞哞的牛叫。

有一天，愛奧來到了自己的故鄉，在河岸的草地上看見了自己的父親和姐妹。父親撫摩著她，給了她一把青草，愛奧流著淚親吻父親的手，欲訴無言，就用腳在地上寫出了自己的名字。父親明白了一切，悲痛欲絕，百眼怪物卻毫不容情地把愛奧拉走。宙斯並非無情，可他深知

婚外情不是道德問題，而是技術問題，

萬鈞霹靂若在近處使用，也會傷了自己。道高一尺，魔高一丈，宙斯召來兒子神行太保荷米斯（Hermes），密授機宜。古怪精靈的荷米斯吹奏席琳克絲（Syrinx）的牧笛，贏得了百眼怪物的歡心。到了近前，荷米斯又用席琳克絲的美麗故事慢慢催眠了妖怪，然後用鑽石刀割下了百眼怪物的頭顱。這一百隻眼睛後來被移植到赫拉的聖鳥孔雀身上作為紀念，至今我們還能在孔雀的羽毛上看到遺跡。

赫拉於是又派去了一隻絕不會沉迷音樂和文學的牛虻，繼續跟蹤折磨小母牛愛奧。愛奧難受得發瘋，四處奔逃。她越過一片海洋，那地方從此就叫**愛奧尼亞海**（Ionian Sea）。她涉過一道海峽，後來就成了**博斯普魯斯海峽**（Bosphorus，意為牛的淺灘）。這些地名都是她痛苦的紀念。最後她到了埃及，宙斯實在於心不忍，向赫拉承認了錯誤，像所有的丈夫一樣發誓永不再犯。赫拉對此並沒有信心，但她明白**婚外情只是野餐，若逼急了就會成為正餐**，於是就饒恕了宙斯及其情人。愛奧恢復了美麗容顏，後來她本人及其與宙斯所生的兒子在埃及很受崇拜。

宙斯的另一位情人美少女卡麗絲托（Callisto）也因為相似的緣故被宙斯（一說被赫拉）變成了醜陋可怕的熊。後來她與宙斯生的熊孩子長大了，

《墨丘利和阿古斯》 *Mercury and Argus*
鲁本斯
Prado Museum, Madrid, Spain

差點兒把熊媽媽射死。另一種說法是赫拉要求月亮女神（也是狩獵女神）阿特蜜斯（Artemis）去射殺這只母熊。宙斯無奈，只好安排母子升天，成為大熊星座和小熊星座。赫拉對情敵的榮譽也不能忍受，在她的干涉下，大熊星座和小熊星座只能

在天空永不休止地運行，

而不得沉落海底休息。國際上通稱的八十八個星座以及黃道十二宮，每個都對應一個希臘神話故事，其中不乏辛酸的愛情，難怪孟庭葦要問哪顆流星是她的眼淚了。*

　　赫拉的羅馬名字是朱諾（Juno），英語中的「**六月**」由此而生，赫拉是保護婚姻和婦女權益的典範，因此在歐美六月份特別適宜結婚。2011年，美國發射了木星探測器「朱諾」號，預計2016年到達她丈夫的星球——朱比特——**木星**。八卦的是，美國太空總署還特別花1.5萬美元委託樂高玩具公司製造了三個玩偶——**伽利略、宙斯和赫拉**，搭載於探測器上。其中伽利略手握望遠鏡一臉壞笑，赫拉手中不知是梳妝鏡還是放大鏡，朱比特則滿臉尷尬。這簡直是好萊塢設計的情節和場面，正所謂

「伽利略發現秘密，赫拉打上門去」。

　　2016年的木星，將有一場好戲。

* 編按：出自1993年《誰的眼淚在飛》歌詞

海神波賽頓
POSEIDON
怒海掣鯨手

羅馬名：涅普頓（Neptune）
關鍵字：藩王、爭城、拼爹*

當初宙斯三兄弟是**抓鬮**劃分勢力範圍，年齡最小的宙斯獲得了天空，成為主神。波賽頓成為大海和湖泊的君主。黑帝斯最倒楣，分到了地下室。海陸空三個要害部門從此為宙斯三兄弟掌握，但內部勢力並不平均。波賽頓雖然不得不承認宙斯的主神地位，心裡卻不服氣不愉快。希臘諸神熱愛人間與陽光，而他的青銅宮殿位於愛琴海海底，相當於**鎮守邊關；天天與蝦兵蟹將、生猛海鮮共處，也是藩王的感覺**。所以他總是獨立不羈、絕不合作的樣子，波濤洶湧的大海，在某種意義上反映了他胸中的不平。波賽頓還被認為是地震之神，因為他還掌管地下水，當他用叉子攪動地下水，希臘就地震了——也許表達了他撼動奧林帕斯政府的企圖。實際上他不止一次聯合其他神、甚至利用宙斯的家庭矛盾製造叛亂，但都被宙斯鎮壓下去了，並曾因此被宙斯**流放下界，勞動改造**。

波賽頓的性格桀驁不馴，像大海的波濤一樣，他經常駕馭著他長鬃烈馬的金車在海面狂奔。他的標準武器是三叉戟（也稱三尖叉），威力不亞

*編按：中國流行用語，指的是比較身家背景，意近台灣的「靠爸」。

《涅普頓的回歸》 *The Return of Neptune*
約翰・考普利（John Singleton Copley, 1738-1815）

於孫悟空的金箍棒，在愛琴海裡稍微攪動，立刻海浪滔天，地動山搖，相當於我們用勺子攪動碗裝泡麵。但三叉戟畢竟是冷兵器，說穿了就是特大號的魚叉，與宙斯的電磁武器不能抗衡，而且他在與其他神爭奪城市的鬥爭中也多次落敗。

　　波賽頓曾與智慧與勇敢女神雅典娜爭做阿提卡（Attica）地區歷史最悠久的城市——雅典城——的保護神。保護神相當於「**大老爺、父母官、老大、教父**」之類，神聖的名義下大有榮光以及保護費和香火之類的進帳。雅典城註定將成為一線城市，甚至是奧林帕斯的首批直轄市，那麼該城保護神的地位自不待言。按理說波賽頓是老前輩，主管海洋城市雅典名正言順，雅典娜是晚輩女流，應該給大爺留點兒面子。但雅典娜才不管什麼大爺呢！兩位神爭執不下，只好賭賽，看誰能給人類一件有用的禮物。波賽**頓性急無腦**，他以三叉戟敲擊海面，海面上躍出一匹駿馬（之前的希臘似乎無馬，只有人頭馬——可能希臘人遠遠看見外國人騎馬路過，於是想像出一種上半身是人、下半身是馬的怪物），駿馬在當時是戰車的引擎，象徵戰爭。一說他在雅典衛城以三叉戟刺出了鹹水泉——這跟在撒哈拉沙漠開辦採沙場庶幾相似；雅典娜後發制人，她將長矛插在地上，地上生出了一棵橄欖樹。橄欖樹象徵和平，果實可以榨油，在陸地資源貧乏的希臘也算是**扶貧專案**。宙斯主持投票，雅典娜勝出。其實「象徵」是人定的，勝負其實也是人為，賭賽的政治背景和後果自不待言：中央官員排擠打壓地方官員。另外可能還有個潛在的因素讓雅典的父親們不放心——

波賽頓和宙斯一樣好色。

　　波賽頓的妻子安菲翠緹（Amphitrite）在成為海后之前是海中的美麗仙女。有一天，她和姐妹們在納克索斯島上舞蹈，波賽頓一見鍾情，像大鯊魚一樣猛撲過去。小仙女驚恐地潛入海底，波賽頓立刻派一隻海豚追

逐。海豚並不兇猛，卻是游泳健將，安菲翠緹豈是對手，最後疲乏至極，只得乖乖地坐在了海豚的背上，成了波賽頓的新娘。他們的獨生子叫特里同（Triton），上半身是人形，下半身是魚尾，且長滿了海藻。這個海中小霸王繼承了乃父的好色品性，娶了幾個海中仙女，生了一些龍孫。龍子龍孫們都擅長吹海螺，在海王海后出巡時鳴螺開道。

波賽頓還與各路情人生了很多兒子，多是巨人或粗野的英雄。他與自然女神索歐莎（Thoosa）生的一群兒子統稱庫克羅佩斯（Cyclops），其中獨眼巨人波利菲穆斯（Polyphemus）特別出色，在戰場與情場都有絕佳表現，可惜後來被《奧德賽》（*Odyssey*）的主人公奧德修斯（Odysseus）用卑劣的手段刺瞎了眼睛。

波賽頓的兒子若遭遇宙斯的兒子，那就死定了。他與地母蓋亞（波賽頓的奶奶或姥姥）生了一個兒子安泰（Antaeus，或譯成安泰俄斯），也許是血緣婚姻的惡果，安泰過分戀母，具體表現是一接觸大地就力量無窮。因此睡覺也不用床，直接躺在大地母親的懷抱裡。依仗母親的力量，他強迫別人和他角鬥，並殺死了無數旅人，後來被宙斯的兒子、大英雄海克力斯（Hercules）除掉。在角鬥中，安泰幾次被摔在地上，但瞬間就能癒合創傷，恢復滿血。海克力斯發現了秘密，就把安泰長時間舉在空中而扼死。人們習慣上用這個故事來比喻人離不開大地，或英雄離不開人民。若往壞的方面想，安泰也很像我們所謂的**地頭蛇**。這個故事的實質還是「**拼爹**」。

波賽頓混同於羅馬神話裡的涅普頓，天文學家以此命名了海王星。如今，波賽頓的故宮愛琴海是情侶們浪漫的旅遊勝地，海中有2500多個島嶼，以及更多的神話傳說。有人形容愛琴海「**用盡了世界上的藍**」，而藍色正是愛情的顏色。

《波賽頓和雅典娜爭奪阿堤卡》 *Poseidon and Athena*
加羅法洛（ Il Garofalo, 1481-1559 ）
Gemäldegalerie Alte Meister, Dresden, Germany

冥王黑帝斯

HADES

黑洞隱形神

羅馬名：普魯托（Pluto）
關鍵字：死宅、排擠、搶親

　　宙斯三兄弟中最不愉快的是黑帝斯，他分到的是這個世界的地下室：**冥界**。希臘神話中天堂的建設是個歷史悠久的**爛尾工程**，也許因為冥界太有趣了，希臘人根本就無心去建設一個乏味無聊的天堂。反正好人壞人死後一概去冥界，其中最好的人也要由此轉往樂園——伊利西安樂園（Elysian Fields）。

　　冥界不是地獄，地獄在冥界的最底層，叫塔爾塔茹斯（Tartarus），那裡關押的是重刑犯。塔爾塔茹斯也被人格化為死神，這位死神是黑帝斯的部門經理，並具體負責地獄和死亡業務。所以黑帝斯**本尊不是死神，他是整個地下的CEO**，兼管地下財富。他與漢文化的閻王有很大區別，稱為「暗黑破壞神」冤枉了一半，冥王並不破壞；譯為「黑帝斯」，也冤枉了一半，黑帝斯身心都不黑。

　　但地下王國的環境確實是「**黑社會**」，這裡暗無天日，也沒有海洋的富饒與動感，入口處的青銅大門旁，有一隻三頭惡狗賽柏洛斯（Cerberus）

《黑帝斯的搶劫》 *The Rape of Proserpina*
加斯帕羅・布魯斯基（約1710-1780）

看守。冥府人跡罕至，入耳的是亡靈的呻吟。黑帝斯坐在冥王的寶座上，頭戴用烏木、蕨類和水仙做成的冠冕（或隱形盔），手持二齒杖（或說三叉戟），表情憂鬱而威嚴。冥王的制式兵器很耐人尋味，二齒杖比三叉戟少了一個齒，難道希臘真的就缺這幾斤青銅嗎？更嚴峻的意味是：二齒杖乃民用工具，且**為婦女常用**，一般用來賣服裝或拉窗簾。冥王的地位以及心情由此可見。

使用著婦女的家務勞動工具作為兵器，身邊卻十分缺乏有魅力的女工作人員。美麗的冥后一年中的大部分時間住在地上的娘家，冥王面前常出現的是面目猙獰的復仇三女神。三女神一把年紀，身材高大，眼睛流血，滿頭毒蛇，出於職業的需要，為了維護法律的威力，還不能讓她們變得像空姐一樣美麗可人。所以黑帝斯心情不好，性格陰鬱，時常發脾氣。由於滿腹怨氣，再加上路途不便，他也很少到奧林帕斯山開會，山上那些神仙倒樂得如此，實際上在後來的神話中，黑帝斯經常被排擠出十二神系列，而被其他的神靈替補。這其中也有人民的意願，人民對那個有去無回

的黑洞充滿恐懼，所以不願提起黑帝斯的名字。

但黑帝斯並不是魔鬼，他集公檢法三權於一身，主持末日審判，但不親自虐待有罪的靈魂，那是復仇女神的工作。實際上黑帝斯還很有人情味，關於他最有名的故事就是**強娶波瑟芬妮（Persephone）為妻**。

他的愛情如此熱烈，以至於人們常常認為是壓抑太久太重的結果，其實這裡面也有政治原因。按照傅柯（Michel Foucault）的哲學，性是權力分佈的重要領域，愛情女神阿芙蘿黛蒂（等同於羅馬神話中的維納斯）同樣喜歡**「普天之下，莫非王土」**的感覺，她不能容忍黑帝斯及其臣民在男女關係方面普遍的冷漠。於是，她命令殺人不見血的兒子小愛神艾若斯（Eros，羅馬神話中的丘比特〔Cupid〕）向黑帝斯發射了一支金箭。

那支金箭具有洞穿一切的銳利與力量。當時，冥王黑帝斯正駕駛著黑馬戰車在地下王國進行日常巡視，忽然覺得心中極熱極寒，疼痛慌亂。他再也無心工作，東奔西突，試圖藉激烈的運動消解痛苦，但越動毒性越強。冥王無法忍受，就用二齒杖（或說三叉戟）刺穿大地，然後，像地下發射的火箭一樣衝到了地面。此時大地上春暖花開，正是戀愛的季節，金箭的力量被放大十倍。冥王六神無主地驅馬狂奔，最後來到了湖泊旁山林前的一片草地上，看見一位美麗的少女波瑟芬妮正在採摘玫瑰、紫羅蘭和水仙花。少女十分美麗，其實這點並不重要，因為黑帝斯中了毒箭，已經神志不清（莎翁戲劇中還有高冷貴婦中了金箭愛上小毛驢的呢）。也沒有耐心像宙斯那樣**玩變形的把戲**了，冥王抱起少女催馬飛奔。按常規，**大Boss應該走正門，但黑帝斯覺得來不及了，又怕被保全看到很不雅**，於是，就在庫涅阿河（River Cyane）邊用二齒杖擊裂大地，回到了冥界。

搶婚不是問題，為當時的風俗法律所允許，世界各民族都曾有類似的階段。漢語中的「婚」在古代寫為「昏」，當然不是**一棒子打昏**，而是在

《搶奪波瑟芬妮》 *The Abduction of Proserpina*
林布蘭（Rembrandt, 1606-1669）
Gemäldegalerie, Berlin, Germany

黃昏時搶女子，因為月黑風高，容易逃脫。文明進一步發展之後是雙方約好了「搶」：黃昏虛掩房門，一彪人馬搶走了姑娘，全家（包括姑娘本人）卻假裝不知道，最後皆大歡喜，宜其室家。**由「搶」發展到宙斯的「騙」，已經是高度文明、有契約精神的「技術控」了。**現代人的婚禮仍然雙方各備下人馬車輛，有攻有防，其實是搶婚的遺俗。但麻煩的是，黑帝斯之「搶」沒有事先約定，而且少女波瑟芬妮是名門閨秀，父親是宙斯，母親是農業女神黛美特。黛美特名列奧林帕斯十二天神，從血統上看，還是黑帝斯的姐妹。

那時候的父親似乎可有可無、若有若無，女兒失蹤了，宙斯並不著急。他是情場高手，心中有數，**一個美麗女孩的失蹤必定和愛情有關**，不是壞事。有人甚至認為是宙斯默許了這件事，畢竟可以藉此安撫「地下工作者」黑帝斯吧，「和親」歷來是削弱藩王的重要策略。另外，宙斯每天都忙著搜尋、誘騙別人家的女兒，哪有工夫管這閒事！可女孩兒的母親黛美特卻很在意：不管是誰幹的，一點兒禮貌沒有，

還沒收聘金，不明不白的可不行。

於是她告假離開奧林帕斯，微服流浪人間，四處尋找女兒。其間有很多、很長、很感人的故事。

經過艱苦的尋訪，黛美特終於從太陽神赫利歐斯（Helios，後來混同於阿波羅〔Apollo〕）那裡得知了真相。**太陽神兼具高分偵察衛星的視力和八卦小報的愛好**，此番告密並非首次，而且還故意拖延了九天，以顯得自己重要。和善的女神十分憤怒，但作為農業女神她無法深入地下王國，於是就利用職業能力發出了威脅：如果黑帝斯不歸還女兒，她要收回大地的一切生長能力。這個威脅對黑帝斯來說簡直就是豐收的喜訊，但把主神宙斯嚇壞了：人類要是滅絕了，那麼神活著還有什麼意思！於是他從中調解，判決說：如果波瑟芬妮還沒吃冥界的食物，就可以回到地上。這些天

波瑟芬妮哭鬧不止，確實沒吃什麼像樣的食物，但冥王誘騙她吃了幾粒石榴。**吃了人家的嘴短**，於是雙方只好妥協：波瑟芬妮一年之中有六個月（或說一年三分之一的時間）留在冥府的丈夫身邊，其餘時間回到地上和母親在一起。

這故事在今天看來是神人性化的有力證據，但在當時是用來解釋季節輪迴：波瑟芬妮是農業女神的孩子，象徵植物的種子。她在地下的時光，彷彿秋天過後，種子埋進大地，無影無蹤，萬物蕭條。她回到地上母親身邊，意味著春天到來，種子破土，沐浴陽光雨露，萬物欣欣向榮。有人說：「風景就是心境」，原來季節也源於心情啊。

波瑟芬妮身為冥后，地位很高，但婚事多少有些違背心意，陰暗的冥界也沒有社交季節，所以她不能忘情於人間。要理解她的心思，可以想像一下一個好人家的女孩兒被搶去做壓寨夫人的情景。據說冥后負責來往冥府的簽證工作，發放金枝作為通行證，但業務極為稀疏。在黯淡寂寞的時光裡，她不免需要一些人間情趣作為消遣，比如她的丈夫黑帝斯從此戀愛成癮，曾與少女明塔（Minthe）偷情，她就把明塔踩在腳下，明塔變成了薄荷草。每年有三分之一的時間，冥后還把愛神托她照顧的超級美少年阿多尼斯（Adonis）羈留在身邊，以慰情懷。

在太陽系九大行星中，有一顆遙遠而幽暗的星，即冥王星，它是用冥王的羅馬名字普魯托命名的。2006年，冥王星被降級為矮行星。**黑帝斯自己被排擠也就罷了，還連累了以他名字命名的星球**，其鬱悶可想而知。美國電視劇《宅男行不行》（*The Big Bang Theory*）裡的謝爾敦（Sheldon）也很生氣，他曾經為此質問那位動議開除冥王星的美國天文學家。

農神黛美特

DEMETER

悲情流浪者

羅馬名：柯瑞絲（Ceres）

關鍵字：豐收、尋女、季節

在夏天清新的原野和田園中，美麗的農業女神黛美特翩翩走來，她頭戴鮮花穀穗的冠冕，臂挎果籃，另一手持火炬，容貌端莊而慈愛。她是農業與豐收女神、農民的聖母，奧林帕斯神系中最善良正派的神靈。可遺憾的是，就像我們今天的機關單位一樣，奧林帕斯山上也**總是好人受氣**。在希臘神話中，黛美特就是一個悲情母親形象。

為了大地的豐收，黛美特沒有結婚，但卻未能像赫斯提亞那樣進入處女神的行列，她被海神騙奸過。與宙斯生了一個女兒波瑟芬妮，卻被冥王黑帝斯搶去做了**壓寨夫人**，這是關於她的最著名的故事。高貴的女神心如刀絞，她撕破衣裳，肩掛黑紗，像丐婆一樣流浪人間，在曠野之上呼喚女兒，也許只有此時，諸神和人類才認識到了她的重要性。由於農業女神不在職，大地荒蕪，顆粒無收，人類面臨滅絕的危險。

但即使在落難之中，善良的女神也仍然不忘報答那些善待她的人們。

有一天，在希琉斯（Celeus）國王的土地上，黛美特坐在一口井邊休息，這時，國王的女兒們提著銅罐來汲水。看見這可憐的流浪者，公主們非常同情：「疲憊的婆婆，為什麼不到我們家歇息呢！我們的母親剛剛為我們生了一個弟弟，請你去做他的保姆吧。」

黛美特果真做了小王子德摩豐（Demophoon）的保姆，深深的母愛

《柯瑞絲／夏天》 Ceres (or The Summer)
米勒（Jean-François Millet, 1814-1875）
Musée des Beaux-Arts Bordeaux, France

又找到了表達對象。她決意讓這孩子獲得永生，於是白天用瓊漿玉液為孩子擦身，夜間將孩子放在火中燒煉。也不用什麼食物，孩子在她芳香的胸懷裡快速地成長。可惜有一天夜裡，王后美達尼娜（Metaneira）發現了這個秘密，大驚失色，阻止了這種「**烈火中永生**」的熱處理實驗。黛美特立刻恢復了女神的容顏，屋子裡光芒閃耀。她適度地表示了遺憾和諾言：「我本來是為了讓他永生的。但不管怎樣，這孩子曾經坐在我的懷抱裡，他將

《波瑟芬妮歸來》*The Return of Persephone*
雷頓（Frederic Leighton, 1830-1896）
Leeds Museums and Galleries, United Kingdom

得到神靈與人類賜予他的一切尊貴與榮華。」後來，國王和人民在當地為黛美特修建了廟宇和祭壇。

不過，善良的女神也有殘忍的行為。忒薩利國王厄律西克（Erysichthon）同為了建造房屋，砍伐了黛美特的聖林，其中一棵巨大的橡樹是人們向農業女神獻祭和謝恩的。護樹女神一再警告砍伐者，但他置若罔聞。於是，黛美特決定請饑餓女神懲罰厄律希克同。饑餓女神居住在寸草不生的苦寒之地，面無血色，瘦得渾身透明，唇上沾滿泥土，誰看她一眼都會感到餓得難受。農業與豐收女神尤其不能和她見面，於是，黛美特委託山嶽女神轉達了命令。饑餓女神迅疾飛到厄律西克同的臥室，以翅膀裹住他，向他體內注入毒氣和毒液。厄律西克同醒來饑餓難忍，多少食品都不能充饑。為了吃，他賣掉了心愛的女兒，然後吃了自己的四肢，最終吃了五臟六腑而死。很明顯，黛美特是要藉此

宣傳植樹造林、保護環境的重大意義。

黛美特還曾經與男人伊阿西翁（Iasion）在深翻三次的土地上結合，生下了財神普路托斯（Plutus），這故事可能暗示了精耕細作的重要。悲哀的是，伊阿西翁被嫉妒的宙斯以雷電擊斃，財神也發育得不甚健全。據古希臘戲劇作家亞里斯多芬尼斯（Aristophanes）在喜劇《財神》（*Plutus*，或《普路托斯》）中說，財神出生就是個瞎子。其後果就可想而知了：社會財富分配嚴重不公。我們由此可見，神話是勞動的人民創造的。

黛美特的羅馬名字是柯瑞絲，在以農業為主的時代，她很重要。有的神話認為，十二天神名單中，是黛美特代替了黑帝斯。但奇怪的是，她的兒子號稱財神，不但雙目失明，而且地位不高，知名度很低。相比之下，漢文化的各路財神都目光炯炯，威風凜凜，人人崇拜。如主財神趙公明眼睛特大，穿著古代公務員的制服，彷彿是公務員的財神。文財神比干「心

有七竅」、「以信接物」，聽著像是IT電信業的財神；武財神關公「以義致利」當然甚好，但手持大刀讓人想起暴利行業如房地產、醫藥等。

更有趣的是希臘人思維的辯證運動。據說後來財神的眼睛被神醫艾斯庫拉皮斯（Asclepius）治好了，**他睜眼一看世界，十分抱歉和後悔，於是重新分配財富，讓所有人擁有同樣多的份額**。「貧窮的大多數」拍手稱快，但結果更糟：由於財富絕對平均，大家誰也不勞動了，都在家等著別人來打工。為了解決這場足以毀滅人類的「用工荒」，宙斯只好帶領眾神來到地上，給共同富裕的人類打零工，從而重新啟動了財富。由此可見，平均主義和「大鍋飯」確實違背人的本性以及熱力學第二定律。

適當的貧富差距會構成一個二元動力場，這樣才有活力，社會才能發展。**「讓一部分人先富起來」**有充分的神話學和物理學根據。

其實不只財神，希臘神話中還有兩位重要的神眼神不好，其一是小愛神，據說他經常蒙著眼睛對著人群亂箭齊發。其二是正義女神提密斯，宙斯的第二任妻子，她的標準照就是蒙著雙眼，右手持劍，左手提天平。近代西方人習慣以樂觀的精神解釋正義女神的蒙目：**自由心證，判斷是非依賴高尚的心靈，而不是眼睛**。但我們懷疑故事的起源可能是悲觀主義的：正義女神蒙著眼睛，於是人間就有太多的非正義和不公正。有的神話中說，在黑鐵時代（一直延續到今天），宙斯與提密斯所生的女兒──公正（純潔）女神阿斯特賴亞（Astraia）悲哀地用白袍蒙住臉頰，永遠地逃離了這個世界，變成了遙遠的處女座。

瑞士伯恩、德國法蘭克福等城市都有正義女神塑像，也都曾多次被惡搞或破壞。女神自身難保，可見正義與公正是最難的。有人說時間是公平的，但空間並不公平；有人說人生而平等，但斷臂維納斯和千手觀音肯定不同意。何況完全的平等，會導致熱力學的「**熱寂**」狀態。

《維斯塔貞女》 *Eine am Feuer sitzende Vestalin*
亨奇（Philipp Friedrich von Hetsch, 1758-1838）

灶神赫斯提亞

HESTIA

冰心美天使

羅馬名：維斯塔（Vesta）
關鍵字：貞潔、平安、聖火

　　奧林帕斯諸神也不是全不管人間冷暖，他們向大地派出各路官吏、欽差大臣，在客觀上對人間的秩序起維護作用。灶神赫斯提亞是其中最重要也最盡職的一位。在稍晚的神話中，她甚至取代黑帝斯成為十二天神。

　　赫斯提亞因為很多緣故特別受到人類的尊敬。首先，她是天神克羅納斯和眾神之母瑞雅的長女，即宙斯的姐姐，在十二天神中輩分最高。當然這並不意味著她是中年婦女，希臘的神靈是長生不老、永保青春的。其次，赫斯提亞是灶神，也是廚師和磨坊工人的保護神，與千家萬戶關係密切。灶神並不是廚房打工的保姆，實際上是家庭守護神。在鑽木取火和食物匱乏的時代，廚房是家庭毫無疑義的中心。當然，之所以叫灶神，也因為赫斯提亞**不喜歡像愛情女神那樣把辦公地點選擇在別人的臥室**。這也是她特別受到尊敬的第三個原因：赫斯提亞沒有結婚，是奧林帕斯三位處女神之一，一位絕對貞潔無瑕的女子。

赫斯提亞有一種冰清玉潔的美麗，相傳海神波賽頓和太陽神阿波羅都向她求愛，並為此發生了爭端。為了維護和平，赫斯提亞拒絕了兩位大神，並且憑宙斯的頭髮起誓永不結婚，要把全部精力投入到為人民服務當中去。宙斯對此表示了高度的讚賞，允許赫斯提亞優先享受每一份公共祭品。

　　作為家庭守護神自己卻不結婚，矛盾之中大有情理。婚姻是個世俗化和私有化過程，一般女人結婚之後只知小家哪管大家，像祥林嫂[1]一樣張口就是自己家的阿毛。**灶神要是結婚了恐怕就像做鐘點工的老媽子了。**有趣的是，關於赫斯提亞幾乎沒有任何具體的故事。據說原因在於，對於這樣一位貞潔無瑕的女神，不應該饒舌多嘴。這樣，你不搬弄她的是非，她就不會為你家招惹是非了。這與在中國對待灶王老爺的策略類似。臘月二十三，灶王老爺要上天彙報工作，人們急時抱神腳，趕快到街上買來連包裝都沒有的廉價麥芽糖，祭灶賄賂。**那糖很黏，灶王老爺到了天上說話仍不太俐落；那糖也很甜，灶王老爺只能說好話。**所謂「上天言好事，下界報平安」與范成大[2]曾說過：「送君醉飽登天門，杓長杓短勿複雲，乞取利市歸來分」，這樣人類就能保一年平安。中國的灶神顯見是個糊塗的貪官，而赫斯提亞慈悲、正派，也認真而嚴厲，人類不敢胡亂應付。

　　在羅馬神話中還有位門神，名叫雅努斯，是典型的羅馬神，也比較抽象、神秘，因此與人間的關係不如灶神之於家庭那樣密切。從另一方面看，他也確實不適合與一位童貞女神在同一個屋簷下工作。人們常稱門神為「雙面雅努斯」，門有兩個方向，他有兩副面孔，前後各一，一面蒼老一面年輕，分別面向過去與未來。門也是開端，因此從他的名字派生了英語中的「一月」。出門的時候看見這位門神，人們想到的可能是時間流逝、空間轉換，這不僅是看家護院的衛兵，還是位富有啟發意義的哲學家。

　　赫斯提亞等同於羅馬神話中的維斯塔。在古羅馬有灶神節，還有灶神的祭壇，裡面供奉長明的聖火。維護聖火的是六名女祭司，稱為維斯塔貞女（Vestal Virgin），她們必須保持三十年童貞，否則將受到活埋的處罰。

＊編按：[1]為魯迅小說《祝福》中的主角，阿毛為祥林嫂的兒子。[2]為南宋詩人

智勇女神雅典娜

ATHENA

戎裝長公主

羅馬名：米娜娃（Minerva）
關鍵字：御姊、虛榮、神廟

　　奧林帕斯十二天神中除了老一輩革命家，還有一半是宙斯的英雄兒女。其中最出色的是智慧與勇敢女神、女戰神雅典娜。雅典娜是宙斯的長女，奧林帕斯三處女神之一。她是宙斯與第一任妻子、智慧女神墨提斯的女兒，但並非母親所生。原來，宙斯從天父烏拉諾斯和地母蓋亞處得到預言：墨提斯生下的兒子將會比他強大，這本來也是家族的命運。宙斯很害怕，決定學習爸爸的先進經驗，並吸取爸爸的慘痛教訓，

《巴特農神廟裡的雅典娜》
菲狄亞斯（前480-前430）原作複製品

《米娜娃戰勝無知》 *Minerva als Siegerin über die Unwissenheit*
史普蘭格 （Bartholomeus Spranger, 1546-1611）
Kunsthistorisches Museum, Vienna, Aastria

將懷孕的妻子墨提斯一口吞下。然而，他卻沒有其父的幸運，吞下了智慧女神，肚子沒事兒，頭痛難忍，且無法解除。百般無奈之中，宙斯命令自己的兒子火神赫費斯托斯（Hephaestus）用斧子劈開了自己的腦袋，此時，雅典娜全副武裝，大叫一聲，從宙斯的腦袋裡跳將出來，喊聲驚天動地。雅典娜出生時就手持長矛，宙斯的頭痛就可以解釋了。

這個故事有個大漏洞：火神赫費斯托斯是宙斯與最後一任妻子赫拉生的，他不可能在自己出生之前為父王宙斯實行強力外科手術，接生姐姐雅典娜。可見希臘神話號稱體系神話，仍然不免人為拼湊彌合的漏洞。不過，我們可以想像：神使用的是愛因斯坦（Albert Einstein）時空觀，宙斯完全有能力先去和第七個妻子結婚，然後再穿越回來締結第一次婚姻。至於墨提斯，此後仍然生活在宙斯的腹中，並且可以為宙斯提供智慧。宙斯彷彿加了一條記憶體，或者說**升級為雙核的**了。

智慧是陰性的品質，經常由母親遺傳（據說影響因數是父親的三倍），而性格和意志力一般源於父親（或說父親的後天影響很大）。雅典娜給我們的啟發是：**如果你想有聰明的孩子，就娶一個聰明的妻子；如果你要考察一個男生的品性，看看他的父親就夠了**。雅典娜從母親身上繼承了智慧，她的威力自然是父親所賜。所以她勇敢多思，風頭甚健。除了政治智慧，也有許多科技發明，如三角尺等。作為女戰神，雅典娜愛好和平，是正義的戰神。而按照情理，智慧與正義應該戰勝暴力與邪惡，因此她不止一次將職業戰神阿瑞斯（Ares）打敗。

雅典娜的形象和打扮頗具男性風格，她額頭寬闊，眼睛碧藍（或灰色），目光寧靜，總是全副武裝，戴盔持盾，手持青銅長矛，與愛情女神千嬌百媚的路數完全不同，因而具有獨特的魅力。宙斯很喜歡這位長女，

常稱她為**「我藍眼睛的女兒」**。雅典城的人民也很喜歡這位保護神。據說雅典的城名源自她的名字（但有人認為正好相反）。1986年7月，中國的某位國家領導人訪問希臘，到達雅典時，炎熱的氣溫突然降到26℃，希臘人都傳說是雅典娜幹的。

也有人惡意嘲諷雅典娜不男不女。其實按照今天的評價標準，雅典娜可謂智勇雙全，德智體美勞全面發展。她並不缺乏魅力，火神就曾經強烈地騷擾過她。雅典娜之不出嫁，是智慧和強大的證明，今天的女博士按這個思路更容易找到安慰。女性婚嫁通常要選擇比自己強大的，「嫁女當勝於吾家」，這是進化論的保證。所以女性向上挑選，男性向下相容，到了雅典娜這層次，不但**人跡罕至**，**男神也絕少般配了**。

但雅典娜並不缺少美以及對美的熱愛。有一次，她用鹿骨製作了一支長笛，吹奏起來聲音美妙，卻發現天后赫拉以及愛情女神在一邊竊笑。她臨清流自照，發現吹笛子破壞了臉蛋的線條，於是紅著臉把笛子扔掉。（後來被馬敘亞斯〔Marsyas〕撿到，並發生了著名的賭賽故事。）她對身體也很敏感。有一次，她正在清泉中沐浴，少年提瑞西阿斯（Tiresias）無意中撞見，她就把少年變成了盲人，為了給不良少年出路，她賦予了提瑞西阿斯占卜的能力。雅典娜還參加了那場引起十年血戰的著名選美，落敗後久久懷恨在心。很多人對此不解，那麼去看看《超級名模生死鬥》的耶魯選手和「985校花」的學霸＊表現就不再困惑了。

女神的虛榮心也未因智慧而減少。在呂底亞，有一位染匠的女兒，芳名阿瑞荷妮（Arachne），十分善於紡織刺繡，美名遠播，難免傲嬌，甚至拿智慧女神作參照系說了大不敬的話。雅典娜先是變成個老婆婆給少女洗腦，沒有效果，就和少女展開了刺繡比賽。賭注是賭博片裡**黑社會式**的，勝利者可以**任意處置對方身體**。雅典娜織就了一幅奧林帕斯眾神議政圖，

＊編按：「985工程」即指中國39所頂尖大學；「學霸」為中國流行用語，指擅長學習、成績斐然的學生。

美麗莊嚴，屬於「主旋律」。阿瑞荷妮則把宙斯等諸神的風流韻事織繡成長篇畫卷，雖精美絕倫，但八卦題材，趣味不高。智慧女神惱羞成怒，抓起少女的作品撕成了碎片。少女以自縊表示抗議，雅典娜動了點兒慈悲，把少女變成了永遠拉著線走的蜘蛛。據說在希臘語中「阿瑞荷妮」就是「蜘蛛」之意。這是一個關於蜘蛛的推源神話。

雅典娜的雕像都是女戰神的裝扮，有時右手托著勝利女神妮琪（Nike）的雕像。妮琪對應於羅馬神話中維多利亞（Victoria），該名字「Nike」後來被體育品牌借用，具有極高的知名度和廣闊的市場。因為「勝利女神」是好彩頭，其品牌Logo更是應試教育王國的圖騰。（某個以紅叉為Logo的服裝品牌則適合作為教師的職業裝）

雅典娜的聖樹是橄欖樹，橄欖樹象徵和平並不是天生的品格，但確實有天然的道理。橄欖樹枝葉繁密，可以綠化大地，果實可以榨取高品質的食用油（且可美容）。據說，今天希臘農業80%的收入仍然來源於橄欖樹。當然了，按這個道理推算，石油也不該引發戰爭的。

雅典娜的聖鳥是貓頭鷹，貓頭鷹是一種很靜的鳥，並且像一切哲學家和科學家，喜歡夜晚活動，因此象徵理性和思想。德國哲學家黑格爾說：「智慧女神的貓頭鷹總是在黃昏才起飛。」陰暗的環境容易產生思想，過於明亮的環境讓人精力分散。電類照明技術破壞思想、破壞美感、破壞感情，俗語中的「**電燈泡**」就反映了這個道理。現代社會中哲學家絕跡與離婚率增高，也與照明技術的發展有關。雅典娜也是蛇的保護者，蛇也是陰性動物，同樣代表智慧，在另一「希」的神話裡（希伯來神話，即《聖經‧舊約》中的創世紀），蛇是亞當夏娃的啟蒙老師。

雅典娜等同於羅馬神話中的米娜娃。她也被稱為帕拉斯（Pallas）‧雅典娜，因為她曾誤傷致死閨中密友帕拉斯，於是將後者的名字放在自己的

名字前以示紀念。西元前5世紀（前447—前438），著名政治家伯里克利（Pericles）統治雅典期間，在雅典衛城修建了祭奉雅典娜的巴特農（Parthenon）神廟，「巴特農」是處女之意。這座神廟後來多次被毀壞，一直在修復，從未被復原，總是被模仿，卻無法被超越。如今，在雅典的最高處，殘破的多立克柱式和鋼鐵腳手架一起，成為當代世界最著名的照片背景。

巴特農廟內曾供奉由菲狄亞斯（Phidias）雕刻的雅典娜黃金象牙像，是古希臘最優秀的藝術作品之一。現僅存各種複製品，最著名的一座珍藏於雅典國家考古博物館（National Archaeological Museum）。而神廟山牆上的一些精美石雕則被掠走，至今仍客居於大英博物館（British Museum）、羅浮宮（Musée du Louvre）等地方。戰無不勝的女神也沒能永遠佑護自己的家園。

《巴特農神廟》 *Parthenon*
丘哲（Frederic Edwin Church, 1826-1900）

太陽神阿波羅
APOLLO
金車光明使

羅馬名：索爾（Sol）＊
關鍵字：恒星、神諭、限度

今天，當人們信口稱讚一個血肉凡胎為「陽光男孩」時，他們不知道是如何褻瀆了神靈。天地之間當得起這個稱呼的只有太陽神阿波羅本尊。這是一位永生的神，是光源與力量本身。用「高富帥」來形容阿波羅未免太庸俗了，作為天地間第一美男子，他是**男人之美的原型**，英文中「阿波羅的風度」就是指美男子。

阿波羅身體勻稱矯健，長髮捲曲芳香，神態剛毅靜穆，衣著高貴華麗，頭戴用月桂、愛神木和橄欖樹枝製成的冠冕，身佩長弓或豎琴。他的鼻子是典型的希臘式，鼻樑從前額連到鼻尖，挺拔筆直。據說鼻腔的功能是預熱空氣，也不知道**地中海氣候中的阿波羅為什麼長出了適合寒帶氣候的高鼻樑**。另外，阿波羅所有的塑像都沒有鬍子，這違背了遺傳的慣例，乃父以及他大爺都是大鬍子啊！也許阿波羅有一種與生俱來的神威，不必像導演和藝術家們那樣用骯髒的毛髮來證明。當然，也可以理解為高溫作業環境不適合留鬍子。

＊編按：在台灣雖然也會將阿波羅與赫利歐斯混淆，但提及羅馬名索爾時，通常指的是赫利歐斯。

阿波羅別名福玻斯（Phoebus，希臘語意為「光輝燦爛的」）、索爾*等，也常與古老的太陽神赫利歐斯相混淆。他是太陽神，兼管青春、光明、音樂、美術、預言和醫藥等，也是文藝女神繆思的總領班。

　　阿波羅的宮殿在遙遠的東方，在大理石的廊柱之間，黃金、寶石和象牙光芒閃爍，火神為宮殿的大門和四壁製作了生動精美的圖畫和浮雕。時光之神和春夏秋冬四位季節之神環繞在阿波羅周圍。每天黎明，曙光女神厄俄斯（Eos，奧蘿拉〔Aurora〕）用玫瑰色的手指拉開天幕，太陽神駕駛著由火神用黃金製作的太陽車從這裡出發，給大地帶來光明與溫暖。到了晚上，太陽車被置於金碗之上，通過渡輪方式上溯大洋河，回到東方的宮殿。

　　阿波羅是希臘精神的象徵，他代表了希臘精神的公正、和諧、節制、完美等取向。他善於演奏里拉琴（Lyre），這支琴是當初荷米斯烤了他的牛群之後的賠償品，他十分珍愛。當太陽從東方升起，金色的光線彷彿顫動的琴弦，整個宇宙充滿和諧與歡樂，於是他理所當然地成為**音樂之神**。另外，他也善於射箭，綽號「**遠射者**」，這也是順理成章的技能了，因為太陽光一出現，就是**萬箭齊發**的感覺。總的看來，阿波羅文治武功，媲美雅典娜。然而，他的生活並非如想像或推論的那樣理性卓越、光輝四溢，他的降生就歷盡苦難。

　　阿波羅是宙斯與麗朵的兒子，月亮女神的孿生兄弟（按照陰性在先、先有黑夜後有白天的原則，二人應該是姐弟）。麗朵是宙斯的堂（或表）姐妹，一個質樸的女神，她的血緣與名字都與黑夜有關。她應該是宙斯的妻子，較比赫拉是「時間在先」，但因為赫拉的「邏輯在先」，麗朵就成了有名沒分的妻子，遭遇近乎情人。

　　麗朵與宙斯結合懷孕後，赫拉十分嫉妒，就利用主管婦女工作的特

《阿波羅與奧蘿拉》 *Apollo and Aurora*
德萊裡瑟（Gérard de lairesse, 1641-1711）
Metropolitan Museum of Art, New York, United States

《麗朵與呂西亞的農民們》 *Leto and the farmers of Lykia*
阿爾巴尼（Francesco Albani, 1578-1660）
Musee Municipal, Dole, France

權，下令不許麗朵在大地上生育，或說赫拉阻礙生育女神艾莉西雅（Eileithyia，宙斯與赫拉的女兒）的行程，使之晚到了九天。麗朵四處漂泊，過了預產期而無法生育，非常痛苦，但無人敢同情和收留。最後，海神波賽頓出於憐憫或聽從宙斯的旨意，在海洋中升起了一座小島德洛斯（Delos，「我出現」的意思），也有人說是宙斯用鑽石柱或錨鏈固定了一座漂浮的小島。在德洛斯島上的一棵棕櫚樹下，月神（姐姐或妹妹）和太陽神阿波羅得以降生。據說那一時刻小島上光芒萬丈，鮮花盛開，天鵝來朝。德洛斯島和棕櫚樹後來都因阿波羅而神聖。這個故事具有明顯的象徵意義：**一是太陽從海上升起，二是太陽衝破黑暗之艱難，三是希臘文明起源於海洋**（宙斯也是在海島上誕生並長大的）。

有的神話說，阿波羅降臨大地，立刻高呼：「給我弓箭，給我豎琴，我要傳達神奇的預言！」這顯然是成名之後的反推美化，下面的故事可能更真實些。麗朵生下孩子之後還是不得不四處逃難，因為赫拉的嫉恨無法消除，法力無遠弗屆。她派一條大蛇匹松（Pythian）追蹤麗朵，**匹松像高鐵一樣巨大高速，像蒸汽機一樣噴吐著毒氣。**

有一天，麗朵抱著一對小兒女逃亡到了呂西亞（Lycia），又餓又渴，就跪在一條溪水邊，想喝幾口水。這時一些農夫湊了過來，看見是一個美麗的外鄉女人，又帶著兩個孩子，以為大可戲弄取樂。就用腳把水弄混，阻擋麗朵喝水。麗朵以可憐的孩子的名義向他們乞求，卻反而增添了惡作劇者的快樂。落難的女神悲憤之極，仰天呼叫，咒罵那個「自私、缺德、該死、不負責任的老色鬼」。那天信號很好，萬能的宙斯正在山上開心時，聽到了麗朵的呼叫。他在對付赫拉之外確實是萬能的，於是就把那些搗亂的農夫變成了**渾身黏液、張著大嘴、永遠生活在爛泥塘裡的青蛙**。這是青蛙的推源神話。

阿波羅像阿甘一樣在奔跑中迅速長大，並成為**屠龍英雄**。在德爾菲（Delphi），他用無敵神箭射殺了妖蛇匹松（或說就是當初折磨麗朵的那條大蛇），並在那裡建立了舉世聞名的神諭所（或說神諭所的原始產權屬於地母蓋亞）。該神諭所實際建於西元前9世紀左右，位於雅典西北170公里處，巴爾納斯山（Parnassus）的山坡上，下臨科林斯灣（Corinth）。該地點號稱「翁法洛斯」（Omphalos）——大地的肚臍（杜拜〔Dubai〕等城市也自命「大地肚臍」）。或說選址時，宙斯派出兩隻神鷹，分別從大地東西兩邊出發，相向勻速飛行，匯合處即為大地的中心點。

　　德爾菲神諭所不只是地理的中心，也是哲學的原點。廟宇的門楣上銘刻著一些警句，至今讓我們無法釋懷，如「凡事勿過度」、「保持虔誠的口舌」等，但其中最著名的是「**認識你自己**」，**這句話毫不含糊地成為人類智慧的起點和無可置疑的終極目標**。蘇格拉底說：「我只知道我一無所知。人呵，你應當知道自己無知。」、「凡事勿過度」與「認識你自己」一脈相承，伯里克利曾說：「我們熱愛智慧，但不會失去男性的氣質；我們熱愛美，但不會失去質樸的品格。」這種理想人格就體現了平衡節制的智慧。

　　在世俗的、實用的意義上，「**認識你自己**」涉及人對自身命運乃至微觀事件的求索，當然不包括考試題目之類的人為事件。神諭如美劇一樣有固定的發佈季，此時阿波羅的女祭司皮提亞（Pythia）坐在三足鼎上值班，那些為命運所困者獻上祭禮之後，就可以從神諭的隻言片語中獲得重要啟示。神諭從來無錯，但理解總有偏差，因為所有的神諭都是詩歌式的模糊、象徵的語言。希羅多德《歷史》（*Histories*，卷二）記述：呂底亞國王克羅索斯（Croesus）欲征伐波斯王居魯士（Cyrus），但無把握，西元前546年，他幾次派人去德爾菲，獲得的神諭之一是：如果跨過哈里斯河（Halys）與波斯作戰，就會滅亡一個偉大帝國。於是他就放心地去打，結果把自己

打沒了。

　　後代的考古學家和科學家考察過德爾菲女祭司的工作環境和狀態，發現她身邊山坡上的裂縫會冒出有毒的氣體，每天呼吸的氣體連同飲用的礦泉水中都含有乙烯和硫黃等成分，另外她經常把月桂樹葉子當口香糖來咀嚼。**食品安全大成問題，思維與表達難免魔幻。**當然，更重要的原因是：人不能知道或改變命運，所以為命運打上語言的「**馬賽克**」是必需的。阿波羅廟不是命運女神的辦公廳，只是家瞭解命運的仲介機構或諮詢公司，仲介的權威性營利模式就在於能掌握一定資訊，並適度地出賣給買家。

　　阿波羅正式進入奧林帕斯十二天神系列，光耀天地，他的母親也因為高貴的兒女而獲得了尊榮。也許因為憐憫當初母親生兒育女的艱難，阿波羅和阿特蜜斯對所有欺侮麗朵的行為都給予嚴厲甚至過度的懲罰，他們

用自己的過度的行為來警告人類「凡事勿過度」。

作為希臘精神的象徵，阿波羅本人並不能完美地踐行希臘精神，強烈的虛榮心使他如此接近人類。

　　有一天，女神庫柏勒（Cybele，混同於瑞雅）的侍從馬敘亞斯（Marsyas，或有其他說法）撿到了智慧女神雅典娜丟掉的笛子，因為笛子中注入了雅典娜的靈氣，吹奏起來美妙無比。得意忘形之中，馬敘亞斯就吹牛說自己的笛聲超過阿波羅的琴聲。阿波羅聞聽十分生氣，攜琴趕來應戰，雙方賭注也是黑社會式的玩法：勝利者可以任意處置對方身體。比賽共三個回合，第一回合自然平局。第二回合，阿波羅把琴倒過來彈，馬敘亞斯把笛子倒過來吹，再平局。第三回合必須要分出勝負，阿波羅放了狠招：邊彈邊唱，馬敘亞斯以笛子無法做到，結果阿波羅獲勝。阿波羅絕不原諒，把馬敘亞斯的**皮剝了下來掛在樹上，**估計還像武松一樣在上面題字了：「**認識你自己！**」看來這格言還有威脅的意思。

有的神話中說，菲利吉亞（Phrygia）國王邁達斯（Midas）出任這場惡賽的裁判。（還有人認為是阿波羅與潘〔Pan〕比賽。）此公一向積極倒楣，先前曾從酒神那裡獲得了點石成金的能力，結果連飯都吃不成，費了許多周折才除掉特異功能。此番出任裁判，卻仍然沒有見識，竟然玩起了「黑哨」，判馬敘亞斯優勝。阿波羅惱羞成怒，但不便出手，就使用法力，讓邁達斯長出了一對驢耳朵。**邁達斯變成了雙天線的路由器或天線寶寶**，十分尷尬，那時又沒有整形外科，他只好成天戴著高帽子或用頭巾遮蓋，閒時摸著絨乎乎的長耳朵感覺甚怪。後來國王的理髮師發現了這個秘密，想說，脖子發癢，不說，心裡發癢。如此新奇特、高大上的八卦造成了嚴重的心理危機，理髮師無法忍受，就發明了人類歷史上最早的心理治療方法。他跑到郊外，在地上挖了一個坑，對著土坑一遍一遍訴說：「國王長著驢耳朵，國王長著驢耳朵，國王長著驢耳朵。」然後把坑填好。他心理沒事了，但坑受不了了。第二天，坑裡長出了蘆葦，風吹草動，蘆葦發出的聲音就是：「**國王長著驢耳朵。**」後來全國的蘆葦都傳述著這句話。

　　這個故事的結論很像成語「對牛彈琴」，是以人類中心主義歧視了動物，但阿波羅對人的歧視更明顯。他的琴聲是美妙的，其中卻常有殺伐之音。他普照萬物，只是業務和驕傲，他可不是謙虛謹慎、全心全意為人民服務的希臘菩薩。「認識你自己」這句名言有可能是愚民政策，並對人民有威脅意味：

也不想想自己是什麼東西！

　　奧林帕斯新人類也許吸取了父母的教訓，結婚的不多，但戀愛還是少不了。阿波羅是天地間第一美男子，愛自己都愛不過來，更不肯輕易就範。這讓愛情之神很惱火，所以不免多設置一些磨折，以教育這些化外之民。因此以阿波羅的尊貴和容貌，竟然不能有一次遂心的愛情，**每一次留下的**

不是創傷就是笑柄。

有一天，神威赫赫、超級自戀的阿波羅在路上雄赳赳、氣昂昂地行進，忽然看見小愛神艾若斯（羅馬神話中的丘比特）迎面走來，氣不打一處來。這熊孩子、小賤人是愛神阿芙蘿黛蒂（等同於羅馬神話中的維納斯）與戰神阿瑞斯偷情的結果，永遠也長不大，卻屁顛屁顛的，神氣活現。尤其讓阿波羅生氣的是，他手裡竟然拿著弓箭。阿波羅是遠射之神，每一次陽光閃耀，都相當於萬箭齊發，他出世以來，靠著一張神弓，建立了多少武功霸業！看著小愛神手裡玩具一樣的弓箭，他感到實在有傷專業感情，於是走過去攔住了小愛神：「我的弓箭曾經射殺了大蛇匹松，那大蛇倒下去還有幾畝地大。你拿著箭幹什麼？快丟下它，去玩你的火炬吧！」

阿波羅對艾若斯炫耀自己的能耐，彷彿教授到幼稚園吹噓自己的科研專案一樣可笑。但小愛神笑不出來，更不敢直接與阿波羅較量，生怕阿波羅一腳把他踢出太陽系。他搧動翅膀，斜次裡飛走，站到巴爾納斯山的岩石上，心裡好恨！他可不是天使，**小恐怖分子**從箭囊裡抽出一支金箭，搭弓射向了阿波羅。那箭常常是無形的，阿波羅只覺得心懷裡一陣熱情湧動，亂七八糟，已經被小愛神暗算。中了金箭要產生愛情。他雖然是醫藥之神，卻不能醫療這樣的創傷。他有預言能力，卻不能知道自己的命運。

但小愛神還有鉛箭，鉛箭的功能是拒絕愛情或失去愛情。金箭和鉛箭搭配使用，效果奇佳，也最有文學性。所以，小愛神隨後用一支鉛箭射中了露水（水澤）仙女黛芬妮（Daphne），**太陽追露水自然是徒勞了。**這就是阿波羅傲慢的報應，也是不能正確「認識你自己」的結果。

黛芬妮是河神帕紐斯（Peneus）的女兒，是個美麗的小清新，她發誓要和月亮女神一樣永不出嫁，每天在河邊的草地和樹林遊玩或打獵。這時，阿波羅來到她身邊，昔日英俊清明的太陽神，如今神情是毒箭攻心後

的高燒與迷茫，少女星星一樣的眼睛、紅寶石一樣的雙唇和象牙一樣的肌膚更讓他難以自持。他喃喃訴說著身份、愛情與諾言，撲向黛芬妮。黛芬妮毫不領情，只感到奇怪、厭惡和恐懼，她飛快地跑開，阿波羅苦追不捨。天神與少女的追逐就像雄鷹之於鴿子，黛芬妮筋疲力盡，她心想：

「我寧可變成植物人也不嫁給
這個自戀而濫情的傻大個兒、官二代。」

她呼喚自己的父親：「幫助我吧，父親，讓我鑽進大地，或者改變我美麗的形體。」話音未落，她已經像電影中的慢鏡頭一樣蛻變成一棵**月桂樹**。阿波羅抱住月桂樹，還能感覺到樹幹內的心在激烈跳動，但已經無可挽回。畢竟是初戀，阿波羅很是傷感和珍惜，遂將月桂定為自己的聖樹。後代的人以月桂樹枝編成帽子，作為勝利者的標誌，是謂桂冠。古今中外有無數詩人畫家描述這個故事，如海子*的《十四行：王冠》就取材自奧維德（Ovid）的《變形記》：「你既然不能做我的妻子／你一定要成為我的王冠。」

不知為什麼，風度翩翩的神二代、高富帥就是得不到美滿的愛情。有一位少女叫瑪爾貝莎（Marpessa），荷馬（Homer）稱她為「歐厄諾斯的纖踝女兒」，阿波羅愛上了少女，強行奪走。但少女的情人艾達斯（Idas）也是赫赫有名的大英雄，拿上弓箭乘飛車追趕。一神一人展開搏鬥，宙斯聽到少女的尖叫，立刻趕來調停。這次判案，很能看出宙斯的公平中滲透了政治策略。若袒護自己的兒子，全世界在看著（多年後宙斯還是找了一個機會擊斃了艾達斯）；若維護人類的權益，阿波羅也會看不起他（你天天在外面尋花問柳，我搶一個都不成，以後誰跟你混）。於是宙斯靈機一動，讓少女自己選擇，這看起來很公平，並且顯得尊重婦女。另外宙斯可能還有一點兒私心：「姑娘會不會是個「大叔控」從而選擇我呢？」

*編按：為中國八零年代著名詩人。

《阿波羅與黛芬妮》*Apollo and Daphne*
提也波洛（Giovanni Battista Tiepolo, 1696-1770）
Musée du Louvre, Paris, France

實際上這個看似公平的判決對阿波羅更有利。所謂自由選擇，幾乎就是**沒有疑義的單項選擇題**——阿波羅是絕頂美男，與他戀愛可以永生，而嫁給人類的男子，暫時不錯，多年以後就全錯了。但實際上，少女偏偏摒棄了永生的大神，選擇了血肉凡胎的艾達斯。她可不是為了維護道德規範，幾千年前的希臘，愛情就是愛情，還沒有今天這麼多的枷鎖。後代一位英國詩人替少女表述了如此選擇的理由：「**我是凡人，想念人間的憂傷。**」憂傷竟然值得想念，看來憂傷也是短暫的，是青春的財富，愛情一定與憂傷伴生。確實，愛情基於人的有限與缺陷，與永生是無緣的。有人認為瑪爾貝莎害怕色衰而愛弛，其實也反映了人與神不對等的問題，並且同樣很真實。

阿波羅的戀愛倒也不總是「**霸王硬上弓**」，但非凡的美貌和高度的自戀也使他捨不得像乃父一樣變成飛禽走獸。他也經常用賄賂換取芳心，只不過不送黃金鑽石，而是給政策、給能力，這種「玩虛的」方式不免為他製造了許多尷尬。有一次，他愛上美少女西諾佩（Sinope），就發誓可以給少女任何禮物。西諾佩討厭這種自大，就選擇了「**永保貞潔**」，結果阿波羅很無奈，送了禮物，然後「**拜拜**」。類似的故事很多。

有一位少女，人稱「枯邁（地名的音譯）的希比蕾（Sibyl）」。阿波羅向她求愛，並讓她自己選擇任何禮物。人與神唯一的區別就是人乃「**必死者**」，所以人類第一想要的禮物無須調查統計，一定是要彌補第一弱點。聰明的少女抓起一把細沙：「答應我，讓我的生命等同於沙子的數量。」沙子是一千粒，希比蕾獲得了一千年的生命。但可怕的是，她要求了量忽略了質，

要了長壽，忘記了永保青春

（或者說她得到禮物之後拒絕了阿波羅的愛情）。於是浪漫故事很快就演變

成恐怖故事，希比蕾不斷地老下去。「**富則多事，壽則多辱**」，與長壽俱來的是不斷加深的醜陋和恥辱，但她卻不能死去。她無法忍受這種恥辱，就把自己吊在一個木桶裡。孩子們敲著木桶問她想要什麼，她只說一句話：「我想死。」但她不能死去，必須活夠一千年。她獲得的唯一安慰就是預言能力，但後面卡珊卓（Cassandra）的故事將告訴我們：預言能力並不是吉祥的禮物。

永生問題在希臘神話中多次出現。在另一個著名的故事中，阿波羅的女同事、曙光女神厄俄斯（奧蘿拉）愛上了英俊的特洛伊（Troy）王子堤索諾斯（Tithonus），並請宙斯幫助，賜予堤索諾斯永恆的生命，但萬分悲催的是忘記了永保青春。從此以後他們過上了幸福生活——其實「以後」沒有多久，「山中一日，世上千年」，堤索諾斯迅速衰老了，而曙光女神永遠十八歲。每天黎明時分，厄俄斯都要去東方拉開玫瑰色的天幕，出發前，回望病床上醜陋虛弱的丈夫，心中的悔意如毒蛇盤踞撕咬，真是情何以堪！但更痛苦的是堤索諾斯，生命如夢幻般虛無，卻不能結束，恥辱感成為唯一的真實和意義。最後，厄俄斯出於同情，請大神幫忙，將堤索諾斯改變成了**蟋蟀**（或說蟈蟈）。從此以後，每天黎明時分，當厄俄斯拉開天幕的時刻，草叢中的蟋蟀會發出持續的叫聲，呼喚著前世愛人的名字：「**厄俄斯，厄俄斯……**」英國桂冠詩人丁尼生（Alfred Tennyson，1809-1892）以堤索諾斯為題材寫過同名傑作。後來盧梭（Jean-Jacques Rousseau）的名著《愛彌兒》（*Émile*）、西蒙·波娃（Simone de Beauvoir）的《人皆有一死》（*Les Hommes sont Mortels*）、史威夫特（Jonathan Swift）的《格列佛遊記》（*Gulliver's Travels*）、尤瑟娜（Marguerite Yourcenar）的《東方奇觀》（*Nouvelles orientales*）以及波赫士（Jorge Luis Borges）的《永生》（*The Immortals*）等名作，都曾探討永生問題，結論庶幾相似：「**永生是一種天罰。**」

特洛伊公主卡珊卓是個非常聰明的女孩，她也是在愛情的名義下獲得了阿波羅賜予的預言能力——這可以說是人類第二想要（也是第二不該要）的禮物，因為人類不知道未來和命運。但卡珊卓在得到預言能力之後，又拒絕嫁給阿波羅。

阿波羅不能收回禮物，就買一贈一

附加了一個吻給卡珊卓，於是卡珊卓就陷於人類之中最悲慘的命運：**有極其精確的預言能力，卻絕對無人相信**。這是多重的悲慘：第一，人類不應該具有預言能力，因為知道未來，生活將無法進行，並喪失意義和魅力——「**劇透慎入**」啊！如果能預知未來，災難會提前發生作用，幸福將會被時間稀釋。第二，在生活中，先知遭人忌，也遭神忌，從來不會幸福。用普通百姓的說法是「**你有病**」；在電影中，黑社會滅口的理由是「**你知道得太多了**」。第三，知道未來和命運，卻無法如史瓦辛格的電影中那樣穿越改變，那麼預言還有什麼作用和意義？在特洛伊戰爭中，卡珊卓為預言能力付出了慘重代價。

阿波羅的愛情也有成功的時候，但**過程不順，結果不妙**。柯若妮絲（Coronis）是阿波羅的情人，當初她爸爸為阻止女兒與阿波羅的愛情，放火燒毀了德爾菲的阿波羅廟，被阿波羅射死並打入地獄。後來，柯若妮絲已經懷了阿波羅的孩子，卻又和別人有了私情，硬是送了阿波羅一頂「**桂冠**」。阿波羅的聖鳥——雪白的烏鴉發現並報告了消息，阿波羅大怒，寧可我負天下女人，不可天下女人負我！他委託姐姐月亮女神射殺了柯若妮絲及其情夫（孩子得以倖存，就是後面要講的希臘第一神醫艾斯庫拉皮斯），並且把本來雪白的烏鴉變成了黑色，這是烏鴉的推源神話。烏鴉成為阿波羅的聖鳥，可能是對烏雲的一種聯想，或是對太陽黑斑的解釋。烏鴉帶來不好的消息，漢文化和希臘有同樣思路。

也不是沒有女子愛上宇宙第一美男。克莉提兒（Clytie）是個水澤仙女，也不知為什麼就愛上了阿波羅。水澤愛上太陽自然又是悲劇。這次阿波羅來脾氣了，對仙女不理不睬，據說是因為仙女曾經活埋了阿波羅的一個情人，但這個解釋顯然並不靠譜，**如果阿波羅對她有愛，埋幾個也沒關係**。仙女坐在地上，不吃不喝，憂傷的眼睛追隨著天空中的太陽神，每天一圈。不知多少天過去了，克莉提兒（Clytie）血肉銷蝕，慢慢和大地連在一起，變成了一種**向陽花**（金盞菊、天芥菜之類）。克莉提兒（Clytie）是「單戀」和「粉絲」的最好寫照。

　　阿波羅也非常喜愛一位美少年海亞辛斯（Hyacinth），就像宙斯喜愛甘尼米德一樣。海亞辛斯熱愛打獵和體育，阿波羅就殷勤地陪伴他，像僕人一樣替少年拿漁網、牽獵犬。有一天兩人在山間玩擲鐵餅（或鐵圈）的遊戲，阿波羅施展千鈞神力，鐵餅飛得又高又遠，將一朵白雲劈成兩半。海亞辛斯快活地追趕，結果被反彈的鐵餅擊中了前額。有一種說法是：西風之神澤費魯斯（Zephyrus）也很喜歡海亞辛斯，出於嫉妒用陣風吹偏了鐵餅。阿波羅趕上來，悲痛萬分，讓血泊之中長出了風信子花，這種花就是用「海亞辛斯」命名的，花瓣上的紋路「AI」銘刻了阿波羅永恆的歎息和悔恨。

　　在一些美術作品中，阿波羅和眾寧芙（Nymph，仙女）或和九繆思在一起，**幸福如韋小寶**，但綜觀他的十幾次愛情，沒有一次是完美幸福的。也許希臘的夏天太炎熱了，人們希望光明的阿波羅有一點兒陰影，這就是古希臘人平衡的智慧吧。

　　德爾菲聖廟上的名言如「認識你自己」、「凡事勿過度」等未嘗不是阿波羅從個人生活中獲得的教訓。他本人就曾兩次因為「過度」而被宙斯**流放下界，勞動改造**。其中一次是受兒子「非法行醫」連累，結果防衛過度，

這個兒子是阿波羅與柯若妮絲所生。如前所述，柯若妮絲因為用情不專被處死，但阿波羅仍然很善待他們的孩子艾斯庫拉皮斯。阿波羅兼管醫藥衛生，自然家傳絕學，然後他又把孩子委託給善良智慧的馬人凱隆（Chiron，後面將多次遇到）照看，同時進修醫學。艾斯庫拉皮斯後來成為醫藥之神（女兒海吉兒〔Hygieia〕是健康女神），他手持蛇杖，有起死回生的能力，彷彿中國武俠小說中的薛神醫。

艾斯庫拉皮斯曾讓著名的希波呂托斯（Hippolytus）復活，結果大大觸怒了奧林帕斯神靈。在希臘神話裡，神是「不死者」，人是「必死者」，此是人神的根本界限，是宇宙基本法。打破了生死界限，就是破壞了人神界限，問題嚴峻，相當於今天的「複製人」。另外，「藥醫不死病，佛渡有緣人」，醫生的權力是治療不該死的人，如此**「活死人、肉白骨」**超越了醫生的許可權。冥王黑帝斯更是惱火，長此以往，冥國豈不成了空城！宙斯當機立斷，用雷電炸死了神醫艾斯庫拉皮斯。也許他在發射雷電的時候，還大喊了一句：「認識你自己！」

艾斯庫拉皮斯的死讓人民很悲痛，阿波羅更是怒火萬丈。他不敢直接冒犯宙斯，就去**破壞宙斯的兵工廠**——獨眼巨人們在這裡製造了宙斯的雷電、波賽頓的三叉戟等「大殺器」，以及黑帝斯的隱形盔，阿波羅把獨眼巨人全部殺死。宙斯也毫不客氣，將阿波羅流放下界，為瑟雷斯（Thrace）國王阿德拇托斯（Admetus，或有別的說法）**牧羊一年**。阿波羅臨去服刑前，宙斯語重心長地跟他談了一次話，主題也是：「認識你自己。」

太陽神的另一個兒子費頓（Phaethon）因為**「無證駕駛」**、**「交通肇事」****死於宙斯的雷電**。一般認為這是古老的太陽神赫利歐斯與兒子的故事，若混同於阿波羅有點兒生硬，但為了敘述方便，暫且使用阿波羅的名字吧。

這是一個十分傷感的故事。費頓是太陽神與自然仙女柯麗美妮（Clymene）的兒子，他生活在人間，小夥伴們不相信他是大明星太陽神的兒子，並時常嘲笑他。費頓十分委屈，他稟明了媽媽，就去找阿波羅討個證明或說法。到了東方阿波羅的宮殿，報上姓名出身，阿波羅並不耍賴，他愧愛交加，立刻指著斯提克斯河（Styx）發誓，要以任何禮物證明兒子高貴的血統。斯提克斯河是冥河之一，凡人稱為斯卡曼德河（Scamander），為人神發誓所共指，若不能兌現，凡人死去，神靈沉睡十年。希臘神話與傳說中，無論神仙凡人，從來不敢對此掉以輕心，輕諾寡信。

證明兒子的血統很簡單，最正規的方式是寫個說明，加蓋辦公廳官印，誰敢不信！若按江湖套路，阿波羅親自走一趟，跟村長校長言語一聲，效果百倍；嫌麻煩的話可以**在天空顯個神蹟，配上字幕，循環播放**。至於其他禮物，吃的玩的自然不在話下。但費頓不愧是太陽神的兒子，果然很有想法，他說：「給我一天時間，我要獨自駕駛父親帶翼的黃金太陽車經過天空。」

阿波羅立刻驚恐萬分。爸爸的座駕確實最能顯現孩子的血統身份，試想像費頓駕駛敞篷黃金太陽車經過故鄉的天空，下面的小夥伴們肯定驚呆了！可這孩子還是玩卡丁車的年齡，豈能夠駕馭巨大的太陽車！路程陡峭彎曲，還要跨過無邊的大洋，四匹強大的神馬根本不聽凡人的使喚，後果不堪設想。阿波羅苦苦勸說，希望費頓改變要求，可固執的孩子根本不聽。

此時，星星稀疏，曙光女神打開天門，噴吐烈焰的神馬已經套在由火神製作的金車上。憂心忡忡的阿波羅無計可施，只好一邊為兒子抹厚厚的防曬油膏，一邊緊急培訓駕駛技術──抓緊韁繩，不能離地太近，也不能太靠近天空。培訓未完，神車火花閃爍，沖出天門，費頓面前的世界立刻變得空茫無際。騰雲駕霧的快感只維持了片刻，然後就陷於無邊的恐懼中。四批神馬也感覺不對頭，回頭一看，**竟然是個熊孩子來駕馭它們**，很

不服氣，就開始上躥下跳，載歌載舞，太陽車劇烈顛簸。費頓面前一會是怪誕的星星，一會是田野和房屋，終點遙遙無期。他恐懼得渾身發抖，丟掉了手裡的韁繩。於是太陽車脫離了軌道，巨大的災難降臨在非洲大陸上。

雲彩變成了火燒雲，森林變成了火海，平原變成了沙漠。尼羅河（Nile）驚慌逃竄，一頭鑽進了沙漠。非洲人被烤成了黑色。陽光從裂縫裡透進冥府，嚇得黑帝斯和妻子趕快鑽進更深的洞穴。當時，海王波賽頓正在海底的宮殿裡，只覺得水溫急劇上升，龍子龍孫、蝦兵蟹將都被煮紅了，他三次想把腦袋伸出水面都沒有成功，差點變成一隻烤龍蝦，而整個大海眼看就要煮成一鍋海鮮湯。波賽頓趕緊找了條很深的海溝躲起來了。

奧林帕斯山上的眾神目睹了這場慘劇，宙斯立刻召開救火搶險緊急會議，然後用雷電將費頓與太陽車一同擊落。在雷電出手的一瞬間，宙斯自然也要配上帶回聲音效的臺詞：「認識你自己！」

費頓頭朝下墜落，燃燒的頭髮使他像流星一樣。寬闊的河流埃瑞達諾斯（Eridanus）接納了這可憐的孩子。太陽車在天上劃過的軌跡成了銀河（關於銀河還有與赫拉奶水有關的成因），兩個輪子落下來，分別套在大地兩側，變成了**南極圈**和**北極圈**。費頓的妹妹們十分悲傷，變成了**白楊**（白楊也有另一種來歷），她們的淚珠變成了**琥珀**。但誰能有阿波羅那樣深沉的哀傷呢！

伊雍（Ion）也有個「認識你自己」的艱難過程，但總算避免了悲慘的結局。他是阿波羅與雅典公主克瑞郁莎（Creusa，埃瑞克修斯〔Erech-theus〕的女兒）的兒子，自然也是非婚生。克瑞郁莎害怕父親責備，偷偷生下了孩子，放在山洞裡。繈褓是她親手所織，她還把自己的橄欖項圈放在孩子身上。而孩子的父親阿波羅心有不忍，委託荷米斯將孩子送到了他的德爾菲聖廟。這天早晨，女祭司打開廟門，發現門檻前的柳條筐裡有個

《阿波羅和繆思女神》 *Apollo and the Muses*
德沃斯（Martin de Vos, 1532-1603）
Royal Museums of Fine Arts of Belgium, Brussels, Belgium

男嬰，於是抱進廟裡，並撫養成人。這就是伊雍，他成長為一位高大英俊的青年，在廟裡做看守祭品等工作。可他經常為自己的出身之謎而惆悵，「爸爸去哪兒」在古代神話中是經常發生的原型故事，也正是「認識你自己」過程。

克瑞郁莎不知道兒子的下落。她嫁給了英雄蘇托斯（Xuthus），並成為雅典王后。也許是阿波羅吃陳年老醋，克瑞郁莎一直沒有生育。為了革命事業後繼有人，夫妻來到德爾菲的阿波羅廟請求神諭。第一個迎接他們的正巧是伊雍。更巧的是，神諭表明：國王蘇托斯遇見的第一個人就是他的兒子。蘇托斯喜而不驚，因為他多年前曾和一個出身低微的少女結合，如果有孩子，正和伊雍一樣年紀。

然而，克瑞郁莎卻十分嫉妒而難過，一個愚忠的老僕人又從中挑撥，於是他們決定害死伊雍。在歡慶宴會上，老僕人偷偷將劇毒的梅杜莎（Medusa）的血滴進酒杯，伊雍剛剛舉杯，忽然聽到身邊有人出言不祥，在神廟裡長大的伊雍對此十分敏感，立刻潑酒於地。這時一群鴿子飛來，其中一隻喝了地上的酒，抖了幾下翅膀死去。伊雍大怒，揪住了斟酒的老僕人，而老僕人交代了王后克瑞郁莎的陰謀。

伊雍率領憤怒的人群包圍了克瑞郁莎，他要用石頭砸死惡毒的後母。克瑞郁莎驚恐萬分，緊緊抱著阿波羅的聖壇，這偉大的神曾經是她親愛的情人。但就在神廟工作的伊雍以為自己有特權，竟然要把可憐的女人從聖壇下揪走。天上的阿波羅終於不忍心了，他向女祭司的頭腦中閃電般地注入了靈感。女祭司立刻拿出了珍藏多年的繈褓和首飾，亞麻布繈褓上的梅杜莎頭像圖案和橄欖項圈證明了伊雍正是當初克瑞郁莎遺棄的兒子。這時天空神光閃爍，智慧女神親臨作證，於是未遂的屠殺陡轉為盛大的喜慶。國王蘇托斯似乎也**不敢不高興**。

阿波羅常和古老的太陽神赫利歐斯混為一談，在羅馬也稱阿波羅，有時叫索爾。2004年雅典奧運會的吉祥物玩偶就是雅典娜和阿波羅，不過用的是別名「福玻斯」（拉丁文：Phoebus）＊。但當時在中國媒體一概翻譯成「費沃斯」，造成了很多誤解：不但看著像小人物的名字，諧音「廢物死」也嚴重違背奧運會「更快、更高、更強」的宗旨。

＊編按：在2004年雅典奧運會中使用的名稱為希臘對福玻斯的翻譯「菲弗斯」（Phevos）。

月神阿特蜜斯

ARTEMIS

靜夜美嬋娟

羅馬名：黛安娜（Diana）
關鍵字：高冷、殺手、柔情

太陽神與月神一男一女，且是攣生，非常接近中國的陰陽觀念。月神是姐姐，太陽神是弟弟，這符合美學，也未必不科學，誰說世界以及陽光不是在黑暗中孕育、開始的呢！在古希臘人看來，黑夜比白天更神秘，更接近智慧，也更美麗。夜晚的月光下山林中更適合女神活動，若是一個男人在此出現，就像攔路搶劫的強盜了。

阿特蜜斯是月神、狩獵女神，其羅馬名字黛安娜更為世人熟知。作為月神，她的晚妝是新月冠，白色長衣，手持火炬。白天打獵時，身上掛著銀弓，駕一輛由紅雌鹿拉動的金車，一群獵狗呼嘯開路。她最喜歡獵牡鹿。降生時的苦難經歷影響了她的性格。在三歲時，父親宙斯要送她禮物，阿特蜜斯選擇了**永遠的貞潔、箭囊以及遠離人間的山林**等。因此她也是奧林帕斯**三處女神**之一，並保護處女貞潔和婦女生育。

月亮女神是冰清玉潔的身份，超塵脫俗的美麗，又兼射箭本事非凡，

所以性格十分剛強嚴厲，脾氣很大，特別需要別人尊敬。血肉凡胎們輕微的冒犯就會惹來殺身之禍，比如波賽頓的雙生兒子奧圖斯（Otus）和艾菲亞迪斯（Ephialtes，合稱阿羅伊斯之子〔Aloadae〕）追逐月神和赫拉（有的神話說這兄弟兩個為此攻克了奧林帕斯山），月神就變成一頭鹿衝出，兩兄弟同時投出長矛，結果分別刺中了對方的胸膛。

也許是母親吃男人的虧太大了，月神連男人無意的過失都不肯原諒，

她甚至認為他們的目光都會威脅她的貞潔。

偏偏她在沐浴時又很不小心，不止一次被男人撞見。這在幅員狹窄、人神混居的環境下是多發、常見的事件，智慧女神雅典娜和愛情女神阿芙蘿黛蒂都曾遭遇過類似的尷尬，處理方式是不成文的慣例，但還算恰當——她們分別把提瑞西阿斯和厄律曼托斯（Erymanthus）變成盲人，並給予預言能力作為補償。可月亮女神的處理方式總是別出心裁，有一次，她竟然把看見她洗浴的男子西普瑞托斯（Sipriotes）變成女人，那意思就是：「你看吧，以後想不看都不行。」當然，這個處理畢竟很有創意，甚至是一種福利，因為普通人的一生是不能體驗到兩種性別的感受的。但下面的故事就殘酷了。

有一天，卡德摩斯（Cadmus）家族（其家族悲劇歷代相傳，原因都是**「看見了不該看見的事物」**，後面還有幾個相關的故事）的外孫阿克泰翁（Actaeon）帶領一群朋友和獵狗進山打獵。時近正午，阿波羅的驕陽將大地烤得滾燙，眾獵手收穫豐厚，渾身血跡斑斑。阿克泰翁建議大家休息一下，隨後他一個人遊逛到一個岩洞邊。

也不知阿克泰翁是幸運還是倒楣，這個山洞偏偏是月亮女神的聖地。此刻，女獵后剛剛狩獵歸來，正在晶瑩的泉水裡沐浴梳妝。阿克泰翁一頭撞進去，面前白光閃過，眾仙女一片驚叫，趕快用身體去遮護月亮女神，

但無濟於事，因為女神身材高大。阿克泰翁傻愣著，阿特蜜斯潔白的臉頰飄滿了傍晚的紅霞。她惱羞成怒，身邊沒有武器，就把泉水撩向入侵者：「你要有辦法，就出去說你看到了赤身裸體的女神吧！」剎那間，英俊的阿克泰翁委頓成一隻**牡鹿**，他向洞外跑去，頭腦還有人的意識，卻已經變成了四條腿。到了洞口外，那些平日忠誠的獵犬聽見鹿的叫聲，猛撲過來。他高喊著：「我是阿克泰翁，是你們的主人！」發出的聲音卻是鹿的哀鳴，兇猛的獵犬在瞬間將他撕成了碎塊。這個故事唯一的安慰就是**動物保護主義傾向**，因為阿克泰翁此前射殺了許多動物，活該受到報應，但這種解釋和安慰肯定是後人強加的，那時候人類還沒有保護動物的理由和能力。

因為不結婚，她缺乏對男人的寬容和諒解；因為不生孩子，她缺乏對孩子的愛以及對母愛的認同。母親在生育時經歷了太多的苦難，因此阿特蜜斯和阿波羅特別愛護母親，不止一次**為母親的尊嚴大開殺戒**，其中最駭人聽聞的是對底比斯（Thebes）王后妮歐碧（Niobe）的懲罰。

在全部世界文學史中，也不會找到第二個這樣苦難的家族。阿楚斯（Atreus）家族的祖先譚塔洛斯（Tantalus）因為傲慢地考驗奧林帕斯眾神而被打入地獄受刑（後面有專題講述），從此命運的詛咒就一直籠罩著這個家族。**現存的三十三部希臘悲劇中，有八部與這個家族有關。**譚塔洛斯的女兒妮歐碧曾似乎逃脫了這種命運，因為她嫁給了著名音樂家、底比斯的國王安菲翁（Amphion），後者是宙斯的俗子（宙斯誘騙少女安緹歐佩〔Antiope〕的結果），擅長演奏七弦琴，曾用琴聲讓石頭按韻律移動，自動建築底比斯的城牆。妮歐碧與安菲翁生有七男七女，個個聰明漂亮，妮歐碧十分為此驕傲，卻沒想到這種由父親遺傳的傲慢品格為她招來大禍。

有一天，底比斯城的婦女們頭戴桂冠，手捧芳香的油膏，要去祭拜女神麗朵及其兒女阿波羅和阿特蜜斯。這時，王后妮歐碧來到街上，她體態

《黛安娜和阿波羅懲罰傲慢的妮歐碧》 *The Punishment of the Arrogant Niobe by Diana and Apollo*
價伯特（Pierre Charles Jombert, 1748-1825）

婀娜，光彩照人，卻在高貴與美麗中增添了怒氣：「你們這些愚蠢的女人！去祭拜那看不見的神靈，卻輕視就在你們眼前的高貴家族。麗朵只有一對兒女，而我的兒女是她的七倍！」她還大聲誇耀她那些閃光的祖先，嘲笑麗朵當初甚至找不到生孩子的地方。最後她又厲聲呵斥，把準備祭拜的女人全部趕回家去。

在德洛斯的庫恩托斯（Cynthus）山頂上，麗朵看到了這個場面。她十分傷心地向兒女哭訴：「你們看到了，孩子們。我曾為你們感到驕傲，除了赫拉我沒有避讓過任何女人。可人間這個狂妄的女子竟然侮辱我，以後將不會有人尊敬我了！」阿波羅生硬地打斷了母親的話：「不要再說了，說話只能耽擱懲罰的時間。」話音未落，姐弟倆提著弓箭隱入了雲層。

此時，在底比斯城的一廣場上，妮歐碧的十四個兒女們正在遊戲，男孩兒們駕車騎馬，女孩兒們唱歌跳舞。突然，弓弦聲在空中響起，一個男孩子被射穿了心臟。孩子們驚恐萬狀，一個接一個倒下，有兄弟兩個因為互相救護，被神箭一起洞穿。最小的一個男孩兒跪在地上：「高貴的神啊，請饒恕我吧！」殘忍的殺手姐弟曾有一剎那的心軟，但神箭已經無可挽回地飛出。七個高貴的王子在瞬間就都被射死。

巨大的不幸讓孩子的父親安菲翁無法忍受，他拔劍自盡。剛才還不可一世的王后妮歐碧撲在孩子的屍體上，悲痛地哭訴：「殘忍的麗朵呀，你該從我的痛苦中滿意了！」也許悲痛讓她失去了理智，看到屍體旁邊哭泣的女兒們，妮歐碧忽然以淒慘的苦笑和惡毒的聲調嘲笑麗朵：「**不，麗朵，即使我遭遇這麼大的不幸，還是比你富有！**」

恐怖的弓弦聲重又響起，花朵般的女兒一個一個地手撫胸口的箭鏃倒在兄弟的屍體旁。其中一個過來救護母親，撲倒在母親的身邊。最小的女兒鑽進了母親的懷抱。妮歐碧仰天哀求：「給我留下一個吧，她是最小的

孩子呀！」殘忍的女神有些心軟了，但手裡的箭已經射出，孩子的身體一抖，癱軟在母親的懷裡。比屠殺十四個孩子更殘忍的是，**月神留下了孩子的媽媽。**

妮歐碧坐在成堆的屍體中，悲傷過度，漸漸沒有了血色和知覺，她化成了一塊岩石。一陣颶風把她送回了故鄉的一座山上，她化成了一尊石像，眼睛裡有泉水流出，那是母親的淚水在永遠流淌。

美麗的女神冷酷無情，也許這種性格正符合月亮清冷的形象。再說一把刀若要十分漂亮，必須具備銳利的鋒芒。

世界上再沒有什麼比山谷中的月光更適合愛情了，阿特蜜斯若是浪費了這麼好的環境和氣氛，實在是對不起希臘人民，再說如果她只有冷血女殺手的一面，就沒有什麼魅力了。在生活中我們也不相信有真正的「冰山美人」，所謂「冰山美人」其實不過是優質一些的保溫瓶，內裡比一般人還熱呢！月亮女神高冷傲嬌，不但有愛情故事，而且愛起來很癡情的。只不過這種癡情是月光型的，是彌漫的、唯美的、精神的和詩意的。

奧利安（Orion）是海神波賽頓的兒子，家傳各種游泳、潛水以及鐵掌水上漂的本領。但他的性格也和父親一樣粗野，並因此被情人墨羅佩（Merope）的父親弄瞎了眼睛。按照德爾菲神諭指引，他找到了阿波羅。阿波羅一向跟海神波賽頓關係密切，也曾經是勞動教育時的獄友，所以他全力幫忙，治好了奧利安的眼睛。但就在住院期間，奧利安愛上了主治醫生的姐姐月亮女神。女神本來不想結婚，兩人也不般配，但那一段時間女神可能空虛無聊，心情不好，竟然接受了奧利安的愛情。兩人出雙入對，煞有其事。據說女神甚至想嫁給奧利安，也有人說奧利安想要對月亮女神動粗。

但阿波羅很不喜歡這個傢伙，並多次因此教訓阿特蜜斯。但畢竟是姐姐的事情，不便粗暴干涉，他決定等待機會暗中下手。有一天，奧利安從遠方的水中游泳而來，時而在水面露出腦袋。阿波羅看得清楚，就指給阿特蜜斯看，說遠方的水面有個黑東西，她是不可能射中的。好勝的女神立刻射出了萬無一失的神箭，萬無一失地將情人射死了。海浪把屍體推到岸邊，**阿波羅假意驚叫，阿特蜜斯才知道自己親手殺死了戀人**（也有人說曙光女神愛上奧利安，月神出於嫉妒才射死了他），她為此悔恨傷心不已。只好把死去的情人送上天空，變成獵戶座以資紀念。至今奧利安仍在那裡，披獅皮，束腰帶，佩寶劍，提短棍，身後有獵狗（天狼星）相隨，前面是普勒阿得斯（Pleiades）七姐妹化成的昴星團。阿特蜜斯對這樣的工作組合應該**很不放心**。

女神的另一次愛情更為優美，高度精神化，人們通常認為這是阿特蜜斯唯一的愛情。有一天晚上，超級美少年恩狄米翁（Endymion）在拉特摩斯山（Latmus）的月光下安睡，阿特蜜斯從天空經過，恩狄米翁非凡的美貌打動了她冰冷寂寞的芳心。從此，月神常常離開她在天空的工作崗位，到下界來看望她的愛人，看著他安睡，偶爾親吻他。而恩狄米翁呢，**則是一直在睡覺**——也不知道是特長還是病態，是真睡還是裝睡。其實男人睡著了淌口水打呼嚕的樣子是很不美的，裝睡倒還有美學可控性。不管怎樣，睡眠肯定是最好的狀態：既能享受愛情，又不會讓女神因害羞而離去。還有的神話甚至褻瀆神靈地講述：月亮女神與恩狄米翁生了五十個女兒，罪過！罪過！

《黛安娜和恩狄米翁》 *Diana and Endymion*
喬達諾（Luca Giordano）
Castelvecchio Museum, Verona, Italy

ARTEMIS

由於月神經常脫崗，月光日見蒼白憔悴，甚至中途消失。奧林帕斯官方發現了這個秘密，很是為難——他們不反對戀愛，但不贊成因為愛情耽誤工作和學習。宙斯又不好責怪自己的女兒，於是如韓劇的情節一樣：**董事長處理對方的孩子**。宙斯命令美少年或者死去，或者長眠。恩狄米翁好像特別喜歡睡覺，因為能延緩衰老。另外長眠總比死亡更有希望，所以他選擇了長眠。從此，他長眠在卡里亞（Caria）的拉特摩斯山洞中，但永保青春。據說月亮女神至今還常常偏離她的夜行軌道，以她皎潔靜謐的光華，去看望她永遠青春也永在夢境的情人。

　　有的神話中說，宙斯喜歡恩狄米翁的美麗，請他到奧林帕斯山，但恩狄米翁卻愛上了赫拉，宙斯因此才懲罰他去睡大覺的。不管起因如何，結果都是一樣。睡著的美少年從此對誰都無害了，有害也怪不著他了。這是一個極美的故事，人們都認為恩狄米翁是詩人的象徵，詩人都喜歡閉上眼睛胡思亂想，**最好有女神哪怕是狐狸精來親吻他，他假裝睡著了，以後出什麼事也好推脫責任**。因此有很多西方詩人歌詠過這個題材。

　　阿特蜜斯的別名塞勒涅（Selene），後世多稱呼她的羅馬名字黛安娜。歷史上七大奇蹟中有一座位於艾菲索斯（Ephesus，現土耳其西海岸）的月亮女神廟，建於西元前550年。但在西元前356年，被一個追求「不能流芳百世，亦當遺臭萬年」的老百姓黑洛斯達特斯（Herostratus）縱火燒毀，只留下了一根柱子和一個著名的倫理學典故：**用無意義的、甚至壞的行為來引人注意或博取聲名**。現代社會還經常發生類似行為，大的如恐怖襲擊，小的有「到此一遊」。還有些行為心理近似黑洛斯達特斯，但並不是壞的，如小學低年級時，班上常有小男孩兒喜歡搗亂，他其實並無惡意，只是要吸引女老師或女同學注意。

戰神阿瑞斯

ARES

嗜血莽兒郎

羅馬名：馬爾斯（Mars）
關鍵字：血火、底比斯、情人

可能因為宙斯與赫拉的感情不和諧，他們夫妻倆的後代都不是很出色。阿瑞斯一定是在他們爭吵後孕育出生的，所以本性酷愛戰爭。但有的神話說，赫拉嫉妒宙斯獨自生了雅典娜，所以**觸摸一種魔花使自己懷孕**，獨自創造了阿瑞斯。假如這種說法是真的，那麼，宙斯不喜歡阿瑞斯就很有理由了，他曾威脅說要把阿瑞斯打到地獄最底層去。

同為戰神，阿瑞斯與雅典娜完全不同。雅典娜是正義的戰神，是護城神，和平保護神，從不主動燃起戰火。阿瑞斯則是**職業戰神**，他頭盔插著羽毛，臂上有牛皮護腕，身穿鎧甲，手持銅矛，倒是英姿勃勃的一生猛男子。但他嗜血成性，百戰不厭，戰鼓讓他意氣橫生，血腥讓他心醉神迷。不管什麼戰爭，只要打起來就好，殺了人就高興。在戰場上，他**一個人的吼聲就超過千軍萬馬**，這在冷兵器時代是個極大的優勢。拉動他戰車的四匹馬閃光、呼嘯、火焰和驚人，是北風神和復仇女神的後裔；隨他奔赴戰場的兒子分別叫恐怖、戰慄、驚慌和畏懼。著名的不和女神艾瑞絲（Eris）

在不同的神話裡被說成是他的姐妹或妻子或女兒或母親。他的聖物是兀鷹和狗，都喜歡吃食屍體。

　　這是一位非正義、非理性的戰神，希臘人對他缺乏敬意，所以他的廟宇很少（相當於出差時沒有接待的飯店招待所），而且在戰爭中阿瑞斯常常落敗。特洛伊戰爭是他出場最多的時候，但不止一次被雅典娜和人間英

《維納斯與馬爾斯》 *Mars and Venus United by Love*
保羅‧委羅內塞（Paolo Veronese, 1528-1588）

雄打傷。回來找宙斯告狀，也只能被**臭訓一頓**。阿瑞斯沒有什麼像樣子的故事，倒不如看看那條與他有關的重要大蛇。

宙斯曾拐騙了少女歐羅芭並把她變成了小母牛。歐羅芭的哥哥卡德摩斯（Cadmus）奉父親的命令四處尋找，找不到又無顏回家稟報父親。這時德爾菲的阿波羅廟神諭啟示他：跟著一頭母牛走，在牛歇腳的地方可以建立自己的國家。

果然一頭母牛把卡德摩斯帶到了帕諾蒲（Panope）平原。他跪地親吻泥土，並派僕人出去尋找淨水以獻祭神靈，但僕人一去無回。卡德摩斯追蹤來到一片原始森林，在一個山洞邊，發現僕人喪生於一條毒龍。這條毒龍盤踞一團，有幾畝地大，頭冠和身上的鱗片金光閃閃，雙眼如火焰，毒牙中吞吐著分叉的紅舌，周圍毒氣彌漫。它的嘴上還滴著鮮血呢！

卡德摩斯身披獅皮，雙手分持長矛和飛鏢，更依靠著勇敢的心衝向前去，「親愛的朋友們，要麼我為你們報仇，要麼我就分享你們的死亡。」經過一場激烈的搏鬥，他用長矛把毒龍釘在了大樹上，那毒龍垂死掙扎，竟然把大樹都壓彎了。

按照雅典娜的吩咐，卡德摩斯將毒龍的牙播種在地裡，生長出來的「毒龍武士」變成了第一代居民。卡德摩斯在這片土地上建立了底比斯城，娶愛神與戰神的非婚生女兒哈摩妮雅（Harmonia）為妻（婚禮上火神送給哈摩妮雅的項鍊在很多故事中出現過）。

底比斯是希臘神話中的名城，然而其聲名主要來源於卡德摩斯家族的不幸。悲劇模型是「看見了不該看見的事物」：卡德摩斯的女兒瑟美莉（Semele）毀滅於宙斯挾雷帶電的愛情（生酒神），外孫阿克泰翁因**撞見月亮女神沐浴而被獵狗咬死**，另一個外孫彭透斯（Pentheus）被酒神迷醉的女信徒們**當作野豬撕碎**。而不幸的根源在於，當初殺死的毒龍是戰神阿瑞斯的聖物。（或說因為哈摩妮雅的項鍊附著了魔咒）卡德摩斯十分傷心，「既然神

對一條蛇的生命如此看重，我倒不如變成一條蛇了！」話音剛落，他和妻子就變成了一對花斑蛇。然而，家族的悲劇還遠遠沒有終結，卡德摩斯的第三代孫子伊底帕斯（Oedipus）弒父娶母引發了一系列慘絕人寰的悲劇。

十分矛盾且有趣的是，阿瑞斯這位暴躁的武夫、智慧的大敵和人類的煞星，卻是愛情女神阿芙蘿黛蒂（羅馬神話中的維納斯）的常任情夫。他常常在愛神的懷抱裡找到安寧，**他和愛神偷情的故事成為後來無數肥皂劇的原型**。這實在奇怪之極，莫非真的是「男人不壞，女人不愛」？其實所有的格言俗語都是「片面的深刻」，只強調局部真理，帶有某種情緒，在特定情境中才是正確的。這句格言中的「壞」字就是有特定含義的——你懂的。但若仔細研究分析，兩位神確實也有相通相近之處。其一，容貌相當，愛神美貌風流，戰神英俊生猛，站在一起，二元絕配，氣場無敵。其二，**智商都在六十以下，若在工作狀態，智商基本歸零**，這比容貌般配更重要。其三，作為男女鬥爭的代表，戰神的職業是**殺人**，愛神的職業是「**放火**」，庶幾同行，都是大地上的不安定因素；職業搭配，正好維持大地上的生態平衡。其四，必須承認，有些女孩喜歡「古惑仔」、F4、體優生之類的酷男孩甚至帥流氓，這類男孩簡單快樂，能打愛玩，是戀愛階段的好夥伴。反面的例子就是諸葛亮、吳用、奧德修斯這類深沉智慧的男人，以及更極端的哲學家們，女人與之相處會摸不著頭腦，無所適從。其五，戰神以屠殺為職業和快樂，只有在愛神的懷抱中，他才會變得和平安寧，而世界需要和平。有個神話學者的解釋很美麗：「這一傳說也許是要說明在暴風雨過後便是明媚的春光，天空晴朗，大地一片生機。在阿瑞斯息怒後，像一切生靈那樣，他被愛神強大的魅力所陶醉。」當然，在希臘神話中，愛情本身也常常成為衝突和流血的原因。

在尚武的羅馬，阿瑞斯很受尊崇，羅馬曆的第一個月份就是獻給他的。他的拉丁名字是馬爾斯，後來演變成英語的「三月」。太陽系第四行星——**火星**——呈現火和血的顏色，因此以馬爾斯命名。

火神赫費斯托斯

HEPHAESTUS

綠帽巧鐵匠

羅馬名：霍爾坎（Vulcan）

關鍵字：總工、大廚、美妻

　　奧林帕斯山很像行政機關，而且級別不低。但有趣的是裡面也有一位勞動者，身兼總工程師與技術工人，**科研開發非他莫屬，髒活累活一個人承包**。能者多勞也就罷了，更兼好人受氣。大家心安理得地享受他的勞動成果，卻沒有一個神靈肯善待或幫助這位辛勤智慧的勞動者，大家都千方百計地關心他的妻子。這位倒楣的神就是赫費斯托斯。

　　赫費斯托斯是火神，冶煉之神，鐵匠的保護神。凡現代工業的機械加工、焊接鑄造、熱能工程等以及工科大學的大部分專業，莫不應該以他為祖師爺或學科創始人。

　　通行的說法是，赫費斯托斯是宙斯與赫拉之子，與戰神是親兄弟，但哥倆兒的性格以及容貌幾乎完全相反。阿瑞斯生猛英俊，赫費斯托斯卻內向醜陋，實際上他是奧林帕斯山上最醜陋的男士，常被描寫得古怪滑稽。他頭戴尖帽，身穿無袖工作服，滿面塵灰，胸毛密佈，手持火鉗。有時候，

《鐵匠霍爾坎》 *Vulcan*
魯本斯
Prado Museum, Madrid, Spain

《赫費斯托斯與維納斯》 *Venus and Vulcan*
史普蘭格
Kunsthistorisches Museum, Vienna, Austria

他像弄臣似的講滑稽故事，供腐敗的同事們取樂，甚至成為他們的炊事員。

有的神話說，赫費斯托斯出生時就十分醜陋且跛一足，赫拉很厭惡，把他拋到了海裡。幸得海洋女神忒提斯和尤瑞諾美相救並撫養，九年後才回到奧林帕斯山。他對母后赫拉十分不滿，就設法報復，他製作了一把巧妙精美的椅子送給赫拉，椅子上安裝了看不見的機關、暗鎖、鐵鍊、繩子、雙面膠等。赫拉很高興：

最不濟的兒子卻最得濟。

但她一坐上就被連捆帶黏，一動也不能，誰也解不開。後經海神（或酒神）調停，赫費斯托斯放開了赫拉，母子二人就此和解。

但據另外的神話說，赫費斯托斯跛腳並非天生，而是家庭暴力的結果。原來，宙斯和赫拉經常吵架，作為兒子不免偏向無過錯的母親。有一次，火神幫助赫拉說了幾句公道話，宙斯大怒，將他從奧林帕斯山扔（或踢）到了連諾斯島（Lemnos）。火箭一樣的發射動力再兼自由加速度，赫費斯托斯九天（或一天）後落下來，不論哪頭先著地，後果都很嚴重。赫費斯托斯摔壞了一條腿，從此後，他的身姿很適合打鐵，走路也像火苗，一躍一躍的，雖然位列奧林帕斯十二天神，但除了打鐵還能幹什麼呢！

但是，火神貌醜心靈美，是奧林帕斯山第一能工巧匠，希臘神話裡很多著名的物品都出自他的巧手，如赫拉的臥室裝修、阿基里斯的盔甲盾牌、哈摩妮雅的項鍊等，甚至世界上第一個女人潘朵拉（Pandora）也出自火神工作室。赫費斯托斯的青銅宮殿堪稱**宇宙級實驗室**，裡面勞動的多是機器人女僕，據說火山爆發就是他的作坊生火了。赫費斯托斯不喜歡爭鬥，但憤怒的時候也不是好惹的角色，在特洛伊戰爭中他就大大地發揮了作為火神的特長。總的說來，可以相信赫費斯托斯在勞動中找到了生活的價值與安慰，假如他繼承了宙斯的好色品性，也可以消耗在體力勞動中。

但命運女神卻像好萊塢的編劇一樣喜歡戲劇性，與其說她們是公平的，不如說喜歡惡作劇，因此火神的生活並不平安幸福。

赫費斯托斯曾經以打鐵式的生硬方式向雅典娜求愛，也許他認為，當初以斧子劈出了雅典娜屬於英雄救美，然後應該美女愛英雄；也許他認為，論智慧技能，雅典娜應該和他惺惺相惜。但不管怎樣，他的求愛沒有成功。不過**普通勞動者沒有阿波羅那樣到處留情的本錢**，所以必須結婚。關於火神的妻子，一種說法認為是美儀三女神中最小的妹妹。美儀三女神論職務大致相當於現代的康樂股長、公關，容貌與風度俱佳，而且以美德著稱，無疑能成為賢妻。赫費斯托斯能娶其一，已是人生至福。可不知為什麼，有的神話非要說他的妻子是愛情女神！這不但是奧林帕斯山上的絕配，世界上也不會有比這更奇妙的婚姻了：奧林帕斯山上最醜陋木訥的男士，妻子竟然是天地之間最美麗、最風流並且主管愛情婚姻的女神阿芙蘿黛蒂（羅馬神話中的維納斯）！

赫費斯托斯的羅馬名字是霍爾坎，在中國也翻譯成福爾甘，他的生活確實是又舞又砍，但真的是**無福無甘**。鐵匠身上不適合佩帶名貴玫瑰，因為這是一種過分的豔福，註定是禍之所伏。實際上關於赫費斯托斯最著名的故事，

就是他那美麗的妻子贈予他的蔥蘢桂冠。

《維納斯的誕生》 *The Birth of Venus*
波提且利（Botticelli, 1445-1510）
Galleria degli Uffizi, Florence, Italy

愛神阿芙蘿黛蒂
APHRODITE
風月俏佳人

羅馬名：維納斯（Venus）
關鍵字：美貌、權力、偷情

　　世界上知道瑪麗蓮‧夢露的人一定
比知道約翰‧甘迺迪的多，階級鬥爭與
男女鬥爭同為歷史發展的動力，但男女
鬥爭作為「原罪」更加原始、恒久和無
微不至。就奧林帕斯山而言，宙斯以有
形的雷電統治著世界，愛神則以無形的
情欲支配著人類。一個江山，兩套班子，
「敢問今日之域中，竟是誰家之天下？」

　　阿芙蘿黛蒂，是愛神、美神和宮妓
的保護神，也引申為春天和生命之神。
常被稱為美貌女神、歡笑女王、金色的
美神和田野上的阿芙蘿黛蒂等等。關於
她的出生有兩種說法。荷馬認為，愛神

是宙斯和自己的女兒、海洋女神戴歐妮（Dione）所生（**血親婚配也許影響了後代的智力**）。赫西俄德（Hesiod）的《神譜》則說，她是從賽普勒斯（Cyprus）附近的海水泡沫中誕生的，其原因涉及不雅詞彙，略過不表。但愛神出生的場面十分美麗：阿芙蘿黛蒂腳踩貝殼，手拂金髮，從海中冉冉升起，後來有波提且利（Botticelli）等幾十位畫家描述過此動人場景。

阿芙蘿黛蒂出場總是花團錦簇，身邊有美儀三女神和山林仙女陪伴。她是最美的女神，但究竟怎樣美麗，希臘人沒有作直接描述，也許希臘語不如漢語那樣有大量的美女專用詞彙，描繪一個美女從頭到腳要用好幾百個專用成語。希臘文學特別是荷馬史詩總是喜歡從側面、從效果上間接描寫她的美。首先，**愛神的美麗是有證書的**：在那場間接引起特洛伊戰爭的最高等級選美中，她是冠軍。其次，有人可能不服氣：選秀難免潛規則，證書還可能是假的呢！但下面的故事顯示的可是愛神的真功夫。中國古代四大美女各有一缺點，那麼阿芙蘿黛蒂呢？據說是完美的。挑剔與嘲諷之神摩墨斯（Momus）失業多年，聽到這麼刺激的消息特別興奮，立刻組織了一個調查組來考察愛神。經過數日訪談觀察，同吃同行同勞動，總算沒有失職：原來愛神不乘天鵝（或說鴿子）車時，走路的聲音不太好。這個結論簡直是莫須有，愛神**從不腳踏實地**，**更不穿鐵掌高跟鞋**，何來聲音？有的神話說嘲諷之神因為沒有發現愛神任何缺點，氣極而死，以身殉職。後面這個傳說很靠譜，因為今天的世界已經沒有了挑剔和嘲諷之神，

只剩下了大量痛苦的處女座、清潔癖和強迫症患者。

另外，從裝備上看，愛神之美也肯定是無敵的。在藝術家的想像中，她很少穿衣服，頂多是一件克斯托斯——披紗或腰帶，高級訂製，只此一件，而且是世界上最早的功能型服裝：穿此衣服者只要用手一觸，魅力就會增加十倍以上。一倍已經要了神的命，十倍誰能受得了！天后赫拉就曾

借穿克斯托斯以迷惑宙斯，果然奏效。

其實若按今天的人才標準全面考核，阿芙蘿黛蒂還是有缺點的，而且十分明顯。與雅典娜相比，她**智勇雙缺，德智體美勞全不發展**。她不愛勞動，據說只做過一次女紅，還半途而廢。愛神也不會武功，據荷馬史詩講述，在特洛伊戰爭中，她去湊熱鬧，結果被人間英雄狄奧梅德斯（Diomedes）刺傷了玉臂。戰神救她回來，她哭哭啼啼地撲在母親戴歐妮的懷裡，赫拉與雅典娜在一邊撇嘴嘲笑，宙斯笑著安慰：「我的女兒，**戰爭不是你的領域，還是去管愛情婚姻吧。**」

阿芙蘿黛蒂的**智商很低，可能在六十上下浮動**。這本來不是什麼問題，因為愛情與智商無關，甚至是反智的。但以這樣的能力進入奧林帕斯領導班子，確實讓很多人羨慕嫉妒恨，大罵潛規則。其實大可不必，美麗不但是權力，甚至是特權。美國有位女學者寫了本書叫《美貌論》，說女性的美貌是一種權力和身份，幾乎對等於男性的權力。

男性用權力能夠得到的東西，女性用美貌都可以得到。

這也許是社會發展不完善的標誌，但至今為止基本符合進化論和種族意志論。阿芙蘿黛蒂曾被人們分成阿芙蘿黛蒂—潘德墨斯（Aphrodite-Pandemos）和阿芙蘿黛蒂—烏蘭尼亞（Aphrodite-Ourania），前者代表慾望的愛，後者代表理想愛情。這種分工肯定不能長久，黃河源頭與黃河肯定不是一回事，但流來流去就成一河渾湯了。實際上阿芙蘿黛蒂有更多的肉慾成分，這反映了希臘人的誠實以及對生命力的讚頌。他們不會認為性是黃河源頭，而愛情是長江。將愛情分為精神與肉體，往往是狐狸吃不到葡萄時的哲學思考。

政治的威權從天而降，愛情的力量是背後的滲透。連冰冷的月亮女神

都曾火熱地戀愛，宙斯的威權也自然要讓愛神三分。宙斯背後有兩種盲目的力量，**一是命運，二是情慾**。他能做到與命運和諧，「從心所欲，不逾矩」，但愛情比命運更不講理，強大如宙斯也不能抵抗或釐清，他那些戀愛鬧劇就是證明。不過這怪不著阿芙蘿黛蒂，愛神連對**自己的事情都不能做主**。

阿芙蘿黛蒂主管愛情和婚姻，大有近水樓臺之利，又兼美貌超群，可以無往而嫁。嫁阿波羅，一對光明的璧人；嫁波賽頓，不愁遊艇與海鮮。即使跟了嬉皮荷米斯，也可以經常偷吃烤肉或戶外運動。可他的丈夫偏偏是火神，奧林帕斯最醜陋的男士和勞動者。難道真的是「好男沒好娶，好女沒好遇」，愛神以身作則，先給自己**安排一個糟糕的婚姻以告慰後人，讓人們諒解她千百萬次的工作失誤**？

其實，愛神並沒有這樣複雜的心機和高尚的情懷，「好男沒好娶，好女沒好遇」這種格言也是特殊情緒，而不是普世真理。愛神的婚姻其實是愛情挑戰政治的一個苦果，也許是命運高於愛情吧。據說宙斯曾經向阿芙蘿黛蒂求愛，但不知出於怎樣的考慮，阿芙蘿黛蒂拒絕了。宙斯一氣之下，就把她嫁給了自己最醜陋的兒子火神赫費斯托斯以示懲罰。（也有的神話說赫拉要補償過去對赫費斯托斯的虐待，就給他配置了一個漂亮的妻子。當然也不能排除赫拉有切斷宙斯後路的意思。）原來火神能娶愛神為妻，是撿了別人惡作劇的便宜。這故事就很像《水滸傳》中的潘金蓮嫁武大郎了。火神和武大一樣貌醜心靈美，有一技之長以及火頭軍的身份。

不過仔細一想，這件婚姻對阿芙蘿黛蒂來說未始非福：若嫁給宙斯，她豈敢紅杏出牆，只有做出被侮辱、被侵害的良家婦女的樣子，哭喊著維護婦女兒童的合法權益，這樣便不成其為愛情女神了。愛神的專業是唯情，是風流，是對一切非愛情因素的反抗。如今被包辦婚姻，嫁了如此的

丈夫，她終於有機會和藉口把自己的專業發揮得淋漓盡致。恩格斯（Friedrich Von Engels）說了：

「沒有愛情的婚姻是不道德的」
那婚外情就是道德的了。

果然，阿芙蘿黛蒂彷彿**婦女界的宙斯**，她灑向人間都是愛，情人有幾十個，非婚生子女（love child）眾多。情人中不乏人間美少年，但最著名的常任情人是戰神阿瑞斯，他們兩個曾經製造了轟動天上人間的桃色新聞。

有一次，阿芙蘿黛蒂與戰神阿瑞斯幽會。由於過於沉迷，竟然忘了時間。阿瑞斯的衛兵阿勒克特律翁（Alectryon）在門口站崗警戒，沒什麼意思就睡著了。這時，太陽神阿波羅升空，他以間諜衛星一樣的超清視力掃描天下，發現了這個秘密。按理說阿波羅應該是光明正大的君子，西方人又很重視人權隱私，對這種事應該「非禮勿視」、「人艱不拆」*。但問題在於，阿波羅對愛神也未必沒有想法，卻一直未能落實，此時荷爾蒙發酸，自然是唯恐天下不亂。他趕到火神的工作室，添油加醋、煽風點火地把這件事告訴了火神。火神大怒，**他雖然很醜，但也不喜歡小丑的帽子**。但他不敢直接找阿瑞斯決鬥，阿瑞斯是比西門慶更厲害的狠角色，另外，處理這種事情畢竟還需要證據。

於是火神生起爐火，操起傢伙，製造了一張非常巧妙的網或說鐵鍊，拿回去偷著安在家中的大床上。這種網只在後來的中國新派武俠小說中出現過，也不知道用什麼材料製作，反正既看不見，又切不斷。火神鬱悶地等了半天，愛神才回家，臉不紅不白的。火神黑著臉，對愛神說最近心情不好，要去連諾斯島度假，希望愛神能夠同去。

在那個時代，偷情可能不是道德問題，但至少是技術問題啊！火神分明是在設陷阱，可愛神卻渾然不覺。聽說丈夫要遠行，她心中暗喜，甚至

*編按：為中國流行用語，出自林宥嘉《說謊》的其中一句歌詞「人生已經如此的艱難，有些事情就不要拆穿。」之壓縮。

喜形於色，立刻推託說最近身體不適，不能陪夫君旅遊了。火神表示很遺憾，說那我就只好一個人去了，希望愛妻在家好好照顧自己。愛神迫不及待地請火神放心，希望他在連諾斯島多住些日子，**還免費贈送了許多「祝你幸福」、「好人一生平安」之類的溫馨而危險的名言。**火神沉住氣，道了聲好自為之，然後一個人開車走了。下面就是後來西方通俗文藝的套路了，丈夫根本沒走，可能躲在對面的一家咖啡館裡偷窺。愛神沒讀過通俗小說，何況她正處於熱戀中，智商幾乎歸零。火神一走，她立刻興奮地傳呼剛剛分手的戰神阿瑞斯。同樣智商和情商的阿瑞斯傻乎乎地趕來，兩人鴛夢重溫。結果觸動機關，被結結實實地捆在網裡，動彈不得，撕扯不開。

火神立刻現身，下面的步驟就很能檢驗他的智商和情商了。抓了現行，最低調窩囊的方式是「**內部解決**」，最衝動激烈的方式是「**武力解決**」，最平常模糊的方式是「**政治解決**」，最愚蠢丟人的方式是「**輿論解決**」——把家庭糾紛或情感隱私曝光在媒體上，一如現在電視和廣播中的某些情感類節目。火神恰恰選擇了最糟糕的方式，他對奧林帕斯諸神的道德水準估計得太高了。他站在家門口，委屈地大喊大叫，讓奧林帕斯諸神都來看看，他家裡發生了什麼事情。

奧林帕斯諸神喜大普奔*，在宙斯的帶領下，都於第一時間趕到了現場，連海王波賽頓都踏著大海的波濤從愛琴海的海底趕來。當然女神們都沒來，「人艱不拆」啊，她們怕阿芙蘿黛蒂難堪，以後不好意思見面。諸男神面對如此的場景，心裡極度興奮，但臉上卻如醫生、領導或專家一樣不動聲色。奧林帕斯諸神

愛情至上、享樂至上、道德感薄弱。

愛情就是愛情，光明坦蕩，毫不扭捏羞澀，所以很難把這場面搞成一個禁欲主義的道德教育現場會。

＊編按：中國流行用語，指表達誇張的激情和興奮之情，還帶有一點政治諷刺。由四個成語「喜聞樂見」、「大快人心」、「普天同慶」與「奔走相告」的字首組成。

火神大喊大叫，阿波羅心裡癢癢，也有點兒緊張，他怕火神透露告密者的名字，損害他光明正大的形象，所以他趕緊截住火神的話頭——他想表達一下真實想法，卻有點兒張不開口，所以決定請他的小兄弟、厚臉皮的荷米斯代言。於是他很嚴肅深沉地問道：「荷米斯，你對這個場景作如何看法？」荷米斯果然一點兒都不虛偽，立刻大聲地說：「我願意用腦袋擔保，假如能和美麗的愛神捆在一起，即使有三條鐵鍊，即使全體女神都在一旁觀看，我也心甘情願！」眾神哄堂大笑，紛紛點頭，表示大家**心同此心、同一個世界、同一個夢想**。

　　火神氣壞了，嚷嚷著要離婚，並要求宙斯退回他當初娶愛神時的聘禮。宙斯沉著臉不說話，他經歷了太多的情場糾紛，知道「家醜不宜外揚」是硬道理。另外，赫費斯托斯竟然想放棄美麗的愛神，並且想要回聘金，**簡直是雙料的頂級傻瓜。**

　　聽說火神要離婚，眾男神各自向前一步，大家都等了**幾千年**了。老幹部波賽頓也覬覦愛神已久，此時一步搶在最前面，假意從中調解。他建議阿瑞斯出一筆錢賠給火神，作為精神損失費；並慷慨地表示，他願意作擔保人，如果戰神違約，他代替賠償。然後，他對火神的遭遇表示深切同情，說自己可以接手，娶聲名狼藉的阿芙蘿黛蒂為妻，因為他有大海一樣寬廣的胸懷。

　　事情弄到這個地步，火神也想不出更不壞的解決方案了，於是悻悻地解開了羅網，放開了那對男女。奧林帕斯的形象危機暫時解決。

　　吃虧的永遠是老實人和勞動人民，後來火神根本沒有得到這筆錢，也不敢找阿瑞斯討要，當然他也捨不得休妻。阿瑞斯就當出演了一次三級電影，沒有報酬但也沒有實際的損失。惱羞成怒也有發洩辦法，他把那個為他站崗、失職的哨兵變成了一隻大公雞——**預警雞**，以後每天黎明打鳴，

預報太陽神的到來，讓情人們快閃。愛神的害羞也很短暫，她去了賽普勒斯的帕福斯（Paphos），在那裡的海水中沐浴，美儀三女神為她塗抹香膏，她可以重新獲得貞潔。為了感謝荷米斯的仗情執言，她和荷米斯合作生了兩性同體者赫馬佛迪特斯（Hermaphroditus）；波賽頓幫助她解決了形象危機，她也投其所好為波賽頓生了一個兒子。愛神的形象若放在今天，足以讓一切善男信女們皺眉撇嘴，但稍微有點兒歷史感的人，都會理解甚至為之歌唱。

愛神與戰神的愛情很顯然沒有就此終結，因為他們生了五個孩子。其中最著名的是小愛神艾若斯（即羅馬神話中的丘比特），這個熊孩子為這個世界造成的混亂和痛苦並不少於他那混帳血腥的父親。

愛神阿芙蘿黛蒂也懲罰那些不尊敬她的人，所謂不尊敬，指的是抵制愛情，**懲罰的方式是製造錯誤的愛情**。少女米拉（Myrrha）就是錯誤愛情的犧牲品。米拉的血統很有意思。她的祖先是賽普勒斯國王畢馬里翁（Pygmalion）——一位著名的雕刻家，此人患有厭女症，立意終身不娶，但卻**愛上了自己雕刻的一座象牙少女像**，愛得情真意切，於是請求愛神賜予這個少女像生命。愛神自然樂意成全別人的好事，畢馬里翁一吻之間，冰冷的象牙變成了一個名叫嘉拉蒂（Galatea，與海神涅柔斯〔Nereus〕的女兒同名，但翻譯不同）的美女。兩人生了一個女兒，即是米拉的祖母。後人常用「**畢馬里翁之戀**」來比喻人愛上自己的作品或創造物（如文章或孩子），或形容愛情的神奇力量。

米拉是一位絕世美女，不免驕傲，甚至對阿芙蘿黛蒂缺乏敬意。愛情女神很生氣，就讓米拉對自己的父親基尼拉斯（Cinyras）國王產生了愛情。米拉非常痛苦，幾乎為此自殺。她的乳母遂巧作安排，讓米拉與並不知情的父親基尼拉斯約會。後來父親發現了隱情，詛咒並拔劍追殺米拉。

《火神網中的阿瑞斯和維納斯》 *Mars and Venus surprised by Vulcan, Cupid and Apollo*
克拉克（Hendrick de Clerck, 1570-1629）
Whitfield Fine Art, London, United Kingdom

米拉已經懷孕，在野外的風雨中仰天呼救，天神讓她變成了一棵沒藥樹，從樹中生出了著名的阿多尼斯（據說這個名字在希臘語中是「嫉妒」之意。也有的神話認為阿多尼斯是愛神的兒子。）阿多尼斯是愛神阿芙蘿黛蒂最漂亮、最溫柔的情人。如果說阿瑞斯反映了愛情的肉慾和享樂的一面，那麼阿多尼斯就代表了愛情的精神和唯美的一面。

阿多尼斯一出世就美貌無比，愛神覺得大有培養前途，但放在人間可不保險，就把孩子裝進小箱，托給冥后波瑟芬妮照管，**冥府的溫度適合保鮮**。但冥后也很快愛上了美少年，並企圖永遠照管下去。兩位女神爭執不下，宙斯裁決為擱置爭議、二人分享：阿多尼斯三分之一時間歸冥后，三分之一時間跟愛神，另外的時間自由活動。

有的神話說，有一天，阿芙蘿黛蒂與自己的兒子小愛神艾若斯在一起玩耍，不小心被兒子的金箭劃傷了胸脯。那傷是不能治癒的，小殺手的媽媽也不能例外，於是阿芙蘿黛蒂無可救藥地愛上了美少年阿多尼斯。

愛神對愛情並沒有職業性的厭倦，她戀愛起來是很認真投入的，並且也像凡人一樣神魂顛倒。阿多尼斯熱愛打獵，為了顯得志同道合，愛神就把自己打扮成狩獵女神的樣子，帶著獵犬，整天跟著阿多尼斯滿山遍野瘋跑。又想方設法讓阿多尼斯高興，過去的情人忘在了天邊外，婚姻愛情的工作也扔下不管了，她甚至「**願做鴛鴦不羨仙**」，一度想徹底脫離奧林帕斯山。有一天，她需要暫別戀人片刻，就溫柔地告誡愛人：「不要招惹那些兇猛的獅子和野豬，因為神給了它們銳利的武器，你的美貌能使愛情女神著迷，但不能打動猛獸的心。」

但為美貌與愛情而驕傲的阿多尼斯並不在意這些婆婆媽媽的囑託，愛神走後，他衝進樹林，奮勇地將長矛投向一頭野豬。那頭野豬巨大兇猛，以嘴自拔長矛，噴著熱血衝向阿多尼斯。阿多尼斯魂飛魄散，沒跑幾步，

野豬的獠牙已經刺入了他健美的身體。這頭野豬，據說是戰神阿瑞斯（或月神）出於嫉妒派來的殺手。也有的神話說，太陽神阿波羅的兒子厄律曼托斯因偷窺愛神洗浴而被弄瞎了眼睛，阿波羅就要在阿多尼斯身上報復。

愛神的天鵝車正飛在半空，聽見愛人苦痛的呻吟，立刻飛回了樹林。但已經無可挽回了，阿多尼斯躺在鮮紅的血泊中。阿芙蘿黛蒂捶胸頓足，伏在愛人的屍體上痛哭。為了紀念這次愛情，她讓血泊中長出了白頭翁花（或玫瑰或秋牡丹）。此花鮮紅豔麗，但花期甚短，隨風凋零，就像阿多尼斯美麗的青春。也許這花更像愛情，

即使愛神自己也無法改變愛情的傷與飛的悲劇特徵。

希臘人熱愛美，包括男人之美。希臘婦女公開表達對阿多尼斯美色的愛慕，為之設立了「阿多尼斯節」，另外，據說在英文中阿多尼斯有「**小白臉**」之意，這個衍生意義肯定是後來男人們普遍嫉妒的產物。

阿芙蘿黛蒂等同於羅馬神話裡的維納斯，靠近火星的金星即以此命名，或說拉丁語的「星期五」來源於維納斯的名字。1820年，一位希臘農民在愛琴海米洛島（Milo）上的山洞裡發現了一座女體神像，高204公分。其實並無直接證據表明雕像是愛神，而損毀丟失的雙臂更成為永恆之謎；還有人說米洛指古希臘三大雕刻家之一，很不靠譜。不管怎樣，這座雕像在雕塑藝術史上都佔據著至高無上的地位，雕像不但符合人體解剖的基本形態，而且達到了理想的黃金比例。這樣的作品產生在那麼遙遠的時代（約西元前120年左右），簡直不可思議。如今世界各國遊客遊覽法國羅浮宮，見到這座雕像都有似曾相識的感覺。

《維納斯和阿多尼斯》 *Venus and Adonis*
提香（Titian, 1488/1490-1576）
Prado Museum, Madrid, Spain

信使荷米斯
HERMES
神行小太保

羅馬名：墨丘利（Mercury）
關鍵字：神偷、快遞、蛇杖

　　奧林帕斯諸神中的父輩儘管私生活未盡檢點，但都還是貴族和老革命的樣子。相比之下，他們的紈絝子弟就花樣百出了。其中荷米斯最為顯眼，他是古代的嬉皮形象，往好的來說是具有平民色彩。這位奧林帕斯的信使頗似梁山好漢神行太保戴宗，但同時兼顧了鼓上蚤時遷*的角色。

　　荷米斯是宙斯與星神瑪依亞（Maia，宙斯的妻子或情人）的兒子，出生在庫勒涅（Cyllene）的山洞裡，二十四小時之內就有幾

*編按：為《水滸傳》中的神偷。

《墨丘利》*Mercury*
魯本斯
Prado Museum, Madrid, Spain

項驚人「業績」。他遇風即長，心智發育尤快，於是偷偷從搖籃裡溜了出來。在山洞外，他殺了一隻烏龜，掏空龜殼，繃上七根亞麻（或說羊腸）弦，做成了世界上最早的豎琴——里拉琴。在悅耳的音樂中，他開心地溜達著。中國的孔子聞韶*而三月不知肉味，**這個希臘的小太保卻忽然從琴聲中想起了烤牛肉。**

派約里亞（Pieria）的山谷裡有一大群牛。當時的牛群相當於現代的「寶馬」，是富有的標誌。這一大群牛的主人自然不是等閒之輩，而是太陽神阿波羅。荷米斯不管這個，他挑選了五十頭牛，向一個山洞裡趕去。為了不讓別人發現蹤跡，他讓牛倒著走路，並把樹枝樹皮捆在自己腳上。半路上，他遇到了一位老農巴圖斯（Battus），他要求後者保守秘密，並許諾讓葡萄豐收，美酒飄香。沒走多遠他又不放心地折回，化成另外一個人，誘騙老農說出了牛的行蹤，然後把老農變成了石頭。

在山洞裡，他殺了牛。為了讓牛肉更加美味，他發明了鑽木取火。在濃濃的烤肉香中，他心滿意足，同時也完成了世界上首次以肉食向諸神的祭祀。然後，荷米斯毀掉了一切痕跡，回到家中，鑽進繼褓，重新成為**一個天真無辜的嬰兒。**過了一會兒，媽媽回到山洞，追逐著烤肉味的濃度來到兒子身邊，發現了這個秘密。她非常擔心，因為阿波羅是惹不起的狠角色，她說：「兒子，你攤上大事了！」可小太保吵嚷說，**再苦不能苦了孩子，他有追求幸福的權利，**而且也不怕什麼阿波羅。

當太陽神費盡周折終於追蹤過來時，荷米斯四腳朝天地躺在搖籃中，狡辯自己是多麼的小，甚至都不知道牛是什麼樣子。憤怒的阿波羅發狠說要把他打到塔爾塔茹斯（地獄）中去，但畢竟心有忌憚，就把這小流氓拎到了他們共同的父親宙斯面前告狀。

宙斯聽完了阿波羅的血淚控訴，竟然很高興：這小東西真聰明，這才

*編按：孔子在齊國聽到舜時的樂曲「韶」，心中念念不忘，以致很長一段時間食肉不知其味。

像我的兒子，長大後一定有出息。於是他從中調解，甚至責怪阿波羅**沒出息、沒愛心**。荷米斯自知理虧，他的職業和愛好也不宜與普照世界的「阿波羅神燈」作對，於是就把廢品改造的里拉琴送給了阿波羅。阿波羅文化水準也不高，接過來一彈，比牛叫好聽多了！他很喜歡，從此天天攜帶，附庸風雅，自命文青，並成了文藝女神的領班。同時，混跡江湖多年的阿波羅知道一個道理：**不要得罪小人物**。這小太保今天能偷他的牛群，明天就可能偷他的車牌、卸他的輪胎，所以他不但表示諒解，還回贈了一支盤蛇杖。此杖形似歐陽鋒的蛇杖，有二蛇纏繞，頂端有雙翼，早期司財富和夢想，也可以催眠，後來成為西方醫學界之象徵物，如今世界衛生組織和多國緊急救護服務都以盤蛇杖為標誌。

宙斯覺得這兒子是可用之材，於是讓他成為奧林帕斯的傳令官，位列十二天神。並贈給他一頂生有雙翅的帽子「拍打速」，一雙運動鞋叫「踏來利」。有人認為這雙帶翼絆鞋是荷米斯自己發明的，是偷牛時所穿樹枝鞋的改進版。這是世界上最早的運動鞋，穿上行走如飛，酷似戴宗的神行甲馬。

荷米斯成了宙斯的**專職狗腿子**，後來冥王黑帝斯也聘他為兼職信使，從此，在神與人、生與死以及現實與夢幻之間，荷米斯開始了他的特快專遞，其中包括引渡亡靈到地獄的大宗業務。他「上窮碧落下黃泉」，其活動範圍比同樣作為信使的彩虹女神伊瑞絲（Iris）要廣大許多。後者只為宙斯赫拉夫婦服務，彩虹郵路是有軌專線，只能從天上鋪到人間，造價既高，女孩出門時還要端個水杯，簡直是「**特慢專遞**」。

在郵政之外，荷米斯還掌管交通、財貿、體育、旅行、演講等領域，**並兼任小偷和騙子的祖師爺與保護神**。這些領域的共同特點是需要速度、技巧甚至騙術。因為有偷牛的經歷，按照「高薪養廉」和「以黑治黑」的

《阿波羅與墨丘利》*Apollo and Mercury*
阿爾巴尼
Château de Fontainebleau, Paris, France

原則，他也很勝任地成了牧人的保護神。後世西方人常在交叉路口以及銀行、商行和輪船公司的門口樹立荷米斯的雕像，把他當成精神導師。荷米斯堅信天生我材必有用，自然不肯荒廢神偷的特長，所以後來還偷過海神的三叉戟、戰神的寶劍、火神的鉗子和愛神唯一一件衣服克斯托斯等，全是別人的看家物品。但此時偷竊的意義主要在於表演示範，所以得手之後完璧歸還。

　　荷米斯的外貌並不像時遷似的賊眉鼠眼，他頭戴雙翼帽，腳踏登雲鞋，手持盤蛇杖，全套一流的戶外運動裝備，是個富有活力的健美少年和體育明星，所以他也不會缺乏女人和後代。據說他曾傳授兒子奧托呂科斯（Autoly-cus）欺詐的技術，奧托呂科斯是奧德修斯的外祖父，而奧德修斯正是《奧德賽》的主人公，希臘神話中最狡猾的人。不過，荷米斯最有趣的兒子是半人半羊的森林之神和牧神潘，潘是神靈終結者。

　　荷米斯等同於羅馬神話中的墨丘利。太陽系中運行最快的行星——**水星**，就是用墨丘利命名的。法國還有個聞名世界的皮具品牌，漢譯「**愛馬仕**」，看法語名字似與荷米斯有關，但據說源於家族姓氏。

酒神戴奧尼索斯

DIONYSUS

迷狂浪蕩子

羅馬名：巴克斯（Bacchus）
關鍵字：美酒、狂歡、戲劇

　　在諸神式微的時代，酒作為從葡萄中逃逸的精靈，引領著人們重返神奇的世界。酒神戴奧尼索斯作為後起的神靈，代替冥王或灶神進入十二天神系列，甚至在某種意義上**排擠了宙斯**，奧秘也許正在於此。

　　戴奧尼索斯的父親是宙斯，母親瑟美莉卻是凡女，這在奧林帕斯眾神中是個異數。瑟美莉是底比斯城的締造者卡德摩斯與著名的哈摩妮雅（愛神與戰神之女）的女兒，天生麗質，卻繼承了卡德摩斯家族的不幸命運──看見了不該看見的事物。

　　不幸是以愛情的名義降臨的，宙斯愛上了她。為了避免各種不便，宙斯此番變化成一個普通的男子來幽會。瑟美莉被蒙在鼓裡，天后赫拉卻明察秋毫。也許受到宙斯的啟發，赫拉以其人之道還治其人之身，她變成了瑟美莉的乳母貝羅厄，滿頭白髮，慈祥的皺紋，手裡還拄著拐杖。她以巧妙的言辭煽動著瑟美莉對情人的好奇心──好奇心經常是致命的：「真希

望他是個天神，可他會不會是假冒的呢！應該讓他拿出點兒證據來，比如穿上他的長禮服什麼的。」

瑟美莉覺得有理，下次見面時就求宙斯幫助她做一件事，宙斯滿口答應，並指著人神共懼的斯提克斯河發誓。結果瑟美莉提出要見識一下情人的真面目。宙斯想捂住少女的嘴已經來不及了，他非常懊悔，卻不能違背諾言，那樣代價太高。於是他以自己的真面目——全身披掛、挾雷帶電的霹靂天神形象出現在瑟美莉的閨房，可憐血肉凡胎的少女在**瞬間就被高壓高溫和強光化成了灰燼**。宙斯從灰燼中取出少女懷孕的孩子，在自己的腿上割了個口子，以袋鼠一樣的方式繼續孕育孩子，幾個月後，戴奧尼索斯出生了。宙斯像在戰爭時期保存革命後代一樣，偷偷地將孩子託付給尼莎（Nysa）山的仙女們撫養。就在這裡，戴奧尼索斯發明（也許是發現）了葡萄酒，一種香甜可口、催人入眠、解除疲勞和使人忘憂的神奇液體。

赫拉的迫害堅韌而久遠，當戴奧尼索斯以一個漂亮少年的樣子回到人間時，赫拉讓他發了瘋，他因此在埃及、敘利亞等地流浪多年。後來眾神之母瑞雅（也稱庫柏勒）醫好了他的瘋病。此後，戴奧尼索斯開始宣揚他是葡萄與美酒之神，從埃及到印度，推廣葡萄種植和釀酒技術，並通過音樂、舞蹈、美酒及性慾的結合，到處製造狂歡儀式，這是一種邪教般的放縱與迷狂。他的追隨者以女性為主，原因可能是女性身體裡分解酒精的酶比較少，更容易醉酒。女信徒喝醉之後非常瘋狂，甚至進行「**撕牲**」活動，即把活生生的牛和羊等撕碎生吞。

有一天，第勒尼安（Tyrrhenian Sea）的一群海盜看見了戴奧尼索斯，以為他是個高貴的王子，可以換取一大筆贖金，就劫持了他。可戴奧尼索斯微笑著，鐐銬總是從他的手臂上自動脫落。船帆剛剛張開，立刻出現了更多的奇蹟：狂風勁吹，船卻紋絲不動；一股股芳香的葡萄美酒在船上流

《酒神的節日》 *Bacchanal*
伊泰布魯克（Moses van Uyttenbroeck, 1590-1648）
Herzog Anton Ulrich Museum, Braunschweig, Germany

《與酒神的田園場景》 *Arcadian Scene with Bacchus*
德萊裡瑟
Metropolitan Museum of Art, New York, United States

溢；桅杆和船帆上爬滿了濃綠的葡萄藤。船員們目瞪口呆。突然間戴奧尼索斯變成了一頭雄獅（或大熊等），海盜們紛紛跳到海裡變成了海豚，只有善良的舵手沒有受到懲罰。

戴奧尼索斯在故鄉底比斯城受到了人民的歡迎，卻遭到了官方的抵制。其實官方正是戴奧尼索斯的家族。他的姨媽們散佈謠言，說戴奧尼索斯不是宙斯的兒子，更不是神。他的表兄、底比斯城國王彭透斯則禁止酒神及其女追隨者們的活動與儀式。於是戴奧尼索斯使用了他一貫的報復手段，他讓姨媽和底比斯城的婦女們陷入迷狂狀態，到喀泰戎山（Cithaeron）上舉行狂歡儀式。國王彭透斯化裝為一名女性，偷偷爬到一棵高大的冷杉樹上偷窺監視，他迷狂的母親和姨媽們卻把他當成了獅子（或野豬），將大樹拔起。彭透斯呼喊著「媽媽」，瘋狂的媽媽卻兩眼放光、口吐白沫地撕掉了他的手臂，轉眼間他就被**撕成了碎塊**。母親阿革薇（Agave）還把兒子的頭當成獅子頭穿在酒神杖（葡萄藤）上，興高采烈地舉著炫耀。酒神終於在這一地區樹立了自己的權威。

戴奧尼索斯也能善待那些幫助他的人。比如弗里吉亞（Phrycia）的國王邁達斯曾款待過他，他就滿足國王的要求，賜予了他**點金術**。當邁達斯後悔時，他又指導邁達斯到帕科拓洛斯（Pactolus）泉水中洗去了手指上的貪婪。這位邁達斯後因在音樂大獎賽上亂投票而被阿波羅賜予了一對**驢耳朵**，酒神就幫不了忙了。

有一天，在納克索斯島上，美麗而不幸的少女雅瑞安妮（Ariadne）正坐在海邊哭泣。這位克里特（Crete）王國的公主為了愛情背叛了父親，幫助情人翟修斯（Theseus）殺死了迷宮裡的妖牛，卻被翟修斯殘忍地遺棄在荒島上。海風吹動著她的長髮，淚水不斷流進苦鹹的海水：「啊，翟修斯，是哪一頭母獅生下了你，讓你有這樣的鐵石心腸？我曾願意像奴隸一

樣服侍你，只要在你身邊我就感到幸福。你至少應該把我帶回父母身邊啊！」她的美麗與不幸打動了戴奧尼索斯，後來她成了酒神的妻子，並生育了一些英雄兒女。雅瑞安妮的金冠後來化成了星空的**北冕座**。不過，有的神話認為戴奧尼索斯比翟修斯更早地欺騙了雅瑞安妮。

酒神是一位英俊的青年，棕色的長長鬈髮，皮膚白皙，放蕩而略帶憂鬱，手持葡萄藤或酒杯。正如尼采指出的，

酒神精神是希臘精神的另一極，與日神精神相對，是非理性主義，是迷醉與狂歡。

希臘戲劇就是在祭祀酒神儀式的基礎上產生的。

戴奧尼索斯的羅馬名字是巴克斯。不管怎樣，酒神應該是晚起的、候補的，**酒精能製造英雄和幻覺，但不可能製造神靈和奇蹟**。

《巴克斯與雅瑞安妮》 *Bacchus and Ariadne*
貝列格里尼（Giovanni Antonio Pellegrini, 1675-1741）

《酒神巴克斯》 *Bacchus*
卡拉瓦乔（Caravaggio, 1571-1610）
Uffizi Gallery, Florence, Italy

DIONYSUS

B

　　宙斯及其國會山的議員只能進行宏觀控制，不能顧及廣大而微觀的人間。他們倒不是多麼愛護人間，但人間是他們的樂園，就像今日的動物園、植物園之於都市裡的人類，如果人間一片荒涼，人類毫無文化教養，神去玩的時候還有什麼驕傲和快樂呢！所以宙斯還向人間派駐了大批二級神靈，負責治安、教化和環保等工作。

　　在野神靈的出身肯定都很有背景，其中有古老的神靈，也有一部分是第四代神。他們的父親母親多數為神系，個別單親為人類。從政治上看，他們普遍受制於奧林帕斯神系。其中有宙斯的政敵，如普羅米修斯（Prometheus），必須下放勞動，懲罰改造。也有的相貌不端，如潘，不適合出入聖山廟堂。還有冥王黑帝斯手下的復仇女神等，宙斯也只准許她們黑夜裡到人間活動。

在野神靈

　　在野神靈一般居住在山川湖泊、花草樹木之間，如文藝女神的聖地就在赫立貢山（Helicon）。他們作為中央的特派官員或者地方官吏，可以與人類直接交往，比較有民主作風，但仍然缺乏愛心。比如潘就是位「怪叔叔」，總在山林裡欺負比他級別更低的小仙女，並以驚嚇獵人取樂。文藝女神聖潔美麗，對人類而言也絕對是「麻辣女教師」。普羅米修斯是人類的恩主，但怠忽職守造成的「豆腐渣工程」後患無窮。青春女神赫蓓是奧林帕斯宴會廳的司酒女神，屬於「打工妹」；美儀三女神經常隨侍愛情女神，算是高級丫鬟。這四位並不「在野」，但等級庶幾近之。

　　從時間和邏輯上看，多數在野神靈應該晚於、次於天神。所以當他們神秘地消失時，神話時代終結了。他們是最後的神靈。

神火與魔盒

PROMETHEUS

竊火者普羅米修斯

關鍵字：造人、竊火、災難

　　宇宙最初是一團混沌，混沌而有靈，這就是卡厄斯。「卡厄斯」在希臘語中是「張口」、「打哈欠」之意。這哈欠太大，像大爆炸一樣，結果無極生太極，太極生兩儀，清者自清，濁者自濁，天空、大地和海洋判然分開，塔爾塔茹斯、艾若斯和夜女神尼克斯（Nyx）等本源神由此產生。但最重要的是地母蓋亞。蓋亞自力更生，以無性繁殖的方式生出了天父烏拉諾斯，這是陰性在先，「沒有地哪有天」。然後「天空」覆蓋「大地」，就生出了十二泰坦神，這就是宙斯的父母輩了。這時地上還沒有人類，待宙斯們誕生後**感到寂寞空虛**，才想起了造人以及動物。神們造人的動機與如今的人類在城市裡建造動物園庶幾相似，而建設動物園的工作由普羅米修斯和弟弟伊比米修斯（Epimetheus）承擔。

　　普羅米修斯，名字的意思是「先覺者」，或譯「事先就知道」。在晚期的《神譜》中，他是泰坦神伊亞匹特士（Iapetus）與海洋女神柯麗美妮的兒子，是宙斯的堂兄弟。其兄弟伊比米修斯名字的意義是「後覺者」——

《盜火的普羅米修斯》*Prometheus carrying fire*
柯塞爾茲（Jan Cossiers, 1600-1672）
Prado Museum, Madrid, Spain

「事後才知道」。

全世界各民族的神話幾乎都是以泥土造人，希臘也不例外，這反映了人對大地的依賴。普羅米修斯知道天神的種子藏在泥土中，就和土為泥，按天神的形狀製作了人類——人是神的「**複製**」。伊比米修斯也完成了製造動物的工作，他沒有模版，率性隨意，因此製造的品種繁多。但這時完成的只是硬體部分，還沒有裝入作業系統和應用軟體，結果在這關鍵環節上出了問題。

普羅米修斯一時不在，後覺者伊比米修斯把所有裝備和能力都分給了動物。於是熊有皮毛一體的大衣，馬有天然的皮鞋，牛有犄角、身劍合一，貓的指甲比小姐的厲害，猴子勝任所有的技巧項目，狗都比人跑得快呢，獵豹就比博爾特（Usain Bolt）快多了。輪到人類，就一無所有，光身子，無鞋子，沒有床，也沒有武器。這樣的生物根本無法在大自然中生存下去。實際上當時的人類生活在土洞裡，沒有靈魂，**連老鼠都不如**。

有人不服氣，說人體有兩個優點，即運動耐力和散熱能力，但仔細斟酌，都不靠譜。人類的運動耐力肯定比獵豹持久，但這個長處是人類在非洲大草原上被各種動物輪番追虐的結果，要不優秀的田徑運動員怎麼都是非洲裔的呢！至於散熱能力好，可能是夏天裡人們看見狗伸舌頭喘息時而產生的優越感，他們完全忘記了自己在冬天裡保溫能力是多麼差。

普羅米修斯很負責任，**正版軟體沒了，他就在神的工具箱裡打起了盜版主意**。這就是火——宙斯拒絕送給人類的禮物。普羅米修斯取來蘆葦（或大茴香）的稈莖，偷偷地靠近太陽車引燃，有的神話說他是在火神作坊或雅典娜工作室裡取得火種的。然後他把火種帶到了人間，這樣大地上升起了第一簇火焰。人間的火光讓宙斯恐懼而憤怒。盜火是人類歷史上第一次啟蒙運動，火是文明的開始，是科學技術的象徵。有了科學技術，人

類就足以和動物界抗衡，甚至有能力破壞自然，比如今天的人類不但能與虎謀皮、穿在身上，而且能「養虎無患」——倖存的東北虎基本都被東北人關進了鐵籠。科學技術發展史也是人類弒神的歷史，火是不敬神的開端。宙斯知道，神的好日子不多了。

普羅米修斯不止一次為了人類的利益得罪宙斯。人類誕生之初，奧林帕斯曾就肉食祭祀中的權益問題與人類發生爭執。普羅米修斯耍弄了一個計謀，他殺了一頭牛，分成兩部分，一邊是牛肉，上邊卻覆蓋著沒人吃的牛胃，另一邊是牛骨頭，上邊覆蓋著鮮美的脂肪，然後請宙斯自己選擇。宙斯早就洞察了他的把戲，但似乎為了賭氣，也要為懲罰找一個藉口，他故意選擇了牛骨頭，然後做出上當的樣子生氣地說：「伊亞匹特士的兒子啊，你總是忘不了欺騙的伎倆。」當然，人類從中得到了好處，此後在祭祀中，人們只把牛骨頭之類獻祭給神，這個故事為人類在祭祀中的不真誠製造了理由。

專權的宙斯自然不容忍一再的欺騙與反抗。他命令火神及其僕人用釘子和鐵鍊將盜火者普羅米修斯捆綁在高加索山（Caucasus）的懸崖上，並派一隻兀鷹每天去啄食他的肝臟。但肝臟被啄食之後會再生出來，所以傷口總不能癒合，痛苦循環往復。如此達三十年或三萬年。這是耶穌受難的希臘版，也是為人民犧牲的英雄的原型。馬克思（Marx）在博士論文的序言裡稱普羅米修斯為哲學日曆上最崇高的聖者和殉道者。

普羅米修斯知道一個關於宙斯命運的秘密，即如果宙斯娶海洋女神忒提斯為妻，忒提斯將生下一個比父親強大的兒子。為了獲知命運的內容，後來宙斯命令（或默許）大英雄海克力斯射殺了兀鷹，釋放了普羅米修斯，海克力斯的老師、人馬凱隆替代了普羅米修斯在高加索山的位置。凱隆是希臘第一名師，與盜火的普羅米修斯一樣，都是啟蒙英雄。他本來是不死

《普羅米修斯被火神鎖住》 *Prometheus Being Chained by Vulcan*
巴卜仁（Dirck van Baburen, 1594/1595-1624）
Rijksmuseum, Amsterdam, Netherlands

《潘朵拉》 *Pandora*
雷尼爾（Nicolas Regnier, 1591-1667）
Ca' Rezzonico(Museum of 18th century Venice), Venice, Italy

的，但被自己的高徒海克力斯的毒箭所傷，疼痛難忍，希望能「**安樂死**」，就向宙斯要求把不死的權益轉讓給普羅米修斯。不過解放了的普羅米修斯手臂（或脖子）上還保留著一個鐵環（或高加索山的石片），作為假釋囚徒的標誌和宙斯權威的象徵，有人認為這是現代戒指的來源之一。

在懲罰普羅米修斯的同時，宙斯也沒忘記處理「失火」的後患。人類獲得了火，宙斯已不能收回這份好處，於是決定送給人類一點災禍抵消這些利益，降低人類的發展速度。他命令火神製造了世界上第一個女人，即潘朵拉。此前大地上沒有女人，希臘的黃金時代和佛教的極樂世界都曾是「女人不得入內」，伊甸園裡也是先有男子亞當後有女子夏娃的。

沒有女人的時代是「黃金時代」，
但所有理工大學的男生都不會同意。

女性是愛的源泉，但視女性為邪惡的神話，即使智慧如古希臘人也未能避免，這確實是時代的局限性了。

換個思路看，這種順序歧視未必不是好事，男人是「**小白鼠**」、公測版，女性因此堪稱「**後起之秀**」。《聖經‧舊約》裡男人的原料是泥土，女性的原料是肋骨。普羅米修斯製造男人用的是瓦匠工藝，火神製造女人就是工業化生產。原料既好，又是成熟技術和精加工，所以女性是 **2.0 版本** 的，比男性精緻很多。更可怕的是奧林帕斯眾神都參與了潘朵拉的後期製作。雅典娜送來了首飾，荷米斯向她灌輸動聽的言辭和撒謊的本領，愛神教給她一切可能的媚態。潘朵拉是絕對的「天生尤物」，她名字的含義就是「**有著一切天賦的女人**」，或「**賜予一切者**」。

荷米斯奉命把潘朵拉帶到人間，送給普羅米修斯的弟弟伊比米修斯。儘管普羅米修斯一再警告弟弟不要接受宙斯的任何禮物，但完全無用，「後覺者」伊比米修斯不可能有那麼高的自覺性和抗腐蝕能力，他高興地接受

了天上掉下來的美眉。潘朵拉下嫁人間，帶來了眾神陪嫁給她的一只嫁妝箱子（有的神話說普羅米修斯收集了人間的各種苦難災禍封閉在箱子裡），她不知道裡面的內容**跟恐怖分子的手提箱差不多**。

待來到大地，坐訂婚床，潘朵拉欣喜而好奇地打開了箱子，裡面的東西轟的一聲飛出，原來是各種災禍、戰爭、洪水、地震、疾病和痛苦等，而在此之前，大地上的人們一直生活在平靜與健康之中，沒有任何痛苦。也許是秉承宙斯的旨意，在所有的東西飛出來之前，潘朵拉把魔盒永久地關閉了，裡面有一樣事物未及飛出：希望。從此，人類生活在各種災難和痛苦之中，

希望是有的，卻找不到。

希望是好東西還是壞東西呢，不知道。反正先知者普羅米修斯沒有給人預言能力，人類只能向著希望盲目前行。也有神話認為普羅米修斯的騙術影響了人類的本質。

潘朵拉的盒子是跟隨著普羅米修斯的火種降臨人間的，可以看成是人類文明和科學技術的副產品吧。也許在那樣原始落後的時代，希臘人就天才地預見到：科學技術在帶給人類無限福利的同時，也會帶來諸多問題甚至災難。潘朵拉的盒子如今是通行世界的典故，用來比喻災禍的來源或有害的禮物。

潘朵拉的女兒碧拉（Pyrrha）嫁給了普羅米修斯的兒子琉克里翁（Deucalion），夫妻倆在大洪水後成為新人類的祖先。他們的後代註定要在神火與魔盒之間輾轉了。

命運女神莫拉娥

MOIRAE

剪刀與轉輪

關鍵字：程式、必然、偶然

　　與不知道命運相似，關於命運女神人們知之甚少，她們似乎沒有故事。關於她們的藝術品也十分罕見，最有名的菲狄亞斯《命運三女神》雕塑（原位於巴特農神廟東山牆，現收藏於大英博物館）竟然是沒有頭顱的，彷彿寓意著人們不能看見命運之神的臉。但絕不能因此忽略了世界幕後的這幾位總設計師和編劇，人世間的所有喜怒哀樂都是她們精心編制、精確執行的程式，換言之，世界上所有的故事歸根結底都是命運女神的故事。可能有人會覺得奇怪，**宇宙的超級程式師**為什麼是女的呢？答案很簡單：

命運是陰性的、看不見的力量。

千萬不要簡單地斷言「命運」觀念是迷信。人類偶然出現在這個世界上，迫切需要在自己與世界之間建立必然性的聯繫，這就是「命運」——世界背後的強大力量，世界有人來管理我們了，這讓人感到欣慰。同時，「命運」啟示的是世界的必然性與人類（或個體）的限度。人類或個體是有限度的，「王侯將相寧有種乎」確實很有激情，但並不是每個人經過努力都能成為

《命運三女神》 *Le tre Parche*
斯特羅齊（Bernardo Strozzi, 1581-1644）

MOIRAE

李嘉誠或李嘉欣的。另外,命運的合理性還體現於:總體看、回頭看則成命運,無能為力時也相信命運,即使在今天,「盡人事,聽天命」仍然是我們的最佳世界觀。

命運女神通常總稱為莫拉娥,原意為「**部分**」或「**一份**」,即每人生下後應得的一份。關於她們的出身有不同說法。天地鴻蒙之時,卡厄斯(混沌)之中誕生了夜女神尼克斯與黑暗之神埃瑞布斯(Erebus)。莫拉娥就是尼克斯與埃瑞布斯的女兒——兩位黑暗所生,可見命運是何等陰性的力量。在後來的神話中,又被說成是宙斯與姑姑正義女神提密斯的女兒。命運女神不但出身神秘,甚至數量、性別與面目也很玄奧。

早期神話中,莫拉娥本身就是命運,沒有清晰可見的形體,也不現場辦公,很少出現在藝術品中。後來命運之神具象為一位,再後來逐漸分工,終於定型為姐三個。老大克洛莎(Clotho)手持紡線錘,**負責紡織生命之**

《命運女神》 *Las Parcas*
哥雅(Francisco Goya, 1746-1828)
Prado Museum, Madrid, Spain

線（或說紡三種顏色的金羊毛）。老二拉綺絲（Lachesis）手握纏線球，**掌握生命之線的長短與曲折**（或說她閉著眼睛為人的命運抽籤）。老三雅托普絲（Atropos）是「剪刀手」，她手拿剪刀，**負責剪斷生命之線**（或說她將老二抽籤的結果以「唯讀」方式記錄存檔）。最能顯現命運之客觀性力量的是老三雅托普絲，其名字的意思是「不可避免」，確實，至今尚無人能躲過那把橫貫宇宙的大剪刀。

命運女神與奧林帕斯的關係比較複雜。一般認為，在宙斯的統治下，她們還可以頒佈自己的法令，有垂簾聽政的意思，只不過這**簾子又黑又厚**，眾神都不知道簾子後面「**後臺運行**」的程式。奧林帕斯眾神也受命運和定數的限制。對此，宙斯很無奈，好在他已達到了「從心所欲，不逾矩」的境界，與命運是半透明的關係。他知道命運但不干涉，不知道也不強求，或者通過別的管道（如普羅米修斯的預言）去探尋，但絕不試圖改變命運。當然命運女神似乎也從沒有違背宙斯的意志，或為宙斯安排可怕的、不可控制的命運。**這是立法、行政、司法三權分立的原始模型吧。**

命運之神對人類最有威力和效果。人是盲目的動物，需要事先注入程式。之後，人不管怎樣的奮鬥和掙扎，都被限制在一個基本的秩序和範圍之內。而命運女神似乎特別愛好文學，喜歡悲劇，所以在希臘神話中，說到命運即意味著悲劇，除了因果報應，就是惡作劇，甚至是虐待狂。英雄如海克力斯、伊底帕斯、阿基里斯和傑森（Jason）等，都是在與殘酷命運的抗爭中成就功名的。命運可能很荒唐，傑森英勇無敵，最後竟然被一塊朽木砸死。命運也無法逃避，逃避可能恰好更接近命運的核心，伊底帕斯就是在離家出走、逃避「弒父娶母」預言的路上殺死親生父親的。

命運是不可知的。人們可以到諸如德爾菲阿波羅廟等地方請求神諭，但這些仲介機構提供的模糊言語跟謎語相似，內容如何全靠想像理解。只

有極少數人有預言能力，如提瑞西阿斯、希比蕾、卡珊卓和卡爾卡斯（Calchas）等，但總與禍患相因果。有些人因禍得福，獲得了預言能力；有些人因福得禍，有預言能力了就沒有好下場。結論是：命運不是人類應該知道的。黑社會滅口時常說的理由就是：**你知道的太多了**。

莫拉娥近似於羅馬命運女神（也稱運氣女神）福耳圖那（Fortuna）。說近似而不說等同，原因在於，福耳圖那更接近於希臘的機緣（運氣）女神泰姬（Tyche）。在希臘化時期，命運女神莫拉娥的地位下降，機緣女神泰姬的地位開始上升，泰姬是個少女，雙手各持船舵和聚寶角（豐饒角），站在球體或轉輪上。

從莫拉娥發展到泰姬，是個邏輯與歷史統一的過程，即思維的發展過程恰好符合人類與世界關係的變化。剪刀象徵必然性，轉輪象徵偶然性。早期人類相信必然性——命運，後來逐漸傾向於偶然性——運氣，曾國藩的「不信天，信運氣」的名言正好描繪了這個過程。當然世界本身是自然的，無所謂必然與偶然，必然性與偶然性的劃分純粹是人類二元思維的需要，偶然性歸根結底也是必然性的交叉點呢！比如彩券中獎問題，偶然或必然全看狀態。**買了中獎叫偶然，屢買不中叫命運**，所謂「得之我幸，失之我命」，可見二者之分有時就是對好事壞事的不同修辭問題。

據科學計算，買彩票中500萬的概率，相當於在一天之內、在一個地點**被雷擊中六次**。絕大多數人一生之中甚至都不可能被雷擊中一次，宏觀地看、回頭來看，這是必然的；但絕大多數人偶爾還是會買張彩票，個別情況下或面向未來時，人們通常寄希望於偶然。霍金（Stephen Hawking）說過這樣一句話：「我注意到：那些宿命論者，在過馬路之前也是會左顧右看的。」

小愛神艾若斯
EROS
鋒鏑與翅膀

羅馬名：丘比特（Cupid）
關鍵字：傷痛、無常、遊戲

　　歷史是由階級鬥爭和男女鬥爭雙引擎驅動的，所以它才從來不曾停止運行。但這兩架引擎並不協調工作，所以經常把歷史弄得南轅北轍、東倒西歪。可怕的是其中那架以荷爾蒙為燃料的引擎竟然是由一個**熊孩子、小賤（箭）人**——艾若斯負責的，難保他不像太陽神的兒子費頓那樣交通肇事，弄得天地一片大火。

　　艾若斯的起源遠比阿芙蘿黛蒂複雜。在早期神話中，他是從混沌中誕生的宇宙四位（或有別的說法）本源神之一，可見希臘人把情慾看作為世界的基本元素。也有的神話說，宙斯在一統江湖之後，自己變成了艾若斯，這就有點兒**黨政一把手**的意思了。隨著神話的發展，艾若斯逐漸人格化，最重要的標誌是他有了父母：一般認為母親是愛神阿芙蘿黛蒂，父親是戰神，或說火神，或說荷米斯，甚至有人認為是宙斯。不過宙斯是最不可能的，有的神話說，艾若斯出生時，宙斯曾經想殺死他，他是不會親手創造出這麼一個與自己分庭抗禮甚至**經常非禮的小壞蛋**的。

通行的說法是：艾若斯是愛神與戰神私情的結晶。至於母親為阿芙蘿黛蒂，並非原始設計，而是機構合併的結果，否則一個神話體系中就有兩個愛神了。具體合併過程不可考證，但二者的關係可以推論：艾若斯是母親的附屬和跟班，母子同心，也略有分工。母子的工作方法也有區別，母親是思想工作，軟體驅動，艾若斯完全是**扮家家酒作風，狙擊手路線**。母親可能還兼顧婚姻問題，艾若斯是孩子，又不是婚姻的孩子，所以才不管什麼婚姻呢！對他來說，一切都是遊戲甚至是惡作劇。

希臘神話是唯美的，但並不因此撒謊，其中對愛情的認識更接近於真實與核心。艾若斯是情慾的象徵。在早期的神話中，他是一種佔有的欲望和危險的力量，混亂、瘋狂、殘忍、狡猾，難以駕馭，使用愛情之斧和鞭子驅趕著人類，像風一樣來去無常，四海為家。

愛情天使更像是職業殺手和恐怖分子。

他是人類背後的一種盲目力量，威力強大，無所不在，連宇宙之王宙斯也一再被他征服。希臘人深諳此中的無奈，所以有一句格言說：「**愛神啊，你是統治人類和諸神的暴君。**」當然，艾若斯有兩面性，他也是忘我的陶醉、溫暖的安慰、微癢的快感和酸甜的幸福。因此古希臘女詩人、「第十文藝女神」莎芙（Sappho）稱他為「帶苦味的甜蜜」。

西方的一些油畫或漫畫表現愛情場景，常把艾若斯常描繪為一個乳臭未乾的胖乎乎小男孩，**像充氣娃娃或天使一樣拿著玩具箭飛在半空**。這基本出於繪畫美學和戀愛心理學的考慮：情人們進行「兒童不宜」的戀愛，旁觀的第三者自然不宜是帶有威脅性的成年人。愛神不應該這麼小，幼稚園小班的娃娃怎麼能戀愛結婚呢？2004年雅典奧運會開幕式上，天空中飛翔的愛神艾若斯又顯得太大，有點像本科男生了，一個本科男生怎麼捨得把女孩子介紹給別人？

在神話故事中，艾若斯並不是未諳人事的寶寶，而是一個漂亮頑皮的少年。他皮膚白皙，金色鬈髮，嘴唇如玫瑰，背上有一對金色的翅膀，手中有金和鉛兩種箭，有時一手持火炬。經常與母親在一起，蒙著眼睛，惡作劇般地到處亂飛亂射，中了金箭的要產生愛情，中了鉛箭的要拒絕愛情或失去愛情。不知道希臘人有多少故意的設計，反正艾若斯的每一種特徵都可以引申為愛情的特徵，也許這是「過度詮釋」了。

艾若斯是戰神的兒子，大概是象徵著愛情中本來就有戰鬥的因素，他像父親一樣喜歡人世間的熱鬧與混亂。箭是殺人武器，用作愛情工具，彷彿是說，愛情是一種使人受傷甚至能要人命的東西。**金箭生情，鉛箭絕情**，表明愛情除了美學還有經濟學。火炬和利箭俱備，意味著愛情中痛苦和溫暖交織。他是蒙目的，很顯然愛情因此獲得了某種非理性、盲目性和隨機性。當然，他蒙著眼睛也可能表示「兒童不宜」、「好害羞」、「對不起」或「我不是電燈泡」的意思，因為他經常親臨現場。小愛神搧動的翅膀，似乎暗示著愛情的變幻無常和失敗。他永遠是個孩子，弓箭是他的玩具，愛情是他的遊戲，於是愛情就成了天真純真的扮家家、非功利主義的遊戲，一種不能長大成熟的情操。借用電腦術語來說，

婚姻是作業系統，戀愛只是遊戲程式；

遊戲出問題可以換一個玩，作業系統出問題就麻煩了，難怪微軟要不斷更新維護了。但小愛神從不管作業系統的事。

這個外表純潔無辜的好少年，亂點鴛鴦譜，殺人不見血，一意而孤行，見異則思遷，在他身上，**找不到一樣純粹的幸福和可靠的品質**。宙斯的專制尚有迴旋的餘地，這個小孩的混蛋與霸道卻不容商量。在莎士比亞的一部戲劇中，有個貴婦人睡夢裡中了艾若斯的金箭，結果醒來一睜眼就愛上了一頭小毛驢。艾若斯也一定不喜歡智慧，至少不喜歡別人的智慧，所以

《愛神的勝利》*The Victory of Eros*
考夫曼（Angelica Kauffmann, 1741-1807）

才給最偉大的哲學家蘇格拉底分配了一頭母獅。如今大街上的情侶和夫妻中有多少這樣的毛驢與獅子呢？

　　西洋漫畫描寫兩個人相愛，常畫一支箭穿透兩顆心，上邊有飛翔的小愛神。這個構圖粗看跟烤肉串一樣簡單，細想卻是關於愛情的最通俗、最偉大的詮釋。

傷與飛也許是愛情的本質和宿命：
傷是痛苦，飛是無常。

很多心靈雞湯讀物上喜歡說愛情是奉獻什麼的，把**愛情與慈善捐款或學雷鋒做好事混為一談**。這種貌似高尚的說法其實是謊言，奉獻還有那麼多的痛苦和麻煩嗎？愛情中的奉獻是存在的，但有前提，就是我喜歡、我願意。它根本上是一種利己主義，是一種延長的、擴大到自身之外的利己主義，**通過愛別人實現愛自己**。這種自私的愛永遠無法達到宗教般的奉獻與博愛。這也意味著，愛情越強烈，就越痛苦。愛情的幸福程度一定與它的痛苦深度相等，有多痛苦才有多幸福。而且越難實現，就越像愛情，所以單相思最像愛情。比如一個人身心憔悴含著淚寫情書的樣子，肯定比一對情侶在海邊歡樂地奔跑、奔向結婚登記處更感人，因為他是在**創造愛情**，而後者是在**消費愛情**。

　　飛的意義也毋庸諱言，愛情的法則是激情，激情很難在很高的強度上保持很久的長度，在達到一個限度之後註定無法向上發展，這是人類的限度。愛情是人性追求神性，其墜落無可避免。法國作家阿拉貢（Louis Aragon）有句名言：「愛情總是不幸的。」你越覺得了不起就會越不幸。這不是愛情的悲觀主義，傷與飛也正是愛情的價值之所繫，正如因為有死亡，生命才寶貴一樣。如果你的愛情不再痛苦，也不擔心飛逝──打住！你是不是結婚了，還是衰老得失去了性別？希臘神話中有大量的愛情故

事，常常是從痛開始，又終於痛，**中間含著淚和血。**

愛情的起因就是傷痛。柏拉圖（Plato）對話錄《會飲篇》（*Symposium*）中，講述了一個關於愛情（包括同性愛情）起源的故事。據說從前的人類是四條胳膊四條腿，四隻眼睛，簡而言之，就是兩個現代人的形象之和。這樣的人三頭六臂，好生了得，以至於連宙斯都害怕了。他可能**諮詢了一個木匠出身的專家**，採取了非常徹底的解決辦法，就是把人**一鋸兩半**，然後縫縫補補，黏黏貼貼，就成了現在人的這種樣子。這樣的人類威力大減，不再對神構成威脅，宙斯放心了，但「刑餘之人」卻留下了嚴重的後遺症或殘疾，我們現在稱之為愛情。一個完整的人被分成兩半，免不了你也思念我也思念，想重新合攏到一起。一旦找到了（**最好到大學校園裡找**）

大學是愛情招領處和失主俱樂部

就互相擁抱，不肯放手，連飯都不想吃。很顯然，愛情就是要恢復人的完整統一狀態，醫治好被截開時的傷痛。有時候移植錯了，**不是原裝的，再斷開就格外的痛**。而艾若斯似乎特別喜歡盜賣器官、異體移植，人世間的傷與飛因此連綿不斷，代代重演，成為原罪。其實也不啻人類，即使宙斯和愛情女神阿芙蘿黛蒂甚至艾若斯本人都不能避免愛情的傷痛。

有一個美麗的公主叫賽姬（Psyche），她名字的含義為氣息、靈魂等，是靈魂的化身。後來她常以蝴蝶或帶蝴蝶的少女形象出現在藝術作品中。賽姬美麗極了，全國人民千里迢迢、跋山涉水來看她，以至於忽略了祭拜愛情女神阿芙蘿黛蒂。下面的故事就像《白雪公主》的古希臘版了。阿芙蘿黛蒂十分嫉妒，就喚來兒子艾若斯，大訴其苦，並決定懲罰這個無禮的小美女。當然是在專業範圍內了，即趁賽姬睡覺時用金箭刺傷她，讓她睜開眼時愛上花園外邊路過的一個極其醜陋、粗鄙、奸猾、缺德、貧窮的小子——「從此以後，他們過上了幸福生活。當然，我們的生活更幸福。」

另外，愛神的花園裡有苦水泉和甜水泉，自然要給賽姬弄一點兒苦水嘗嘗。小愛神一向喜歡這樣的情節，所以箭囊上掛著兩支琥珀水瓶，高高興興去執行任務。

芳香的閨房中，賽姬正在安睡。她太美麗了，艾若斯向她的嘴唇上滴苦水時，感覺有些異樣。待用金箭輕輕觸下去，手不住發抖，心裡有一種溫暖而柔軟的感覺。他突然感到自己很喜歡這個生物，就像《十日談》（Decameron）中小修道士首次下山後不由自主地喜歡「綠鵝」，歌曲《女人是老虎》中的小和尚竟然喜歡吃人的「老虎」一樣。在此之前，射箭是他的遊戲與惡作劇，別人的痛苦是他的快樂。

艾若斯不忍心下手，也不敢撤退，因為母親肯定在遠端監控，不完成任務回去肯定免不了一頓挨揍。正猶豫著，既定的時間點過去，賽姬醒來了。電眼少女美目流轉，雖不能看見艾若斯，卻足以擊倒艾若斯。艾若斯慌亂之間，手中的金箭劃傷了自己，結果他愛上了賽姬。逃跑之前，他把甜水全部傾倒在賽姬芳香光滑的鬢髮上。

劇情由此格外複雜。阿芙蘿黛蒂賠了兒子又折兵，十分惱火，把兒子軟禁起來。她的計畫只實現了一點點兒，即賽姬由於飲了苦水，註定要經受許多磨難。後來，賽姬的兩個又醜又壞的姊妹都嫁給了王子，美麗、聰明、善良的她卻待字閨中，無人中意。父母十分不解和無奈，那時候又沒有電視速配節目，遇到這種疑難困惑，唯一的出路就是去阿波羅廟求教。結果獻上了祭禮後，困惑變成了恐懼，神諭十分駭人：**賽姬將要嫁給一個人和神都恐懼的怪物。**

父母嚇壞了，但最高指示不敢違背。到了規定的日子，只好悲痛地派人將賽姬送到了指定的山上，讓少女恐懼地等待著恐怖的丈夫。這時，西風之神澤費魯斯用一陣溫柔的清風將賽姬帶到了一個鮮花盛開的山谷裡，

《愛神與賽姬》 *Cupid and Psyche*
傑拉爾（François Gérard, 1770-1837）
Musée du Louvre, Paris, France

EROS

那裡有一座富麗堂皇的宮殿，賽姬終於得到了丈夫——但沒有見到，艾若斯有隱形功能，又只在夜裡與她相聚，還一再警告不要試圖看他的真面目。甜蜜與幸福中，賽姬略有不安。有一天，經丈夫准許，她請兩個姊妹來聚會。姊妹們看到華麗的宮殿，心裡很嫉妒，就使壞挑撥說：你的丈夫是條巨蟒，以後會吃掉你，你應該先割下他的頭。

賽姬的好奇心被煽動起來，她偷偷備下了蠟燭（或油燈）與短刀。這天夜裡，她趁艾若斯熟睡，點燃了蠟燭來看。天哪，什麼大蛇，是位**百合花一樣的美少年**，金色鬈髮，象牙皮膚，玫瑰嘴唇，生著鴿子一樣的翅膀，全身散發著永生的光彩。這回輪到賽姬發抖了，她低頭去吻艾若斯的時候，一滴蠟油滴下燙醒了艾若斯。艾若斯生氣地離開了，還說了諸如什麼

「愛情不能存在於懷疑之中」

的大話。他回家之後，被母親以養傷的名義軟禁在房中。

賽姬十分痛苦，從此開始了一個漫長痛苦的尋夫過程。她曾跳崖自殺、投河自盡，但能飄起來卻沉不下去，因為她是蝴蝶和靈魂的化身。後來經農業女神指點，她硬著頭皮來為愛情女神阿芙蘿黛蒂當奴僕。阿芙蘿黛蒂見小情敵來投案自首，十分興奮，**撲上來又掐又扯**，然後讓她滾得遠遠的，永遠不要回來。賽姬忍受著屈辱，表示願意當愛神的奴隸。愛神說：「那好吧，我家正缺大牲口呢！」然後，愛神千方百計地折磨賽姬，分給她各種沉重的或複雜的勞動，但有善良的神暗中幫助，賽姬完成了各種任務。這時的賽姬像灰姑娘，甚至像毛毛蟲——賽姬神話有個明顯的寓意，即**由蟲到蛹再到蝴蝶**的苦難歷程。

這樣過了一段時間，愛神覺得賽姬還不錯，但缺點也很明顯：太漂亮了！這樣的女孩不能留下，要想個辦法玩死她。她把賽姬叫來，佈置了一個超難的任務：「我最近比較煩，還要照顧受傷的兒子，美貌遭受很大損

失，你到冥府去，求冥后波瑟芬妮分一點兒美麗給我。」

這又是一件不可能完成的任務。賽姬幾乎絕望了，她爬上一座高塔，也許只有跳下去摔死，才能直接下到冥界吧。這時，又有神的聲音在她耳邊響起，鼓勵她並指導她地獄之行的路線和方法。就這樣，經過一番周折，賽姬終於進入冥府，求冥后要來了禮物：裝在鐵盒裡的美麗。

回來的路上，少女心想馬上能見到愛人了，十分高興。忽然又想：為什麼不把盒子裡的美麗偷用一點兒，女為悅己者容啊！於是她打開了盒子，但剎那間她就倒在了地上。原來，裝在鐵盒子裡的是睡眠鬼，相當於武俠小說裡用竹管吹送的「蒙汗藥」。這確實是美容的妙物，在美容的方法中，除了選擇父母，還有什麼比睡覺更重要的呢！誰不信的話可以**去網咖連包三宿，然後攬鏡自照**。

後面的故事就簡單了，艾若斯趕來，吻醒了睡美人。賽姬回家獻上了美容盒子，但阿芙蘿黛蒂還是不同意：這兒媳婦太漂亮了，簡直比我還漂亮。是可忍，孰不可忍！艾若斯只好求宙斯出面調解說情。阿芙蘿黛蒂不敢抗拒宙斯旨意，心想把對手變成兒媳婦，總算政治上掌握了主動，就不再阻攔。聖山上的光芒照耀著艾若斯與賽姬的婚禮，後來兩人還生了一個女兒名叫赫多涅（Hedone，有歡樂之意）。

艾若斯是小神，但名氣很大。我們也常說「中了丘比特的金箭」，而不說紅繩什麼的。這種洋為中用證明了傷與飛的普適性，也反證了**中國神話在愛情內容上的貧乏與虛偽**。眾所周知，中國神話中具有愛神身份的是月下老人——**一個老頭**，性別、年齡、形象都不浪漫，也不安全，還不如派個大嫂甚至大娘。而且他手裡拿的是赤繩，要把兩個人拴在一起，變成一條線上的蚱蜢，像**警察抓小偷**一樣，這就太像戶政事務所結婚登記的工作了，更不能表達愛上一個人時利箭穿心的滋味。而且結婚登記才多少

年，即使聘了一個老幹部主管，也無法比擬艾若斯那樣深遠的淵源。

艾若斯的羅馬名字是阿摩爾（Amor，愛情之意）或丘比特（情欲之意），但丘比特更為人們所熟知。據說在所有的神消失之後，世界上還有兩個神存在：一個是艾若斯——**愛神**，還有一個是賽姬——**人類的靈魂**。

文藝女神繆思
MUSES
豎琴與圓規

關鍵字：天團、靈感、文優

　　古希臘神話作家赫西俄德在《神譜》的開篇就溫柔地向繆思大獻殷勤：「讓我們從赫立貢山的繆思開始歌唱吧，她們是這聖山的主人……她們在珀美索斯河（Permessus）、希波科泉（Hippocrene）或俄爾美斯泉（Olmeius）沐浴過嬌柔的玉體後，在至高的赫立貢山上跳起優美可愛的舞蹈，舞步充滿活力。」赫西俄德又說，有一天他正在赫立貢山下放牧羊群，繆思送了他一支神奇的橄欖枝，並把神聖的聲音吹進他的心扉，讓他歌唱過去和未來，講述神的故事。這種神靈附體、天降大任的感覺，對今天的作家、藝術家來說就叫**靈感**。

　　繆思是九位文藝女神的總稱，她們是宙斯與記憶女神敏莫絲妮所生。敏莫絲妮是十二泰坦神之一，在輩分上是宙斯的姑姑或姨媽，她是宙斯的第五任妻子。與宙斯共度九晝夜，生下了九繆思。她作為文藝女神的母親，意味著任何**文藝創造都離不開記憶**，故後來記憶常被稱為「繆思之母」。

繆思九姐妹分別有自己的芳名：卡萊雅碧（Calliope）、克萊歐（Clio）、尤特碧（Euterpe）、托西克麗（Terpsichore）、埃瑞朵（Erato）、梅波繆妮（Melpomene）、陶麗雅（Thalia）、波麗西米雅（Polyhymnia）和尤蕾妮雅（Urania）。她們都是妙齡少女，容貌動人，聲音甜美。她們手持尖筆和蠟版、長笛與豎琴、悲劇與喜劇面具以及天體和圓規等，分別主管史詩、歷史、音樂、喜劇、悲劇、舞蹈、抒情詩、頌歌、天文等九個領域。關於她們的分工並無精確而一致的說法，因為那時還不可能有嚴格的學科規劃。由於美與真尚未分家，社會科學都劃歸文藝女神繆思的門下。最有趣的是，理工科的天文學也歸文藝女神尤蕾妮雅管理，這很詩意、很哲學，也很謙遜、很真實。其實即使到今天，人類對宇宙的認識水準還很有限，現代物理學以及宇宙學中的許多內容都是依靠想像力來建立和理解的。

希臘的史詩作家們為了證明自己專業的重要意義，宣揚主管史詩的卡萊雅碧是繆思的首領。但卡萊雅碧其實只能算領班，酒神和太陽神在不同時期才分別是九繆思的真正主管，這可能反映了文藝不同發展階段的不同特性。

文藝女神與酒神的關係曾經如此密切，甚至有的神話認為繆思是酒神戴奧尼索斯的乳母和漫遊時的伴神。那時的繆思女神幾乎完全沒有理性，被形容為「瘋狂的」和「暴風雨般的」，她們經常出現在酒神的狂歡隊伍中，像後現代舞廳裡**吃了搖頭丸的舞者**。據研究，

西方的作家和藝術家們百分之九十以上患有不同程度的精神病和神經症，並且有大量的酒鬼；

在中國文學史上，詩與酒的關係也極為密切，**翻開唐詩宋詞，酒氣撲面而來**。可見文藝的非理性本質，中西相通，早期尤甚。直到阿波羅兼任文藝女神的總領班以後，繆思才培養出淑女氣質與文藝委員的職責，無憂無

慮，樂而不淫，文以載道，教化天下。這種變化反映了文藝從宗教、祭祀和巫術中的分離。

著名的女海妖塞壬（Siren）是梅波繆妮繆思的女兒，塞壬女妖們是「**希臘好聲音**」組合，她們喜歡用迷人的歌聲讓水手們葬身大海，這是**文藝的酒神精神和原始魅力**。著名的「史芬克斯之謎」據說是繆思創制，這時的繆思就已經具有「認識你自己」的阿波羅精神和理性的哲學氣質了。

九繆思都熱愛音樂與舞蹈，除了為奧林帕斯眾神伴宴，也能間接地為人類帶來快樂與安慰。繆思賜予詩人以靈感，並和阿波羅一起為大地培養歌手與琴師（其中有些音樂家如奧菲斯〔Orpheus〕等是卡萊雅碧繆思的孩子），充當他們的保護神。

繆思們品格高尚而嚴肅，但優秀的女教師也有十分嚴厲甚至過分的時候，那一定是凡人們觸動她們的虛榮心了。塔米里斯（Thamyris）是音樂家菲拉蒙（Philammon）與一位自然女神（或繆思之一）的兒子，他是著名的遊吟詩人，並擅長演奏里拉琴。這位漂亮的天才少年由自負而輕狂，竟然打上門去，要與繆思比賽樂器，並提出了可惡的賭注：如果他敗了，繆思可以取走他身上的任何東西；如果他勝了，所有的繆思都要做他的情人。這未免太過分了，即便宙斯也不曾幻想過如此的豔福。繆思們戰敗了塔米里斯，然後取走了他的眼睛、聲音和彈琴的能力。塔米里斯手中只剩下了一隻破琴。

繆思的羅馬別稱為卡墨奈（Camenae）。英文中的博物館（Museum）、音樂（Music）等詞源自繆思的名字。由於文藝女神在名稱、職能上容易與美儀三女神混淆，我們有時候可以把這九位女神當作**九個專業的班代**。

《繆思的王國》 *Allegory of Isabella d'Este's Coronation*
科斯塔（Lorenzo Costa, 1460-1535）
Musée du Louvre, Paris, France

美儀女神葛瑞絲
GRACES
優雅與榮華

關鍵字：淑女、禮儀、清新

希臘諸女神要麼風流，要麼殘酷，美儀女神這樣的淑女真是絕無僅有。不過淑女也有遺憾，

所謂「好女孩上天堂，壞女孩走四方」，

美德的唯一報償只有美德本身。關於美儀三女神幾乎沒有任何故事流傳。

美儀女神名為葛瑞絲，司美麗、歡樂的女神，是青春活力和女性美的代表，也是大自然帶給人的怡悅的化身，象徵美麗清新的原野。玫瑰與芭樂是她們的表徵物。美儀女神是宙斯與第三任妻子、海洋女神尤瑞諾美所生。（另外還有許多說法）早期數目較多，後來荷馬說是兩位，名字也不一致。最終定為三位，分別是葛拉依雅（Aglaia）、尤弗羅絲妮（Euphrosyne）和陶麗雅（Thalia），據說她們名字的含義分別是**光明、榮華**與**快樂**。她們年輕、美麗、謙遜，是優雅風度的楷模，並且喜愛歌舞。據赫西俄德說，她們最動人的是美眉下的秋波。在早期的藝術作品中，美儀女

神被描繪為穿長衣的少女，後來可能為顯示其自然清新的品性，衣服不復再見，畫家們都樂得如此。

三女神代表抽象美德，但也不能沒有具體事務。她們類似現在的**文藝股長、宣傳人員**，職涉一切社會娛樂和藝術，與藝術總監阿波羅較為密切，但沒有繆思那麼專業。她們常出現在一些需要歌舞助興的場合，如宴會婚禮等，頗似**禮賓司儀**或**禮儀小姐**的工作。由於涉及快樂與風度，她們很自然地與愛神聯繫在一起，是愛神的伴侶，經常如影隨形，就像婚禮上的純潔伴娘一樣。可以想像，她們會經常被愛神羞得滿臉紅霞。另外，據荷馬說，美儀女神之一的葛拉依雅嫁給了醜陋的火神，這未免太滅絕人性，因為美儀女神不能像愛情女神那樣在婚外以普天下的愛情為己任從而獲得心理平衡。這可能是盲詩人荷馬從殘疾人立場出發的一種幻想。

英國詩人史賓塞（Edmund Spenser）認為美儀三女神的功能「人們統名之為文明禮貌」。這樣就把美儀女神與繆思區別開了：

美儀女神重在「五講四美」，彷彿文藝股長；
繆思女神各有專業，彷彿學科帶頭人或班代。

《美儀女神》 *Three Graces*
拉斐爾（Raffael Sanzio, 1483-520）
Musée Condé, Chantilly, France

青春女神赫蓓

HEBE

花冠與金杯

關鍵字：酒女、下崗、良緣

　　宙斯與赫拉的三個兒女都不是很出色。女兒赫蓓是青春女神，卻名不副實。只在一兩個故事中見得她有使人返老還童的職能，在大部分時候，她只是奧林帕斯諸神宴會的司酒女神，即**陪酒小姐**，原來青春女神倒像如今所謂「**吃青春飯的**」。而且即使這份工作，她也未能維持長久。有一次，她侍酒時不慎跌倒，露出身體，有傷大雅，就被辭退了。這件事十分古怪，且不說赫蓓多麼笨拙，奧林帕斯諸神何以突然變得如此高雅、講究？當然，也有神話說，赫蓓是因為結婚才被辭退的，這在今天可以**起訴奧林帕斯歧視**。

　　赫蓓是一位美少女，頭戴花冠，手捧金杯。柏樹是她的聖樹，其常青可能有青春的寓意。下崗以後，也不再有具體的工作，但**皇帝的女兒不愁嫁**，赫蓓做了英雄的妻子。丈夫是希臘神話中第一大英雄海克力斯，本是血肉凡胎，因功勳卓著而登天成神，奧林帕斯遂以美妻作為獎賞。這也有「和親」的意思，因為海克力斯是赫拉的情敵所生，是赫拉的「最恨」。赫

《劫掠甘尼米德》 *Rape of Ganymede*
林布蘭（Harmenszoon Van Rijn Rembrandt, 1606-1669）
Gemäldegalerie Alte Meister, Dresden, Germany

拉與海克力斯表面和好，但為西方文化與社會留下了一個「**原型**」甚至「**原罪**」——丈母娘與女婿的衝突，習慣於認同婆媳矛盾的漢文化讀者很難理解這種現象。赫蓓妻以夫貴，且與丈夫生了兩個兒子。

奧林帕斯的歡宴不會因此終結，赫蓓的工作由絕代美男甘尼米德接替。甘尼米德是一位王子，十分美麗。有一天他正在山下為父親放牧，被宙斯的神鷹（或說宙斯自己化作神鷹）銜至奧林帕斯山，做了眾神的酒童，兼宙斯的情人。宙斯又贈送甘尼米德的父親以駿馬或金葡萄藤作為補償。這個故事終於

解釋了宙斯解雇赫蓓的原因。

黃道帶上的水瓶座就是甘尼米德變成的，「木衛三」也是以宙斯這位男寵的名字命名的。

後世的人們常用赫蓓稱呼**女商人甚至小酒館老闆娘**，由此可以想像赫蓓在人們心中的形象和地位。有的作家用「青春女神」來形容讚美一個女孩，並不是很合適。

復仇女神厄里倪厄斯

ERINYES

蛇髮與怒火

關鍵字：暗黑、正義、折磨

　　奧林帕斯諸神若懲罰人類，一般是因為人類觸犯了他們的尊嚴，他們對人類之間的罪錯並不在意。於是在這樣一個沒有政府和司法的時代，人類迫切需要一個洗雪冤仇、匡扶正義的神靈，這就是復仇女神。有學者認為復仇女神是**被害者陰魂的化身**，人們寄希望於死者的陰魂復仇。也有人認為復仇女神是**詛咒的人格化**，因為詛咒可能喚起報復的神秘力量。甚至有人認為復仇女神就是**良心的折磨**，是人類犯罪後產生的被追捕的幻覺。這都說明，復仇女神固然可怕，卻代表了某種正義。

　　復仇女神稱為厄里倪厄斯，最初也是一個，後來一分為三，即**不安女神**艾樂克圖（Alecto）、**妒忌女神**梅佳艾拉（Megaera）和**報仇女神**緹西芬（Tisiphone）。有的神話認為復仇女神是地母蓋亞吮吸了烏拉諾斯被閹割後流出的血所生，也有的神話說她們是夜女神的女兒。

　　三女神的組織關係應該在冥界，但主要工作是到地上進行。她們是白髮的老處女，身材高大，口（或眼睛）中流血，頭髮是一叢擺動的毒蛇。

一手持火把，一手持蛇鞭。希臘神話中稱得上女神卻又如此可怕的只有這三位了，愛美的希臘人必須割愛——

復仇女神若像空中小姐一樣美麗溫柔，
恐怕人類的犯罪率會大大提高。

復仇女神屬於重案組，她們到地上懲罰人類的罪行，如怠慢客人、違背諾言、謀殺特別是謀殺母系親族等。她們心如鐵石，對犯罪分子窮追不捨。並且不急於動手，因為那樣會失去貓捉老鼠般的樂趣。可以想像，有這樣三位女神貼身跟隨，很少有人能夠不精神崩潰，所以才有人說復仇女神象徵良心的折磨。

復仇女神的敬業精神在奧瑞斯提亞（Orestes）弒母事件中表現得淋漓盡致。阿格門儂（Agamemnon）是邁錫尼（Mycenae）的國王，特洛伊戰爭中希臘聯軍的統帥。他身經十年征戰，剛回到故鄉，就被妻子及其情人殺害。後來，王子奧瑞斯提亞為父親報仇，親手殺了自己的母親。復仇女神最恨這樣的罪行，當然也喜歡年輕漂亮的罪人，所以立刻趕來迫害奧瑞斯提亞，要喝他的血，把他趕到地獄去。奧瑞斯提亞魂飛魄散，幸虧阿波羅一路庇護，才逃到了雅典。然後智慧女神雅典娜出面成立法庭，組織陪審團，公開審理。復仇女神提起公訴，她們認為：妻子同丈夫並無血緣關係，殺之無妨；而兒子殺害母親才是重罪。但阿波羅出庭作證，雅典娜也有偏袒，所以奧瑞斯提亞被判無罪。這意味著新一代神剝奪了老一代的權力，踐踏了古老的律令，復仇女神大為惱火。她們嚷嚷著這事沒完，要以瘟疫和災難懲罰雅典人民。阿波羅與雅典娜勢力雖大，但不想讓老前輩傷心，何況這三位女神也得罪不起，所以他們答應在雅典為復仇女神建立廟宇，讓她們享受人類的崇拜與祭祀，從此人們以「歐墨尼得斯」（Eume-nides）稱呼她們，意思是「**善心的女神**」。復仇女神既然得到了實惠和美名，總算暫時平息了怒氣。學者公認這個案子標誌著**母權制向父權制的轉**

《赫卡蒂》 *Hecate*
威廉·布雷克（William Blake, 1757-1827）
Tate Gallery, London, United Kingdom

變。復仇女神在羅馬神話中稱孚里埃（Furies）或狄賴（Diræ）。

　　希臘神話中類似的「**暗黑破壞神**」還有一些，其中有的是復仇女神的兄弟姐妹。**報應女神**名叫涅墨西斯（Nemesis），夜神尼克斯的女兒，她象徵天神的公正的憤怒，主要懲罰驕傲與橫蠻。其標誌是天平、籠頭、劍和羽翼，分別象徵均衡、控制、懲罰和敏捷。她乘坐由鷹首獅身的怪物獅鷲（Griffon）拉動的車。

　　不和女神艾瑞絲，也是夜神尼克斯的女兒，善於製造爭端，特洛伊戰爭就是由她拋下的金蘋果間接引起的。當然她有兩面性，除了有害的衝突，也帶來有益的競爭。**嘲笑之神**摩墨斯，是夜女神的兒子，喜歡撥弄是非，是他建議宙斯毀滅特洛伊以減輕大地的負擔，他還埋怨當初神創造人類時為什麼不在胸部留一個洞口，那樣的話就可以窺視人的內心了。他本尊因為**找不到愛情女神阿芙蘿黛蒂的缺點，氣極而死**。

　　另外，還有兩位女神也非善類。**謠言之神**菲墨（Pheme），是地母蓋亞的最後一個女兒（或說不和女神所生），渾身生毛，健步如飛，和真理使者一樣快，生性喜好顛倒是非。她住在宇宙中心的銅屋子，開有無數視窗，無所不見，無所不聞，銅屋又善於傳聲和反射，所以消息一進來，就以不同的方向和頻率四散而去，很有今天某些「微博大V」＊的感覺。赫卡蒂（Hecate）與復仇女神同屬冥界官員，形象也相似，滿頭蛇髮，手持火把，但功能不同。赫卡蒂無論出身與職務都有歧說，後世一般認為她是司幽靈、咒語和魔法的女神（**哈利波特的精神祖師**），是冥界鬼魂的總管，常領著巨大惡犬在十字路口遊蕩。古代人崇尚巫術魔法，可能是意圖在自我與命運之間建立一個民間的仲介環節，與官辦的德爾菲神諭所有一定相似性。

＊編按：中國流行用語，指網路意見領袖，擁有大批粉絲，在網路上爆料八卦者。

牧神與林神潘

PAN

山羊與癡漢

關鍵字：退化、怪叔、終結

>>>>>>>>>>>>>>>

　　潘是森林之神和牧神，但進入神的系列實在是破壞陣容。他半人半羊，上半身是人，臉卻像山羊，長長的山羊鬍子，塌鼻，頭上有羊角羊耳，下半身是兩條粗壯真實的羊腿和一對羊蹄。渾身羊毛，還有羊尾巴。他降生後，母親自然女神德律俄佩（（Dryope），另有別的說法）竟然被嚇跑了！但他那嬉皮的爸爸荷米斯卻不在乎，抱著兒子來到奧林帕斯山炫耀，那些神也很開心，反正不是自己的兒子啊。有人說「潘」的名字的含義就是「一切人都喜歡」（也有人認為是「恐懼」或「全」的意思）。確實，半人半羊也沒什麼不好，人的下半身本來就是動物，長成什麼美腿狗腿的都差不多，像潘這樣子至少**省了牛皮鞋和羊絨褲**。

　　但主神宙斯的心裡卻掠過了一道陰影：第四代神已經退化到如此地步，神的好日子還能維持多久呢？潘的形象與性格也不適合留在奧林帕斯聖山工作，宙斯只好委任他弼馬溫之類的職務，讓他到深山密林及洞穴之中，打獵放牧，主宰畜群的繁殖能力。

這基本就是放歸山林、自生自滅的意思了。

潘一半是羊，這個羊是山羊，比猴子都淘氣。潘愛惡作劇，嚇唬山林中的行人，憤怒時也是令人恐懼的角色。工作之餘，他吹奏蘆笛，喝葡萄酒，與仙女們跳舞、調情，十分快樂。他醜陋滑稽，活潑好色，招人喜歡，森林中的小仙女們也願意與這個「**怪叔叔**」嬉戲，當然，要動真格的人家就敬謝不敏了。偏偏他作為大自然繁殖能力的象徵，又喜歡以身作則。

席琳克絲是一位山林仙女，美麗矯健。她崇拜月亮女神阿特蜜斯，拒絕了許多人的愛情。每天挎箭筒，持角弓，在森林裡打獵。有一天，潘看見了仙女，就直率地表達了愛情。席琳克絲驚慌逃竄，潘神緊追不捨。這時，前方出現一條河流，仙女無路可走，伸出雙手乞求河神救助，然後撲到河裡。潘來到河邊，席琳克絲已經變成一簇蘆葦，在微風的吹拂下沙沙作響。潘有些悲傷，就折下幾節長短不一的蘆葦，用蜂蠟黏成鳥翼形的一排，做成笛子。輕輕一吹，便發出悠揚而憂鬱的音調。潘命名為席琳克絲的牧笛，後世人也稱潘笛，這是排簫的雛形。有的神話中說，他曾用這只排簫與阿波羅的里拉琴比賽，不幸落敗，據說詼諧而粗野的潘神從此在笛聲中平添了許多幽怨與感傷。

還有一位自然仙女，名叫皮提斯（Pitys），身材苗條，行動敏捷，潘和北風神玻瑞阿斯（Boreas）同時向她求愛，她表示喜歡潘。北風神十分嫉妒，他撲向皮提斯，讓她渾身是傷，然後把她吹下懸崖。皮提斯變成了樅樹或松樹。潘的冠冕就是用松枝做成的。不過在有的版本中，潘被描寫成肇事者：**仙女是為了躲避他而撞山成植物人的。**

潘的愛情似乎也有成功的案例。據說回聲仙女愛珂（Echo，有人說她被潘性侵）就為他生了一個女兒伊雲科斯（Iynx），但這次成功並沒能終止奧林帕斯血統的退化——此女後來化成了歪脖鳥。魯迅小說中的阿Q擔

心「無後」，潘的「無後」已成定局了。

關於潘的一個簡單的故事具有極高的價值。據史學家普魯塔克（Plutarch）記載，在西元元年之後，提比留（Tiberius）統治羅馬帝國時期，有一天，一艘船在從伯羅奔尼撒（Peloponnese）駛向義大利的途中，水手們突然聽到空中傳來一個聲音，呼喚舵手的名字，並說：「大潘死了！」消息立刻傳開，一個時代就此終結了，希臘神話也就此結束。

潘之死是基督教取代多神教的象徵。

後來，西方思想史上產生了兩個劃時代的警句，即尼采所說：「上帝已死」與傅柯：「人已死」，都沿用了這個情節和句型。

神是「不死者」，但他們既沒能預知也不能決定自己的命運。也許大地已不宜居，諸神離開了銀河系。據說如今只有兩個神還存在：一個是艾若斯——愛神，還有一個是賽姬——人類的靈魂。

《吹奏排簫的潘》 *Idyll (Pan Amidst Columns)*
柏克林（Arnold Böcklin, 1827-1901）
Neue Pinakothek, Munich, Germany

C

　　奧林帕斯眾神具有超強的生育能力，並特別喜歡誘騙美麗的凡女，其結果正如古希臘歷史學家希羅多德所言，總是無一例外地生下大英雄。

　　諸神頻繁下山活動，大地上英雄輩出。這些英雄本質上屬於「必死者」——人，具有人的一切弱點如好色等，會犯各種「認識你自己」、「凡事勿過度」方面的錯誤。但他們又不是普通人，是「轉基因」的人類，半人加半神，力量強大，智慧超群，品格高貴，所以叫超人。

　　命運女神也格外垂青他們，給他們以成就英名的機會——殘酷的命運。這是英雄神話的母題——「出難題」，如海克力斯的「十二件大功」、傑森奪取金羊毛等。他們在命運的限制中大顯身手，表現出一種高於普通人類的無畏氣概和創造精神。與神具有人性相對稱，英雄的特點在於具有神性。他們雖然最終不能超越命運的限制，但就在試圖超越命運的那一刻，顯現出神性。

大地超人

　　英雄們的業績相差不多，不外乎是參加戰爭、航海遇險、殺妖打怪和奪取寶物——包括美女。還有一些文化超人，用科技發明和音樂才華征服世界。地獄裡的重刑犯也可排在英雄的行列中，因為他們一直與神進行不妥協的鬥爭。還有一些江洋大盜和不同凡響的惡人也算英雄譜中的奇葩，他們有的像科學家、哲學家，有的壞得新奇有趣。

　　在英雄故事中，美女出場了，她們那麼美麗，一個海倫就讓萬千英雄死而無憾。妖怪出場了，那是一些非常聰明有趣的妖怪，出謎語的史芬克斯（Sphinx）彷彿是哲學家的前身，女妖歌手塞壬是真正的「迷死人」。最後，戰無不勝的英雄紛紛失手於情場，或在晚年荒誕地死去，只有海克力斯一人升天成神。美女紛紛老去，妖怪與壞蛋也個個死得難看，讓世界從此平庸無趣。

琉克里翁
DEUCALION
希臘的方舟

關鍵字：黑鐵、洪水、量產

>>>>>>>>>>>>>>>>>>>>

　　古希臘時代的作家們還不會像馬克思主義以生產方式劃分社會型態，所以那時候的歷史分期就像**元素週期表或金屬材料報價單**，分成**金、銀、銅、鐵**四個時代，赫西俄德認為在銅與鐵間還有個短暫的英雄時代，可以算3.5代。神創造了第四代或第五代人類，然後又不滿意，像對待**假冒偽劣產品一樣銷毀**。這裡面有個不幸的規律，即人的品質與冶金技術的發展成反比。不過最後一代人類並沒有被銷毀，他們反而**銷毀了眾神**。

　　第一代人類（只有男人）生活在黃金時代。那時候克羅納斯（宙斯的父親）在天上統治著世界，春天常在，糧食與果實自然生長，河裡流淌著牛奶和蜂蜜。人類無憂無慮，沒有疾病，沒有衰老，無須勞作，沒有紛爭，與神仙一樣。與神仙不同的是，他們有死亡，但死亡只是沉浸在溫暖柔和的睡眠中。最後，他們全睡著了，只有高尚的靈魂還在大地上遊蕩。

　　第二個時代是白銀時代。四季已經分明，人類（仍然只有男人）卻變

得糊塗。在家裡生活一百年也不明事理，好不容易長大成人，卻已經來日無多。他們感情發達，理智不足，互相之間已有紛爭，也不敬神。於是宙斯就把他們打發到黑暗的地下王國。

第三個時代是青銅時代。人類（似乎也沒有女人）強壯而粗魯，不愛農業，喜歡肉食。更兼有了青銅武器，同類相殘，戰爭連綿。最後他們也只好離開光明的世界，去黑暗的地府永久居留。

這之後，宙斯又創造了第四代（或3.5代）人類，稱為英雄時代或半神時代。宙斯總結歷史的經驗教訓，使用「轉基因」優生技術，即讓人身上

《琉克里翁與碧拉》 *Deucalion and Pyrrha*
魯本斯
Prado Museum, Madrid, Spain

有神的血統，他和同事們為此**床上床下忙得不亦樂乎**。希臘神話中的英雄都產生在這一時期。這一代人比較公正和高尚，但仍然喜歡戰爭。有的人為了爭奪王權而死在有七座城門的底比斯城下，更有無數人為了爭奪美女海倫征戰十年、流血漂櫓。最後，宙斯將他們當中的倖存者移送到世界邊緣大洋河中的福島上，那裡一年三茬盛產甜蜜的水果，生活無憂無慮。

最後一代人生活在黑鐵時代。也許諸神在製造人類的過程中耗盡了耐心和材料，黑鐵時代的人類是最糟糕的產品。他們徹底墮落，貪婪狂妄，崇尚暴力，上不敬天，下欺眾生。子不孝，父不愛，兄弟相殘，朋友無義，騙子得勢，良善蒙冤。人類的生活充滿罪惡，神又源源不斷送來新的禍患。正義（純潔）女神阿斯特賴亞（宙斯與提密斯的女兒，羞怯女神的姊妹）悲哀地用白袍蒙住臉頰，永遠地逃離了這個世界，變成了遙遠的室女（處女）星座。大地上只有痛苦和絕望，這種生活一直延續到今天。

究竟是哪些神靈分別創造了這幾代人類，沒有一致的說法。一般認為，琉克里翁和妻子碧拉創造了青銅時代之後的人類。琉克里翁是先覺者普羅米修斯的兒子，碧拉是後覺者伊比米修斯的女兒。青銅時代（也有人說是黑鐵時代）末期，人類墮落得無以復加，宙斯已有「**低級格式化**」的打算。這天他微服私訪，來到阿爾卡狄亞的呂克蘇拉國，但國王呂卡翁（Lycaon）傲慢無禮。宙斯略顯神蹟，呂卡翁卻表示譏諷，並布下惡毒的陰謀。他殺了一名人質，做成菜肴，請宙斯吃食，目的是考驗和噁心宙斯。宙斯怒不可遏，先把呂卡翁變成一頭嗜血的惡狼，然後便展開了毀滅人類的工程。

引火容易燒身，宙斯決定用水。南風神諾特斯（Notus）奉命趕來，面孔黑如鍋底，撼動著濕漉漉的翅膀。剎那間，暴雨傾瀉而下，滔滔不絕。波賽頓手持三叉戟，召集各路河神，掘地破堤，河水如狂暴的巨獸衝出牢籠。田野淹沒了，房屋淹沒了，廟宇的尖頂淹沒了，高高的山峰淹沒了。

水天相連，已經分不清哪裡是海洋哪裡是陸地。歡快的魚兒游在葡萄藤邊，野豬與雄獅沉入水底，無處棲息的鳥兒因疲乏而紛紛墜落，可憐的人民呼叫著慘遭滅頂之災。

只有一對夫婦還驚恐地漂流在波濤中，這就是琉克里翁和碧拉。他們正直善良，對神虔敬，事先得到了神（或父親）的預警，就準備了一隻大木箱（或船）——真正的方舟，裡面裝了食品。洪水暴發，他們漂流了九天，到了巴爾納斯山，大地上只有這座山的峰頂還露出水面。此時，滅絕人類的計畫基本完成，宙斯的悲憫代替了怒火。琉克里翁夫婦虔敬向善，殺而無辜，留下可用——**升級總比再造省事**。立刻，北風神驅散了濃雲，波賽頓在海螺聲中撤走了水師。白茫茫一片大地真乾淨，

那樣空寂的世界，
真比無恥的墮落與流血的戰爭恐怖一萬倍！

琉克里翁夫婦跪在地上，孤獨恐懼地向神獻祭和祈禱。這時天上傳來莊嚴的啟示：「解開衣服蒙上頭，將你們母親的骸骨投擲在身後。」碧拉大為震驚，認為不能如此褻瀆母親。但丈夫顯然更長於哲學思維，他相信所謂母親的骸骨就是石頭。於是夫妻解衣蒙頭，撿起石頭投在身後。奇蹟發生了，身後的石頭自動柔化成形，石質化為骨骼，紋理成為血脈，石頭上的泥土變成血肉。丈夫投出的石頭變成男人，妻子投出的石頭變成女人。也許妻子在撿石頭時偷懶，並且喜歡鵝卵石之類，所以後來這個世界上女人少些、小些、圓潤些。至於賈寶玉那樣的石頭可能是妻子撿起來，愛不釋手，丈夫很生氣，**搶過去扔到了十萬八千里之外的東方**。

以石頭造成的人類更吃苦耐勞，當然也可能更冥固不化。琉克里翁和碧拉的後代成了希臘人的祖先。這個造人神話的積極意義正如《國際歌》所說：「也不靠神仙皇帝，要創造人類的幸福，全靠我們自己。」那小石人從地上誕生「起來」時，最適合高唱：「起來，饑寒交迫的奴隸。」

柏修斯
PERSEUS

飛行的騎士

關鍵字：除妖、救美、鐵餅

世界各民族的傳說或童話中都有「出難題」的情節，比如王子要娶美麗的公主，必須到深山中取來龍口中的明珠；窮書生想娶財主的女兒，要先考上狀元等。希臘神話中的柏修斯就是這樣逆境成才的大英雄。而且他尊敬女性，忠於愛情，這種品格，近似於中世紀時條頓（Teuton）人帶給歐洲文明的騎士風範。

柏修斯是宙斯與凡女達妮（Danae）之子，出生就背負了命運的詛咒。達妮是阿果斯國王阿克瑞希斯（Acrisius）的女兒。阿克瑞希斯與攣生兄弟普羅托斯（Proetus）在娘胎中就相互爭吵，長大後豆萁相煎，阿克瑞希斯占了上風，成為阿果斯國王。但報應也隨之而來：他與妻子沒有孩子，去請求神諭，結果更糟，他只能有一個女兒，而女兒的兒子將奪去他的生命和王位。後來果然生了女兒達妮，長大後十分美麗。為了避免禍患的發生，阿克瑞希斯將達妮囚禁於銅屋或地下室內，

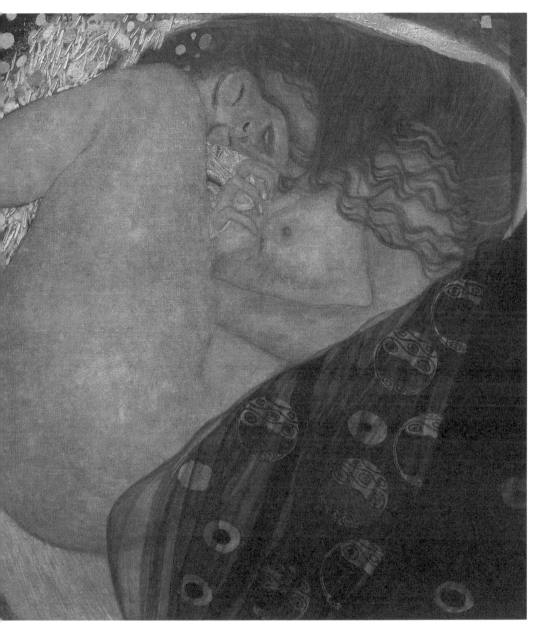

《達妮》 *Danaë*
克林姆（Gustav Klimt, 1862-1918）

這是真正的深閨，找不到出口的古墓麗影。

然而，不知過了多久，裡面竟然傳出孩子的聲音！原來是無孔不入的主神宙斯**化成一陣金雨**，從天窗進入銅塔，讓達妮生下了柏修斯。「柏修斯」名字的意義為「金光閃耀」。

阿克瑞希斯十分恐懼，他沒有看到金光，卻彷彿看見了**命運之神大剪刀的寒光**。於是急忙命人製造了一個大木箱，將達妮與柏修斯封閉在其中，扔進了大海。**但命運之線可能曲折，終點卻不會改變**，柏修斯與母親自然不該葬身海洋，何況有宙斯保駕護航。他們在苦澀洶湧的波濤中漂到了賽理佛斯島（Serifos），被漁夫狄堤斯（Dictys）捕進了漁網。

狄堤斯的兄弟叫波律德克特（Polydectes），是賽理佛斯島的國王，他愛上了美貌驚人的達妮，多次求婚而不成，惱羞成恨，但也不敢造次，因為宙斯的兒子柏修斯迅速成長為一個小夥子，無論相貌、體力還是智力都出類拔萃。波律德克特想要除掉他，必須假他人之手，於是就「出難題」。有的神話說，波律德克特用激將法，讓柏修斯去殺女妖梅杜莎以建功立業，並證明高貴的血統。也有的神話說，波律德克特要向希波達美雅（Hippodamia）求婚，要求每個居民為此進獻一匹馬，柏修斯沒有馬，但誇口說，除了馬什麼都能辦到，即使是梅杜莎的頭。

梅杜莎是戈耳工（Gorgon）三女妖之一，也是其中唯一可以殺死的。據說她本是美女，尤以美髮驕人，後因得罪雅典娜而被變得奇醜——青面獠牙，蛇髮銅爪，厚鱗金翅，誰看她一眼就會因**極度恐懼而死去或變成石頭**。她新近為害甚烈，

見到她的人立地成石，
梅杜莎成了希臘最著名、最有效率的雕刻家，

洞穴附近**像中國的秦俑坑**。柏修斯應該後悔他輕率的諾言。

但奧林帕斯眾神自然不會坐視大 Boss 的兒子徒然送死，他們為新出道的英雄進行了一場強化補習。雅典娜最恨梅杜莎了，她為柏修斯提供了一面銅盾，這面盾牌光可鑒人，具有高清液晶螢幕一樣的效果，其光學特性將大派用場。荷米斯送來了一把鑽石彎刀，此刀鋒不可擋，斬釘截鐵如削蜂蠟。在後來的征途上，奧林帕斯還將有最先進的裝備補給。

按照雅典娜的指點，柏修斯走過千山萬水，首先找到了年老的女巫灰女（Gray Women）三姐妹。灰女也是梅杜莎的姐妹，天生灰髮（或說白髮），住在黑暗的國土裡，三姊妹共用一隻眼睛，一顆牙齒，輪流使用。柏修斯隱藏在一邊，趁灰女傳遞眼睛的片刻，將眼睛搶在手裡。三姊妹失聲驚叫，全部成了瞎子。她們哀求柏修斯將眼睛歸還，並願意為英雄做任何事情。柏修斯也不為難她們，只是詢問梅杜莎的巢穴所在。灰女好生為難，但為了眼睛，只好據實相告。有的神話說，柏修斯在得到情報後將灰女的眼睛扔進了特里托尼斯（Trionis）湖，這未免不太仗義，而且**虐待殘疾人是嚴重的「政治上不正確」**，不是英雄所當為。

在後面的路途中，柏修斯增添了幾件特種裝備：冥王黑帝斯的隱身盔、帶翅膀的登雲鞋以及可大可小的革囊。這三件物品，有人說是從灰女處得來，有人說是取自幾位仙女，有人說是仙女轉送的神的禮物。柏修斯穿上登雲鞋，騰雲駕霧，很快飛到了大地邊緣，找到了戈耳工的巢穴。

三女妖正在睡覺，鱗甲與銅手閃著微光，毒蛇蠕動。柏修斯不敢正視，他背對女妖，根據明亮盾牌反映的影子確定位置，向後揮起鑽石彎刀，砍下了梅杜莎的頭顱，裝進黑皮寶囊。梅杜莎的腹腔中躍出飛馬珀伽索斯（Pégase）和巨人克律薩俄爾（Chrysaor）。另外兩個女妖醒來，尖叫著尋找敵人，但隱形的柏修斯已騰空飛起。飛過遼闊的大海，在利比亞上空，

《柏修斯與安卓美妲》 *Perseus and Andromeda*
維特華爾（Joachim Anthonisz Wtewael, 1566-1638）
Musée du Louvre, Paris, France

革囊中的血液滴到地上，化出了毒蛇，這些毒蛇嚇跑了別的動物，將利比亞變成了沙漠。

有一天，柏修斯路過阿特拉斯（Altas）的領地。這裡是大地的最西端，普羅米修斯的親兄弟阿特拉斯被罰在這裡支撐天體，著名的金蘋果園就在附近。柏修斯請求在這裡休息一夜。阿特拉斯想起了女神提密斯的預言——有一天宙斯的兒子將來這裡盜取金蘋果，於是粗暴地表示拒絕。其實拒絕並不過分，**自己的家庭又不是營業性的賓館**。但宙斯的兒子柏修斯不能忍受如此輕視，他怒火升騰，背過臉去，取出囊中梅杜莎的頭給阿特拉斯看，結果倒楣的巨人被變成了非洲的阿特拉斯山，以後永遠在那扛著蒼穹。

英語中地圖集和大西洋等詞彙均來源於阿特拉斯的名字。

在衣索比亞（Ethiopia）的海岸邊，狂風呼嘯，怒濤拍岸，一個美麗的姑娘被鎖在岩石上，孤獨恐懼地面對著青色的大海。如果不是雙眼流淌著大顆的淚珠，她就像一尊白色的大理石雕像。這姑娘名叫安卓美妲（Andromeda），是國王凱佛斯（Cepheus）和卡西歐佩（Cassiopeia）的女兒。王后卡西歐佩是個美女（有的神話裡說她是一個黑美人），她誇口說自己比任何海洋仙女都美麗。為了懲罰她的虛榮與狂妄，海神波賽頓應眾仙女的請求，派出了一頭大如鯨魚的海怪，荼毒生靈。全國上下一片恐慌。神諭提示說，必須將公主獻祭給海怪以贖罪，於是，美麗的少女就在海邊等待著成為海怪的食品。

飛行騎士柏修斯愛上了美麗而不幸的姑娘。下面的故事是一個**通行爛俗的套路**：英雄救美女，美女嫁英雄。國王與王后感激地答應了他的要求，甚至願意以整個王國陪嫁。此時，大海突然波濤震怒，巨大的海怪以巨船

一樣寬闊的胸脯分開海水，直向岸邊撲來。在人們的驚呼聲中，宙斯的兒子從天而降，用鑽石刀刺向海怪。海怪暴跳衝出，巨口通紅，吼聲雷動，血水和海水使柏修斯鞋上的翅膀變得沉重起來。最後，他左手抓住岩石，向海怪的胸部刺出了致命的三刀。

婚禮雙重地喜慶和輝煌，全國上下一片歡騰。然而當宴會進行到中途，外面忽然殺聲震天，安卓美姐的前未婚夫菲內（Phinée，有人說他是國王的兄弟）率領大批英雄好漢包圍了宮殿：「拐騙我未婚妻的傢伙，你要遭殃了，你的長翅膀的鞋和手持雷電的父親都不能挽救你。」

國王大聲斥責菲內：「當初的諾言已經解除，因為你已經默認把安卓美姐交給海怪和死亡。」菲內無言以對，手中的長槍投向柏修斯。一場血戰展開了，雅典娜親臨現場督導，柏修斯的鑽石刀寒光閃閃，敵人屍積成山，但仍然源源不斷。情急之中，柏修斯大聲呼喚朋友們背過臉去，然後高高舉起了梅杜莎的頭。剎那間，敵人就化成了形態各異的石像。菲內十分恐懼，跪在地上，然後就以這種姿態和表情**永遠凝固在大廳裡**。

大英雄柏修斯寶囊裡裝著世界上最可怕的女妖的頭顱，懷抱世界上最美麗最可愛的女子，回到了賽理佛斯島。此時，他的母親達妮正處在危難之中。原來，自柏修斯走後，國王波律德克特企圖強行佔有達妮，達妮只好躲避到宙斯廟裡，須臾不敢離開。柏修斯壓抑著憤怒，來到了王宮，平靜地報告國王：「我已經為你帶來了梅杜莎的頭。」

波律德克特正與朋黨們歡宴，見到帕爾修斯回來，大驚失色，繼而又嘲笑他撒謊吹牛。大英雄不能忍受這樣的侮辱，他舉起梅杜莎的頭，大喝道：「波律德克特，給你看這證據。」於是波律德克特及其夥伴被

變成了最後的晚餐雕像群。

柏修斯大功告成，恩仇了斷。他請曾有恩於他和母親的漁夫狄堤斯就任賽理佛斯島國王。鑽石刀、隱形盔和登雲鞋物歸原主。戰利品梅杜莎的頭獻給了雅典娜，雅典娜將它鑲嵌在盾牌（或胸鎧）上，仍然栩栩如生，具有使人僵死的力量。

英雄的意義就是試圖超越命運的必然性，另外，人對命運的必然性總是半信半疑的，否則柏修斯就不該踏上回故鄉之路。在他的故鄉阿果斯，外祖父、國王阿克瑞希斯作為一個老人，卻更理解命運的意義，他聽說從未謀面的外孫柏修斯將要回來，想起了從前的可怕預言，立刻逃離了阿果斯。柏修斯就順理成章地成了新國王。他達到了事業的頂峰，也接近了命運的核心。

在一次競技會上（或為謠傳已死亡的外祖父舉行的葬禮上），力大無窮的柏修斯擲出的鐵餅高高飛上雲端，落下來時像以色列的定點清除一樣，非常準確地在萬人體育場上找到了外祖父的腦袋。**他不認識外祖父，但鐵餅認識**。鐵餅的曲線是命運的規定路徑，因此沒有人過多地責怪他，但他仍然很悲傷。於是他用阿果斯交換了提潤斯（Tiryns），就任了提潤斯的國王。

大英雄成為英明有為的君主，也是一個忠誠的丈夫，這多重的完美在英雄中極其罕見。後來他和妻子安卓美妲以及岳父凱佛斯、岳母卡西歐佩分別化成了天上的英仙座、仙女座、仙王座和仙后座，海怪自然成為鯨魚座。柏修斯後代中有希臘神話第一大英雄海克力斯，後者比天上的星星更明亮。

《柏修斯和菲內的戰鬥》 *Perseus turning Phineas and his Followers to Stone*
喬達諾
The National Gallery, London, United Kingdom

海克力斯

HERCULES

烈火中永生

關鍵字：私生、苦差、毒箭

　　海克力斯是希臘神話中第一大英雄，他是宙斯的兒子，死後升天成神，一生的事蹟尤其是「**十二件苦差**」，是**一部陸地版的《奧德賽》**。他的故事沒有奧德修斯故事中的大海的濤聲，也不如伊底帕斯那樣慘絕人寰，但更接近普通人的命運，在苦難與榮光、理性與瘋狂、戰場與情場等諸多方面都富有啟示。

　　海克力斯是宙斯又一次偷情的結果，據說他是宙斯的最後一個凡人兒子。其母親是底比斯王安菲崔翁（Amphitryon）的妻子阿柯美娜（Alcmena）。安菲崔翁與阿柯美娜是堂兄妹，大英雄柏修斯的孫子和孫女。有一次，安菲崔翁出征，在他凱旋的前夜，宙斯化成他的樣子與阿柯美娜相會，並使太陽三十六小時沒有升起。結果後來阿柯美娜孕育了兩個孩子，分屬於丈夫與情人。宙斯興奮過度，在孩子即將出生的那天，莊嚴公告奧林帕斯：他兒子柏修斯的後裔、一位偉大的英雄即將誕生，這個孩子將統治自己所有的親人。

洩密果然很糟糕。赫拉十分惱火，她偷偷地乘金車來到阿果斯。在那裡，柏修斯的另一個兒子斯特涅羅斯（Sthenelus）的妻子也懷孕待產。赫拉讓她提前分娩，生下一個羸弱無能的兒子尤瑞透斯（Eurystheus）。稍後不久，海克力斯降生，命定他將受到懦弱的尤瑞透斯的統治。赫拉利用宙斯保密不嚴、邏輯不周的漏洞，改變了海克力斯的命運。但她也曾在無意中大有恩德於後者——此是後話：有一天，智慧女神雅典娜誘導赫拉看到一個漂亮的棄嬰，赫拉既憐又愛，解開衣襟為嬰兒哺乳。哪知嬰兒過分用力，赫拉立即把他推開，濺出的乳汁化成了**銀河**（也有神話認為銀河是費頓交通肇事留下的物理痕跡）。吸入的一口就使這嬰兒——海克力斯脫離了凡胎。

海克力斯出生後，赫拉的嫉妒與憤怒沒有止息。她派出兩條雙目火光炯炯的巨大毒蛇去襲擊海克力斯。繈褓中的嬰兒睜開眼睛，十分平靜，兩隻稚嫩的小手分別握住了毒蛇的七寸。義父、母親和保姆驚恐地趕來時，大蛇已經像繩子一樣癱軟在搖籃邊了。

天才兒童受到了各方的關注。人神兩界、黑白兩道紛紛來為孩子進行「**素質教育**」，武藝、騎術、言談舉止乃至偷竊全面發展。不過他的文化課成績可能不好，代課老師里諾斯（Linus）要懲罰他，海克力斯一怒之下，用里拉琴將老師砸死。在法庭上，他辯護說是以其人之道還治其人之身，結果被判無罪。但他的父親——其實是義父的安菲崔翁擔心他再度滋事，就把他送到喀泰戎山去放牛，師從希臘第一名師——馬人凱隆。凱隆以和善及智慧著稱，常被美稱為人馬，他是翟修斯、阿基里斯、傑森和海克力斯等多位希臘英雄以及希臘第一神醫艾斯庫拉皮斯的導師。名師出高徒，幾年過去，海克力斯成長為一個高大強壯的小夥子，威風凜凜，擅長射箭和投槍。

《銀河的誕生》 *The Origin of the Milky Way*
丁托列多（Tintoretto, 1518-1594）
The National Gallery, London, United Kingdom

《扼住蛇的海克力斯》 *The Infant Hercules Strangling Serpents in His Cradle*
巴托尼（Pompeo Batoni, 1708-1787）
Palazzo Pitti（Gallery of Modern Art）, Florence, Italy

行走江湖之前，奧林帕斯眾神知道大 Boss 的兒子前途無量，是最優的廣告載體，所以**紛紛贊助「指定商品」**：阿波羅的強弓、荷米斯的寶劍以及火神的鎧甲等。當時「NIKE」（勝利女神）還不生產運動服，於是雅典娜送來了刺繡的服裝。但海克力斯標誌性的物品都是自製的，如打死了喀泰戎山的一頭猛獅，將獅皮披在身上，獅爪在胸前一結，就成了披風。然後又連根拔起一棵梣樹（或橄欖樹），就做成了狼牙（象牙）大棒。

另外，有一個「海克力斯在十字路口」的著名故事，肯定是

後來的道德家們精心勾兌的心靈雞湯，

他們對一身武功、有暴力傾向和犯罪記錄的海克力斯不能放心，所以讓他來一番深刻反省。有一天，海克力斯徘徊在路口，不知去向何方。這時迎面走來兩位美麗高貴的女子。第一位女子雍容華貴，顧盼生輝。她說：「海克力斯，可能有人說我輕佻，但我是幸福女神。跟我走吧，你將無須奮鬥和操勞，沒有煩惱和憂慮。在華美的宮殿和舒適的床鋪上，你有享受不完的富貴榮華。」另一位女子走向前來，她潔白無瑕，莊重謙和：「我是道德。我不能許諾你舒適和歡樂，但我想告訴你，一切理想和幸福都不會自動從天而降，只有通過磨礪和奮鬥，才能得到神的佑護、祖國的榮譽、朋友的愛戴和矯健的體魄。」道德女神肯定還說了一些類似「捨生取義」以及「留取丹心照汗青」之類的名句。其實這場「爭奪下一代」的論戰大可不必，因為海克力斯不會甘於平庸，敵人赫拉也不允許——「海克力斯」名字的意思就是「**因為赫拉的迫害而建立功勳的人**」。道德對於海克力斯來說，就是與苦難命運鬥爭的過程。

海克力斯的事業終結於愛情，也開始於愛情。他功名尚未成就，國王忒斯匹奧斯（Thespius）就認識到了少年英雄的潛力，於是決定讓自己的五十個女兒每人與他生一個孩子。有的神話說海克力斯一夜間讓四十九個

女子懷孕（有一個女子拒絕），也有人說國王名義上嫁長女，實際上每夜換一個女兒進洞房。希臘人認為這是海克力斯的「第十三件苦差」。

不過，海克力斯真正的苦難是從第一次婚姻開始的。他幫助底比斯國王克瑞翁（Creon）打敗了明葉（Minyans）國王，克瑞翁遂以女兒梅格樂（Megara）相許。夫妻度過了一段幸福時光，並生了三個孩子。但赫拉的迫害變本加厲，她使用法力讓大英雄失去了理智。瘋狂之中，海克力斯射殺了自己的孩子（可能還有妻子）。清醒之後，他因無法洗刷的血污和罪惡而陷入了深深的痛苦。

在德爾菲阿波羅廟，神諭啟示海克力斯：他必須為尤瑞透斯服役十二年，立十件大功，方可贖罪，並獲永生。尤瑞透斯是因赫拉的詭計而提前出生，他因此命定代替海克力斯，成為邁錫尼國王，統治自己的家族，也成為海克力斯的主人。他非常膽怯、懦弱，並嫉妒堂兄弟海克力斯的聲名，所以給後者安排的十件任務艱難古怪，非常人所能完成。後來他還故意刁難耍賴，使苦差增為十二件。大英雄受制於懦夫小人，希臘的獅子頭又不能效仿中國的豹子頭快意恩仇，心中該是何等悲哀與憤怒，只好以「天將降大任於斯人」自我安慰吧。

第一件，**扼死聶梅阿（Nemea）的獅子**。聶梅阿的獅子是巨人泰風（Typhon）與半人半蛇女怪艾奇德娜（Echidna）的兒子，也有人說是從月亮上掉來的。它身體巨大，皮堅肉厚，非任何利器所能傷害，已在聶梅阿附近吞噬無數生靈。海克力斯與它在山洞口相遇，連發三箭，皆被彈飛。發怒的巨獅張開血盆大口，聲如雷鳴，英雄用狼牙大棒猛擊，然後趁獅子發昏的片刻，鐵箍一樣扼住其頸，終於勒死。他用獅爪（刀劍都不頂用）剝下了獅皮，回去交差。朋友們驚喜萬分，他們正在為他舉行葬禮。國王尤瑞透斯卻嚇壞了，從此以後不敢再見海克力斯，只能通過使者傳達任

《海克力斯與勒納水蛇》 *Hercules Vanquishing the Hydra of Lerma*
雷尼（Guido Reni, 1575-1642）
Musée du Louvre, Paris, France

務。甚至傳說他特製了一個大銅罐，每次英雄回來交差，他就藏到裡面去。

第二件，**消滅九頭蛇海濁**（Hydra）。海濁也是泰風與艾奇德娜（Echidna）的女兒，狗身蛇頭，呼出毒氣，而且頭有九個（有人說是一萬個），其中一個是不死的。海克力斯帶著侄兒伊歐勞斯（Iolaus）趕到勒納（Lerna）的沼澤地，用燒紅的箭鏃引蛇出洞。妖蛇以尾立地，鱗光閃爍，嘶嘶怪叫。大英雄踏住蛇身，用木棒將蛇頭一個個擊碎。但擊碎一個，生出兩個（**類似今日電玩店裡的打地鼠遊戲**），沼澤裡還爬來一隻巨蝦幫兇。海克力斯令侄兒以燃燒的木頭烙妖蛇的傷口，蛇頭終於不再生出。然後又擊落了不死的蛇頭，壓在巨石下。令人氣憤的是，國王尤瑞透斯以有人幫忙為理由，宣佈這件功績不算數。海克力斯從中得到的唯一好處是把箭鏃沾染了蛇膽或蛇血，從此中箭者無藥可治。這毒箭位列西方生化武器兵器譜，後來流傳到特洛伊戰場上，射死了風流王子帕里斯（Paris）。

第三件，**活捉柯瑞尼提亞山**（Cerynitia）**的赤牝鹿**。海克力斯面對的都是珍稀動物。赤牝鹿金角銅蹄，美麗矯健，隸屬於月亮女神阿特蜜斯，只能活捉，不能殺死。海克力斯追捕了整整一年，甚至到了極北淨土，赤牝鹿仍然沒有疲憊的跡象。海克力斯無奈地射出一箭，射中了角或腿，也有人說一箭將鹿的兩隻腿穿在一起，卻一滴血沒流。在扛著赤牝鹿回去的路上，月亮女神出現了，她嚴厲地斥責了海克力斯。海克力斯只好請她原諒，因為這是國王尤瑞透斯的命令，人在江湖，身不由己。這件苦差總算善終，只是體力消耗太大。

第四件，**生擒埃瑞曼圖斯山**（Mount Erymanthus）**的野豬**。長嘴獠牙的大野豬破壞莊稼，荼毒生靈，也是月亮女神阿特蜜斯派來懲罰人類的。海克力斯對付這隻野豬並沒有格外的艱難，很快就把它扛回了邁錫尼，嚇得尤瑞透斯又躲到大銅缸裡。但在去狩獵野豬的途中，卻發生了一

件傷心的故事。那是在馬人福羅斯（Pholus）家中宴飲的時候，他喝了一罐屬於所有馬人的美酒，結果引發了衝突。在與馬人的戰鬥中，海克力斯以毒箭誤傷了恩師凱隆。凱隆是馬人中最聰明、善良、文雅的一個，曾是海克力斯幼年時的朋友和老師。他本來是不死的，可如今不可痊癒的箭傷讓他痛不欲生。他只好主動前往冥府，或說頂替了被釘在高加索山懸崖上受難的普羅米修斯。

第五件，**清理歐葛阿斯（Augeas）的牛圈。**伊利斯（Elis）的國王歐葛阿斯養牛三千頭，牛圈三十年未曾打掃，致使整個伯羅奔尼撒半島瘟疫蔓延（這個島沒被埋沒已經是奇蹟）。海克力斯必須在一天之內清理乾淨，這純粹是為難和噁心大英雄。但海克力斯也有智慧，他引來阿爾菲斯河（Alpheus）和帕紐斯河的河水，一沖了之。可惜這次又是徒勞無功，因為他曾向歐葛阿斯要求報酬，尤瑞透斯認為這是幹私活。而歐葛阿斯也賴帳，說海克力斯是為尤瑞透斯雇傭和服務的，並且實際是河神完成的任務。數年以後海克力斯殺死了歐葛阿斯才平息了心中的怨氣。這個故事留下了著名成語「**歐葛阿斯的牛圈**」，指骯髒的地方或棘手的問題。

第六件，**驅逐斯廷法洛斯湖（Stymphalus）的食人鳥。**這是一種巨大的猛禽，銅爪銅喙銅羽毛，在空中一抖身體，羽毛就像箭一樣射出。海克力斯站在湖邊，一時不知所措。這時身後有人輕拍他的肩膀，原來高貴的女神雅典娜降臨，送來了火神製造的銅鈸（或說響板，或說嘩啦棒＊）。海克力斯精神大振，登上高坡，敲響巨鈸。怪鳥受驚飛起，海克力斯利箭連發，怪鳥應聲落地，其餘的逃之夭夭，再不復返。後來阿果號（Argo）的英雄們還吃過它們的苦頭。

第七件，**捕捉克里特瘋牛。**尤瑞透斯不喜歡海克力斯如此迅速地回來交差，所以從此開始儘量往遠道打發。克里特國王米諾斯答應海神波賽

＊編按：中國小孩的玩具。

頓，將把在大海邊看見的第一件物品獻祭給他，結果海邊出現一頭漂亮的神牛。這時米諾斯心有不捨，換了一頭普通的牛作為祭禮。波賽頓大怒，讓神牛發了瘋，口中噴火，在島上橫衝直撞。偉大的海克力斯趕來，完成了「鬥牛」任務，然後騎在寬闊的牛背上乘風破浪回到邁錫尼。但尤瑞透斯也不敢養牛貽患，於是放牛歸山。後來英雄翟修斯再次征服了瘋牛。

第八件，**制服狄奧梅德斯的烈馬**。瑟雷斯人狄奧梅德斯國王是戰神阿瑞斯的兒子（不同於特洛伊戰爭中的狄奧梅德斯），他有一群兇猛的牝馬，不吃燕麥，喜食人肉，過往的客人經常被扔到銅槽裡成為飼料。海克力斯趕來盜走了烈馬，狄奧梅德斯率眾追趕，被海克力斯殺死，做了馬料。但海克力斯的一個心愛的夥伴阿布得羅斯也葬身馬腹。回來後，尤瑞透斯仍然是**馬放南山，禍福兩由之。**

就在去瑟雷斯執行任務的路上，大英雄為人性的高貴所感動，順便做了一件善事。那天，他去拜訪帖撒利（Thessaly）國王阿德梅托斯（Admetus），阿德梅托斯熱情款待，備下了豐盛的酒宴。但海克力斯開懷暢飲之間，發現宮廷中的氣氛十分沉重，再三詢問，一個僕人才告訴他，阿德梅托斯美麗的妻子今天去了冥國。原來，阿德梅托斯當初曾善待流放下界的阿波羅，於是阿波羅找命運女神為他要來一項福利：他的死亡可由別人代替。如今他氣數將盡，年老的父母不肯李代桃僵，只有年輕美麗的妻子阿瑟緹絲（Alcestis）主動替他去死。今天，阿瑟緹絲流著淚囑託後事，鐵石心腸的死神塔爾塔茹斯搧動著黑色的翅膀已經降臨。

海克力斯慚愧與憂傷交加，熱血衝動，提起大棒來到了阿瑟緹絲的新墳。一陣陰冷的風吹來，塔爾塔茹斯嘴上滴著祭品的血，瘦骨嶙峋的手伸向他的胸部。但宙斯偉大的兒子無所畏懼，他把死神捆綁起來，要求他放回阿瑟緹絲。

宮廷中，阿德梅托斯正沉浸在巨大的悲傷中。海克力斯帶來一個蒙著面紗的女子，委託他照顧一段時間。阿德梅托斯再三表示多有不便，但善良的他最終沒有拒絕朋友的請托。然而，女子的面紗揭去，竟然是他最親愛的妻子！

第九件，**獲得希波麗塔（Hippolyta）的金腰帶。**可能尤瑞透斯全家都在挖空心思出難題，這次他的女兒阿特梅塔想得到亞馬遜（Amazon）女王的名品金腰帶，於是大英雄就得**不遠萬里為她採購時裝**。亞馬遜是女兒國，霹靂嬌娃們驍勇善戰。有的神話說，她們為了射箭和投槍的方便，竟然把右乳房割掉，而男子在嬰兒時期就弄成殘廢以便適合幹家務。女王希波麗塔的金腰帶是戰神阿瑞斯的贈品，是權力的標誌。海克力斯不敢輕敵，帶了包括大英雄翟修斯在內的一幫朋友助陣。但他已經英名遠播，相貌如永生的神靈，女王希波麗塔竟然一見傾心，願意奉送金腰帶。就在此時，天后赫拉化妝降臨，散佈謠言，說陌生人將劫走女王去當女奴。一場惡鬥立刻展開了，雙方傷亡慘重。最後，希波麗塔求和，或說被殺死，海克力斯得到了金腰帶。

這件功勞似乎不很光彩，所以歸途中的故事像是報應。特洛伊國王拉奧梅東（Laomedon）被迫將女兒赫西俄涅（Hesione）赤身裸體地鎖在海邊岩石上，獻祭給海怪。海克力斯自告奮勇相救，拉奧梅東答應以馬匹酬勞。大英雄鑽進海怪的肚子戰鬥了三天，刺殺了海怪，但拉奧梅東並沒有兌現報酬。數年後海克力斯攻打特洛伊，射殺了拉奧梅東及其大部分兒子，扶植普瑞阿摩斯（Priam）為王。

第十件，**奪取格瑞昂（Geryon）的牛群。**這次尤瑞透斯派海克力斯遠征西班牙，路程遙遙艱難。有人說他不得不劈開大山，造出了直布羅陀（Gibraltar）海峽。在大洋河岸，驕陽似火，他張弓搭箭要射太陽車。阿

波羅沒有怪罪，反而借給他一隻金船（金碗）渡海，那是阿波羅的夜航船，每天夜裡太陽神就是靠它從大洋河回到東方的。格瑞昂是位巨人，三頭六臂，為他看守紅牛的有雙頭狗和巨人牛倌，解決他們頗費了一些周折。由於牛群不能扛著走，還要對付盜牛賊以及赫拉造成的瘋牛病，回程更為艱難，有的神話說海克力斯在路上曾經負傷。

第十一件，**盜奪赫斯佩里斯（Hesperides）的金蘋果。**宙斯與赫拉結婚時，地母蓋亞送了一棵金蘋果樹。果園位於大地的最西方，由赫斯佩里斯（夜女神或阿特拉斯的女兒）四（或三）姐妹管理，看守果樹的還有一條從不睡覺的百頭巨龍拉冬。海克力斯必須取來三個金蘋果。詳細路徑不明，海克力斯制服了善於變形的海神涅柔斯，得到了指點。一路上，他把巨人安泰俄斯舉到空中扼死，又解放了普羅米修斯，自己還幾乎被埃及人作為祭品。終於來到了大地的最西端，這裡，普羅米修斯的親兄弟阿特拉斯正汗流浹背地扛著蒼穹，蘋果園就在附近。按照涅柔斯（或普羅米修斯）的指點，海克力斯請阿特拉斯幫忙摘取金蘋果，他可以在這段時間內扛著天庭。阿特拉斯恨不得有人頂崗，所以立即答應。但他盜奪金蘋果回來，又變卦了：「海克力斯，我可以替你把金蘋果送到邁錫尼，然後回來換你。」海克力斯心中緊張，嘴上卻說：「行啊。不過我需要找個墊肩，否則我的腦袋和肩膀就要碎了。」阿特拉斯頭腦簡單些，就又接過了天庭。海克力斯撿起金蘋果和大棒，一去不回。雖然有些對不起，但他的祖先、大英雄柏修斯比他更壞呢！（用梅杜莎的頭將阿特拉斯石化──時間順序上有漏洞）金蘋果能讓人永保青春，但只能利用，不能另存，後來由雅典娜送回了果園。

第十二件，**擒拿地獄惡犬賽柏洛斯。**這是最艱巨的任務，**生死兩界，所有的簽證都是一次性的、單向的，**豈能容許自由來往。尤瑞透斯無疑希望壯士一去不復回，在冥府永久定居。海克力斯首先找到了位於特那羅斯

（Tanaerum）海角的地府入口，然後由荷米斯引領，沿著地縫深淵進入黑帝斯的城池。戈耳工女妖之一的梅杜莎的陰魂曾試圖恐嚇海克力斯，而人類的陰魂都被這血肉之軀嚇得望風而逃。海克力斯救出了因試圖劫持冥后而被判生長在石頭（或健忘之椅）上的翟修斯，並允諾英雄梅列阿格（Meleager）的陰魂，回去後娶他的妹妹黛安依拉（Deianira）為妻。冥后波瑟芬妮看見儀表堂堂的人間英雄十分欣喜，冥王黑帝斯似乎也不敢造次，有的神話甚至說他的肩胛挨了大英雄一箭，**痛得載歌載舞**。他同意海克力斯帶走三頭犬賽柏洛斯，但不能動用武器。

在阿刻戎（Acheron）河邊，海克力斯找到了賽柏洛斯，此犬有三個腦袋，口中垂毒涎三尺，脖子上生滿毒蛇，尾巴是一個龍頭，張著血紅的嘴。海克力斯衝上去，勒抱住惡犬的身體和脖子，像抱著初戀情人一樣不鬆手，任憑龍尾纏住雙腿，毒牙咬進身體。賽柏洛斯終於癱軟在地上。

回到地面時，賽柏洛斯怕見陽光，渾身冒汗，毒涎滴落地上，生出一棵棵有毒的烏頭草。國王尤瑞透斯見到這條狗時，表現出更嚴重的恐慌症狀，他幾乎是央求海克力斯趕快把賽柏洛斯送還黑帝斯。

至此為止，十二年過去，海克力斯完成了為尤瑞透斯的服役，贖清了罪惡，作為自由人回到了底比斯。苦難造就了榮光，海克力斯如今名揚天下。這無疑更讓天后赫拉生氣。至於尤瑞透斯，在海克力斯升天後繼續迫害英雄的後代，結果被英雄年邁的母親阿柯美娜挖掉雙眼並殺死。

無情未必真豪傑，這是優點，也是弱點，至少這有利於神對人類的控制。恢復自由不久，海克力斯再次為愛情而惹禍。

俄卡利亞（Oechalia）國王尤瑞托斯（Eurytus）曾得到太陽神阿波羅的真傳，善於射箭，並十分自負，聲言誰能戰勝他的箭術，他將以女兒艾

《阿特拉斯支撐天穹》*Atlas Holding Up the Celestial Globe*
奎爾奇諾（Guercino, 1591-1666）
Museo Bardini, Florence, Italy

歐樂（Iole）相許。艾歐樂的容貌比父親的箭法更漂亮。海克力斯聞訊趕來，輕鬆地擊敗了尤瑞托斯。尤瑞托斯十分不安，他知道海克力斯有**精神病史**，也曾與人為奴，於是想法推諉婚事。海克力斯十分不快地離去。此後不久，尤瑞托斯丟了牛，其實是荷米斯的兒子、希臘神偷奧托呂科斯幹的好事，可尤瑞托斯卻懷疑海克力斯。大王子伊菲托斯（Ipnitus）很喜歡海克力斯，相信他清白無辜，於是找到海克力斯，相約一起去調查丟牛案件。有一天兩人並立在提潤斯的城牆上，由於赫拉的法術，海克力斯再一次失去理智，將好朋友伊菲托斯推下城牆，摔得粉身碎骨。

海克力斯陷於罪責之中，並且疾病纏身。他來到德爾菲阿波羅神廟，請求神諭。但女祭司皮提亞對殺人犯白眼相待。落魄的英雄怒氣干雲，將廟宇前的三足香爐搬到田野裡，要在那裡為自己建立廟宇。阿波羅神威震怒，因為神諭所是他設在人間的總領館。一場惡戰即將爆發，宙斯不願讓兩個優秀的兒子豆萁相煎，遂以一道霹靂分開了雙方。由此，海克力斯得到了神諭：賣身為奴三年，並將所得報酬送給死者的父親尤瑞托斯，才能淨罪袪病。

海克力斯將自己賣給了小亞細亞（Asia Minor）西部的利底亞的女王翁法樂（Omphale）為奴。翁法樂實行人性化管理，也不出什麼難題，只讓他每天安坐內室，做些紡織之類的女紅。**溫柔的統治方式慢慢消磨了英雄氣概**，三年（或說一年）裡，海克力斯雖然也有幾項武功建樹，但都是解決較小的治安案件。有人說女王是故意羞辱大英雄，但大英雄似乎也真的樂在其中。有時候，女王披上他的獅皮戰袍，他就心甘情願地**穿上女人的衣服**。他還與女王生了幾個孩子。在花天酒地的日子裡，完全忘了當初「道德」女神的教誨。不過，據說在服役將滿期時，他突然從沉淪中清醒過來。也有人說，女王知道了他的真實身份，提前釋放了他。至於他賣身

贖罪的錢，尤瑞托斯拒不接受，所以隱患還將爆發。

　　恢復英雄本色之後，海克力斯快意恩仇，大開殺戒。先後手刃伊利斯的國王歐葛阿斯、特洛伊國王拉奧梅東以及俄卡利亞國王尤瑞托斯等背信棄義之人，還參加了一場重大戰役——奧林帕斯眾神對巨靈神癸幹忒斯（Kouretes）的戰鬥。癸幹忒斯是地母蓋亞與天父烏拉諾斯的後代（不屬於十二泰坦），身材巨大，亂髮長鬚，下半身是一條帶鱗的龍尾，據說共有一百五十個。宙斯當初建立新世界時，把這些桀驁不馴、形象不雅的老前輩統統打到了塔爾塔茹斯。可如今他們忽然像恐龍一樣出現在佛勒格拉（Phlegra）平原上，在地母蓋亞的支援下揭竿而起。他們不怕眾神，只有凡人可以殺死他們，所以宙斯命令兒子海克力斯前來助戰。要描述戰爭的場面，我們人類還沒有合適的度量衡，因為神們順手擲出的石塊都是一座大山或半島。海克力斯與神並肩，箭殺巨靈，是為日後晉升神界的重要資歷。

　　海克力斯是在征服俄卡利亞國王尤瑞托斯之後升天的，當他終於搶來尤瑞托斯的女兒時，災難降臨了。當初去冥府擒拿三頭惡犬時，他曾允諾迎娶英雄梅列阿格的妹妹黛安依拉為妻。黛安依拉是卡律東（Calydon）國王奧聶斯（Oeneus）的女兒，美麗賢淑，求婚者絡繹不絕，其中最有勢力的是河神阿契魯斯（Achelous），此公生著一個骯髒的牛頭，下巴流著泉水，有時還化身為龍。奧聶斯和黛安依拉避之猶恐不及，卻得罪不起，只有採取比武招親的辦法選擇強者。但誰也不能戰勝河神，正在危急時刻，大英雄海克力斯趕到了。經過一場惡鬥，海克力斯掰斷了河神的牛角，贏得了美麗的妻子黛安依拉。

　　婚禮後海克力斯在奧聶斯的王宮裡生活著，度過了三年的幸福時光，這是他能享受到的最後一段人情的溫馨了。在一次宴會上，小男孩歐諾摩

《海克力斯與翁法樂》 *Hercules and Omphale*
史普蘭格
Kunsthistorisches Museum, Vienna, Austria

斯（Eunomus）無意中略有冒犯，海克力斯順手打了孩子一巴掌，並沒有用什麼力氣，但那曾扼死過無數惡龍猛獸的手輕輕一拂就足以致命了。他很憂傷和羞愧，沒有臉面在這生活下去了，就帶著妻子黛安依拉和兒子許羅斯（Hyllus）離開了卡呂冬。

在去特拉喀斯（Trachis）的路上，他們經過歐厄諾斯河（Euenus）。馬人聶索斯（Nessus）過來招攬生意，原來他把來往行人背（或抱）過湍急的河流，並收取一定的費用。海克力斯請他把黛安依拉送過河去，他自己則把弓箭與大棒扔到對岸，然後大踏步進入河中。但剛到對岸，就聽到河中間傳來妻子的呼救聲。原來，黛安依拉十分美麗，馬人聶索斯抱（或背）著軟玉溫香，心猿意馬，難以自持，不免上下其手，甚至要把她擄走。宙斯的兒子拉動強弓，染有勒納水蛇膽汁和血液的毒箭射中了聶索斯。看著汩汩流淌的毒血，聶索斯十分痛恨：

不過就是品德問題，竟然用生化武器！

他心生報復的計謀：「啊，奧聶斯的女兒，你是我送過波濤滾滾的歐厄諾斯河的最後一人。請把我神奇的血液收藏好，有朝一日只要把它塗在你丈夫的衣服上，就能挽回他對你的愛情。」丈夫是愛她的，黛安依拉也不相信這巫術般的手段，但好奇心以及對未來的擔心還是促使她偷偷收藏了馬人的毒血。她沒有預料到有一天她將有使用的機會，而且造成了不可挽回的悲慘結局。那是在海克力斯攻打俄卡利亞國王尤瑞托斯的時候。

當初，海克力斯與尤瑞托斯比賽弓箭獲勝，尤瑞托斯卻沒有按照事先的承諾將女兒艾歐樂嫁給海克力斯，因此引發了海克力斯的一系列苦難。如今海克力斯召集了眾多的英雄，攻陷了俄卡利亞，殺死了尤瑞托斯及其三個兒子，俘獲了依然美麗的公主艾歐樂。凱旋的路上，他決定在尤比亞（Euboea）的刻奈翁山（Caceion）上修建聖壇，祭拜宙斯。

海克力斯的使者利卡斯（Lichas）首先將勝利的消息帶回特拉喀斯，日夜思念、寢食不安的黛安依拉十分欣慰。可俘虜群中的一個與眾不同的女子忽然讓她很不安。那女子美麗高貴，又十分憂鬱，原來正是艾歐樂——丈夫曾經很愛慕的女孩，此番征戰也正為她而去。情緒化的想像和變形的傳言讓黛安依拉擔心失去丈夫的愛情，她忽然想到了馬人聶索斯的血液及秘方。於是進入密室，將馬人的血膏細密地塗在一件貴重的袍子（或斗篷或襯衣）上，再將襯衣鎖進一隻精緻密封的小箱。她請使者利卡斯迅速將衣服送達尚在途中的海克力斯，並叮囑：「告訴我丈夫，這是我親手縫製的，除了他，別人不可以穿。在祭禮之前，不能讓衣服遇到陽光或爐火。」

在刻奈翁山的盛大的祭禮上，大英雄海克力斯神光煥發，他的事業和聲名都達到了人類所能達到的頂峰。然而，當聖火開始燃燒的時候，那件**貴重的禮服忽然緊緊黏在身上**，像燒紅的金屬一樣，將熱力與劇毒透進他的皮肉。他顫抖著、呼叫著，卻不能將衣服脫掉。極度的痛苦之中，他將帶來衣服的使者利卡斯摔死在岩石上。而在特拉喀斯，忠於愛情的黛安依拉聽到這悲慘的消息，立刻把利劍刺進了自己的胸口！

神諭曾經啟示，海克力斯將死於特拉喀斯附近的歐伊塔（Oeta）山上。他的兒子和朋友將他運到指定地點，搭好了火葬的木柴，卻無人忍心點火。此時蛇毒愈發深入，比烈火焚身痛苦萬倍。朋友菲洛克特斯（Philoctetes）經不住再三懇求，點燃了柴堆，他因此獲得了海克力斯的著名弓箭。

火光升起的時候，空中雷電交加。一片祥雲飄來，將偉大的英雄接到了光明的奧林帕斯聖山，他成了永生的神靈。西方諺語說，

「人間的葬禮是天上的婚禮」，

海克力斯果然娶青春女神赫蓓為妻，死敵赫拉成了他岳母，西方文化中丈母娘與女婿的永恆衝突即來源於此。

HERCULES

《火堆中的海克力斯》 *Hercules on the pyre*
喬達諾
El Real Sitio de San Lorenzo de El Escorial, Madrid, Spain

翟修斯

THESEUS

降魔與獵豔

關鍵字：超匪、牛人、失憶

彷彿要和海克力斯比賽似的，翟修斯的故事也同樣豐富而傳奇。開篇就是神話和民間故事常用的「**尋父型**」結構，或稱為「**生父情節**」，這也是現代電視劇慣用的套路，類似《血疑》那種「爸爸是誰」的故事。而翟修斯的父親最終也不是十分明確。

雅典國王愛琴斯（Aegeus）膝下無子，而兄弟帕拉斯（Pallas）有五十個兒子，這讓他十分煩惱。為此他去德爾菲請求神諭，但神諭讓他百思不解：在回雅典之前，不要把酒袋的嘴看得那麼緊。他沒有意識到神諭對性的隱喻。路上，他向聰明的特洛曾（Troezen）國王皮透斯（Pittheus）求教。皮透斯也正為一則神諭犯難：女兒埃特拉（Aethra）沒有婚嫁之運，卻將生下偉大的兒子。兩相巧合，皮透斯暗喜，他把愛琴斯灌醉，安排女兒埃特拉伴眠，果然一夜就珠胎暗結。但有的神話說，這段時間內海神波賽頓曾經在這一帶頻繁出沒。就在這一夜或前一夜，波賽頓也曾與埃特拉共眠，所以翟修斯可能是波賽頓的後裔，否則何以成為超人！也有學者考

證，愛琴斯可能就是海神波賽頓的地方性別名。愛琴斯臨走時，將劍與鞋壓在一塊巨石下，囑咐埃特拉：「待孩子長大，讓他取出劍與鞋為信物去雅典相認。」翟修斯名字的含義就是「**有物為證**」。

轉眼間翟修斯已經十六歲，他高大英俊，富有臂力與智慧。聽了母親的敘述，他輕鬆地一下推開了巨石，拿起寒氣森森的寶劍，穿上了父親留下的鞋子。不過，他沒有聽從母親和外祖父的指點，從海上去雅典，而是選擇了艱險的陸路。就是這條路，使少年英雄嶄露頭角，殺死了幾個奇怪而有趣的強盜。

棒子手佩里斐忒斯（Periphetes）在厄皮道羅斯（Epidaurus）附近攔路搶劫。他是火神的兒子，與乃父一樣跛一足，但身材高大，似乎專攻打擊樂，善使一根鐵（或銅）棒，喜歡聽到旅客頭顱被擊碎的聲音。翟修斯初試身手，就打死了這個強盜，並把那根系出名門的鐵棒作為自己的戰利品和武器。

扳松賊席尼斯（Sinis）是抻人匪達馬斯特斯（Damastes）之子（或說是海神的後代），有物理學的天賦和愛好，他在科林斯附近的伊斯特摩斯（Isthmian）地峽中攔路綁架，但不謀財，每天頻繁進行兩個實驗：一個是把巨大的松樹扳彎，將客人放在樹梢上，然後突然鬆手，可能是**拋物線**研究；二是把兩棵松樹相向扳彎，把行人的頭和腳分綁在樹梢上，然後突然鬆手，這涉及**彈性力學**了。翟修斯擒住了席尼斯，選擇了兩棵巨大的松樹為他送行。但他溫柔地對待了席尼斯美麗的女兒珀里古娜（Perigune）。

史基戎（Sciron）是踢人匪，研究專案**類似中醫保健，兼顧自由落體原理**。在墨伽拉（Megara）邊境，在海岸邊高高的懸崖上，他強迫過往行人為他洗腳，差不多的時候**抬腿把人踢下海中餵大海龜**，然後換人再洗。翟修斯假裝順從，突然把洗腳水潑在史基戎頭上，然後抓住他的腳踝扔進

了大海。

在厄琉西斯（Eleusis）附近，強盜刻爾庫翁（Cercyon）是個摔跤愛好者，他逼著路過的行人與他摔跤，然後將他們摔死了事。摔跤是翟修斯的強項，所以摔死刻爾庫翁沒費什麼周折。

強盜中第一奇葩當屬達馬斯特斯，人稱普羅克拉斯提（Procrustes）——**抻***人匪。或說他是火神的兒子，扳松賊的父親。這位機械工程專業出身的完美主義者，是否是處女座無可考證，但無疑**患有強迫症或虐待狂**，或有領袖情結。他對錢財毫無興趣，酷愛整齊與秩序。他在克菲索斯河谷（Cephisus）開了家客店，備有一長一短兩張鐵床（或說一張，用法一樣）。旅客住到店裡，如果身體比床長一些，他就很不安，**真誠地表示抱歉，然後就砍掉（或用鐵錘砸碎）客人的一段腿**。如果客人比床短，他同樣不舒服，就把客人像拉麵一樣拉長。翟修斯以其人之道還治其人之身，將他殺死——那時代沒辦法鑑定和諒解精神疾病問題。「普羅克拉斯提之床」類似歐洲中世紀的拉肢器和當代中國的增高床，作為典故的意義近似於「削足適履」。

完成了剿匪工作，翟修斯到達雅典，洗去征塵與血污，穿著愛奧尼亞式長衣，披著長長的鬈髮，進入了父王愛琴斯的宮殿。他沒有表明身份，但女巫美蒂亞（Medea）識破了他。美蒂亞是從傑森的故事中跑到這裡來的，她許諾用魔藥恢復愛琴斯的青春，因此成了愛琴斯的妻子和宮廷的真正主宰。她意識到翟修斯的威脅，就慫恿愛琴斯以毒酒害死不速之客。然而在宴會上，當翟修斯抽出寶劍切割烤肉的片刻，愛琴斯又驚又喜：寶劍是他當初留下的信物，眼前的青年正是自己的兒子！女巫美蒂亞趕緊逃之夭夭。

在雅典期間，翟修斯打敗了來搶班奪權的叔叔及其五十個兒子，生擒

*編按：ㄕㄣ、，以輾壓的方式拉長。

《埃特拉指示她的兒子取出父親遺留的寶劍》
Aethra Showing her Son Theseus the Place Where his Father had Hidden his Arms
布瑞內特（Nicolas-Guy Brenet, 1728-1792）
Los Angeles County Museum of Art, Los Angeles, United States

↑ 《劫走希波達美雅》
Rape of Hippodamia
魯本斯
Prado Museum, Madrid, Spain

↓ 《菲德拉與希波呂托斯》*Phaedra and Hippolytus*
蓋蘭（Pierre-Narcisse Guérin, 1774-1833）

了橫行馬拉松（Marathon）平原的野牛（有神話認為此牛即海克力斯曾經制服過的那頭）。但面前有項更艱險的使命。此時，強大的克里特國王米諾斯第三次派使者來催繳貢賦，悲愁籠罩著整個阿堤卡地區。原來，十八年前，雅典人殺害了米諾斯的兒子安卓格斯（Androgeus），於是米諾斯（或說神意）強迫雅典人每九年（或一年）向他進貢七對童男童女，作為迷宮裡的怪物米諾陶（Minotaur）的食物。

「牛人」米諾陶牛首人身，系出名門。其父是波賽頓派到克里特的神牛，但米諾斯卻未遵守諾言將神牛獻祭給波賽頓，於是神牛為禍，海克力斯和翟修斯都曾與它打過交道。更壞的是，波賽頓還讓米諾斯的妻子帕希法娥（Pasiphaë）愛上了漂亮的公牛，並生下了牛首人身的怪物米諾陶。**讓這樣的怪物享有公民權，既不安全，也不雅觀**，米諾斯國王只好把它因禁在一個非常複雜的迷宮裡，但必須定期為它提供食品——童男童女。

童男童女經過抽籤選定，大船已經掛上了表示哀悼的黑帆，雅典城一片哭聲。翟修斯毅然決定與獻祭者同行（或說作為其中之一），要進迷宮除掉妖牛。年老的愛琴斯十分擔憂和悲傷，為了儘早得到消息，他與兒子約定：平安返回雅典時，將船上的黑帆換成白帆。

克里特國王米諾斯對神威凜凜的翟修斯充滿敵意，他要求翟修斯從大海裡撈出一枚戒指，以證明是波賽頓的兒子（這個血統顯然更有威懾力）。翟修斯輕鬆地完成了大海撈針的難題，海王波賽頓和美麗的海后安菲翠緹都欣喜地在海底宮殿裡接見了他。有這樣強大的後盾，還有征服過妖牛的父親，殺妖牛不是問題。但還有一個困難：怎樣走出迷宮。迷宮乃建築大師戴達洛斯（Daedalus）的傑作，異常複雜，還是動態的，與中國古代的八陣圖相似，只有戴達洛斯本人才能走出來。

就在這時，童話、神話中經典的情節再現——**情欲戰勝血緣**，即女兒

為了愛情背叛父親。翟修斯離開雅典前，曾向愛情女神阿芙蘿黛蒂獻祭。如今忠心誠意開始生效，米諾斯的女兒、克里特公主雅瑞安妮愛上了翟修斯。女兒早晚要背叛爸爸，堡壘容易從內部攻破。聰明的雅瑞安妮給了翟修斯一個線團（纏線軸）以及一把寶劍。翟修斯採納了這個「有線制導」的絕妙辦法，把線的一頭拴在迷宮門口，拎著線團走進迷宮，一番惡鬥，殺死妖牛，然後順著線輕鬆走了出來。

據說又是雅瑞安妮的主意，翟修斯偷偷在克里特人的戰船上鑿了洞，藉此擺脫了米諾斯軍隊的追殺。雅瑞安妮徹底背叛了父親，隨翟修斯逃走。但到達納克索斯島宿營時，一樁悲劇發生了，雅瑞安妮一覺醒來，發現孤島上只剩下了自己，她被翟修斯遺棄了。在無邊的孤獨與恐懼中，不知她是否意識到這是出賣父親利益的報應，「情欲戰血緣」一般都沒有好結果。對於翟修斯的行為，有的神話為他辯護說，酒神戴奧尼索斯向他托夢，強迫他把雅瑞安妮留下。但即便如此，翟修斯犧牲一個女子來保全自己也非英雄所當為。若聯繫以後的行為來判斷，可知**風流而無情乃是他的一貫作風**。

扔下一個癡情的女子，凱旋的戰船輕鬆多了。黑色的帆飄揚在蔚藍的海洋上，阿堤卡的海岸已進入視線。但翟修斯或由於悲傷，或由於興奮，或者乾脆就是報應——因為背叛了一個女子的恩情，忘記了出發前與父親愛琴斯的約定，沒有將黑帆換成白帆。海岸邊懸崖上，翹首張望的愛琴斯看見兒子的大船歸來，卻是黑帆，以為兒子必死無疑，絕望之中投入了大海。後來人們用他的名字命名了這片海洋（還有其他說法）——愛琴斯海。中文譯成「**愛琴海**」，美麗而不靠譜。至於將愛琴海與浪漫愛情聯繫到一起，其來有自，但與海的名字無關。

1900 年代初期，英國考古學家艾文斯（Sir Arthur John Evans）在克

里特島上的克諾索斯（Knossos）挖掘出了一座約有4000年歷史的宮殿遺址，其建築理念十分優秀，鬥牛壁畫生動而鮮豔。但克里特米諾斯文明突然中斷的原因至今未能有明確解釋。

無情的情人倒可能是一個好領袖。翟修斯就任雅典國王期間，大力實行政治民主化和管理現代化的建設，表現了作為政治領袖的卓越才能，這是比大英雄海克力斯特出的方面。同時，翟修斯也沒有荒廢武功霸業，他仍然喜歡冒險活動。在「卡律東獵野豬」、「阿果號奪取金羊毛」等群體英雄故事中，都曾「友情出場」，但表現泛泛。他也曾經幫助大英雄海克力斯奪取亞馬遜女王希波麗塔的金腰帶，結果除了獲得亞馬遜三女王之一的安堤歐珮（Antiope，有時混同於希波麗塔）作為妻子，也未有什麼建樹。即使這唯一的收穫，後來也帶來了災禍。勇敢的亞馬遜女戰士為了救出她們的女王，曾經大舉進攻雅典，一度攻入城內，雙方死傷慘重。有一種說法是，美麗的安堤歐珮在這場戰鬥中不幸被自己的同族戰士誤傷致死。她與翟修斯生下的兒子名叫希波呂托斯。

也許是**果報**，也許是**中年危機爆發**，此後的翟修斯開始走下坡路，且波折不斷。在安堤歐珮死後，他娶克里特公主菲德拉（Phaedra）為妻。菲德拉並非別人，正是不幸的雅瑞安妮的妹妹，她似乎有責任為薄幸的翟修斯帶來災難，當然開始她並非故意，有人說這是愛情女神的惡作劇。希波呂托斯是翟修斯與前妻的兒子，一位優秀的青年獵人，他崇拜貞潔的月神，厭惡男女之情。愛神十分惱火，就讓繼母菲德拉對他產生了愛情。但希波呂托斯正直耿介，堅拒不從。菲德拉備感羞辱，自縊身亡，並留下一封信給丈夫翟修斯，誣陷希波呂托斯行為不軌。翟修斯色令智昏，不聽兒子的解釋，反而用波賽頓（疑似父親）給他的三個咒語之一製造交通事故，害死了兒子。那天，希波呂托斯駕駛戰車疾馳在海岸上，突然一隻海怪躍出水面，馬匹受驚狂奔，希波呂托斯死於非命。但據說月亮女神或神醫艾

斯庫拉皮斯使他復活。

　　但翟修斯的狂妄與荒唐並未稍減。他有一位臭味相投的年輕朋友，名叫皮瑞托俄斯（Pirithous），是色薩利地區拉比塔伊（Lapithae）人的首領，著名的惡棍伊克西翁（Ixion）之子。此人也是豪傑，聞聽翟修斯的威名，就故意入侵馬拉松平原，掠走了翟修斯的牛群。翟修斯前去追趕，兩人一照面，各自甲冑生光，威風凜凜，竟然互生敬意與愛慕。皮瑞托俄斯伸手求和：「由你裁決吧，你需要什麼賠償？」翟修斯慷慨作答：「你的友誼。」兩人遂成生死莫逆之交。此後不久，皮瑞托俄斯與阿果斯王國的公主希波達美雅（與佩羅普斯〔Pelops〕的妻子重名）結婚，他奇怪的親戚馬人們來參加婚禮。酒到半酣，馬人們心猿意馬，其中最強悍的尤瑞托斯衝上去就抱住了美麗的新娘。其他馬人受到啟發和鼓舞，也要各自搶個女賓回去。宴會變成了戰場。翟修斯大顯身手，幫助朋友皮瑞托俄斯打敗了兇惡的馬人。

　　但美麗的希波達美雅不久夭折。皮瑞托俄斯傷心過去，色心複起。他來找翟修斯共謀大業，兩人一拍即合，都要**娶宙斯的女兒為妻**。這本來算不上大事，因為宙斯的女兒很多，幾乎每個村子裡都有。但哥倆的眼界很高，要娶宙斯最漂亮的女兒。第一個目標就是海倫。

　　海倫是宙斯與斯巴達（Sparta）王后麗妲（Leda）的女兒，後來成為天下第一美女，並引發了著名的特洛伊戰爭。但此時她還是未成年少女，十歲或十一歲。這一天，翟修斯和皮瑞托俄斯趁海倫在月神節跳舞的機會，將她劫持，帶回了雅典。海倫果然美麗，哥倆心旌搖動，都想據為己有。爭執不下，**只好抓鬮**，海倫歸了翟修斯。但二人有誓言在先：即不論誰得到海倫，都必須幫助另一個人獲得如意的妻子，對方指定誰就去搶誰。可能是皮瑞托俄斯心裡不平衡，人間也找不到比海倫更美麗的女子

了，於是他竟然提出到冥府裡劫持冥后波瑟芬妮。

　　無論多麼英雄蓋世或色膽包天，兩人都不免心裡哆嗦，因為他們的行為超越了神為人類規定的界限。他們從雅典附近村落的一個地縫中偷渡到冥界，也不敢直接動手，商量了一下，互相壯膽，決定通過政治解決、外交談判達成目標。冥王接見了哥倆，很客氣，問二位英雄到寒舍有何貴幹。二位立刻信心大漲，說也沒什麼大事，只是希望將冥后轉讓給他們。黑帝斯憤怒到了極點，但還是沒有驚訝多，**幾乎是三觀盡毀**！冥后是他驚天動地搶來的，如今兩個凡人竟然敢來分享！他強抑怒火，請兩位英雄坐在石椅上等候。結果，兩個人牢牢長在了石頭上。更糟糕的是，那椅子名為「健忘之椅」（或說在勒特〔Lethe〕河──忘川的旁邊），翟修斯與皮瑞托俄斯逐漸忘了自己是誰，到這裡來幹什麼。幸虧二十年後，大英雄海克力斯到冥界執行任務，順便解救了翟修斯。

　　翟修斯回到人間，陽光依舊，人物皆非。當他在地下那段「忘我」的時光裡，海倫的哥哥卡斯托（Castor）和波魯克斯（Pollux）救走了妹妹，並洗劫了雅典城，將翟修斯的母親埃特拉劫去做海倫的奴僕。雅典人民也拋棄了荒唐墮落的國王，翟修斯的仇敵墨涅斯透斯（Menestheus）成為雅典新的統治者。

　　英雄末路，人神共棄，殺妖除怪的大英雄翟修斯流落到了斯庫羅斯（Scyrus）島，這裡曾是他（或其父）的領地。但國王呂闊瑪斯（Lycomedes）嫉妒及害怕他的聲名，更不願將王位拱手相送。有一天，他將翟修斯騙到懸崖上，突然出手，將翟修斯推到懸崖下（或大海裡），翟修斯摔得粉身碎骨。偉大的英雄就這樣卑微地死於一個懦夫之手，不知道那一剎那他是否想起了當初把踢人匪拋下懸崖的往事。失落的晚節使他沒能像海克力斯那樣脫盡凡胎，晉升仙界。不過，他倒因此成為半神話半歷史的人物，他的骨灰最終以神聖凱旋的姿態回到了光榮的雅典。

奪取金羊毛
GOLDEN FLEECE
愛情與懲罰

————

關鍵字：快船、女巫、薄倖

　　金光燦燦的羊毛，多情而殘忍的女巫，圍繞著薄倖的美男子，這就是傑森故事的魅力所在。傑森並不如海克力斯或柏修斯那樣武功超群、英雄蓋世，在奪取金羊毛的阿果號諸位英雄中，他的特長只在於**最有女人緣**，但命運註定他要成為阿果英雄船的核心人物。

　　傑森是風神阿伊歐樂士（Aeolus）的曾孫，愛奧爾卡斯（Iolcos）城國王埃宋（Aeson）的兒子。埃宋被同母異父兄弟、波賽頓的兒子佩里阿斯（Pelias）篡奪了王位，所以在傑森出生後，他謊稱孩子不幸夭折，以葬禮的名義將傑森送到珀利翁山，交給曾經培養過海克力斯等英傑的智慧馬人凱隆培養。二十年後，英勇而俊美的傑森決定回到故鄉愛奧爾卡斯，從佩里阿斯手中奪回王權。即使這不是命運的安排，也恰中天后赫拉的下懷。赫拉認為佩里阿斯對她缺乏敬意，所以要假傑森之手施以懲罰。

　　路上，傑森涉過阿諾洛（Anauros）河時，見義勇為，將一個老婦人

《阿果英雄們登船》 *The Argo*
科斯塔
Museo Civico, Padua, Italy

順便背過河去，以至於將一隻鞋掉在了淤泥裡。這個老婦人其實正是天后赫拉，她是來微服考察傑森的。漂亮而溫柔的青年讓她很滿意。

傑森鬈髮飄飄，手持雙槍，進入愛奧爾卡斯城，人們驚訝地看著這位阿波羅一樣俊美的青年。但國王佩里阿斯卻心中一驚：這個青年只穿著一隻鞋。從前預言家曾說，一個從山區來的穿著一隻鞋的青年將為他帶來死亡。他緊張地詢問陌生人，從哪裡來，父親是誰。傑森十分坦蕩：「我是埃宋的兒子，回來看望父親和祖先的宅第，並收回我應得的權利。」

佩里阿斯表面上十分感慨和歡迎，內心裡卻醞釀了一個惡毒的主意。他表示願意將王權交還，「不過，我有一個心願未了。弗瑞科索斯（Phrixus）的陰魂不斷托夢與我，懇求我們去科爾基斯（Colchis）奪取金羊毛。我年邁力衰，希望你能去爭取這份光榮，回來再安享王座。」

金羊毛來歷與意義非凡。從前，在奧爾科墨諾斯（Orchomenus）王國，國王阿塔瑪斯（Athamas，埃宋的叔叔）與王后聶斐烈（Nephele，白雲神女）生了兒子弗瑞科索斯與女兒赫蕾（Helle）。後來阿塔瑪斯移情別戀，娶了卡德摩斯的女兒伊諾（Ino）。接著就是**惡毒的後母**的故事。伊諾吩咐農民將種子烤熟後播入土地，造成了饑荒，然後篡改德爾菲神諭說，必以弗瑞科索斯獻祭諸神才能重獲豐收。國王阿塔瑪斯只好忍痛犧牲兒子。然而就在屠刀將落的瞬間，一隻燦爛的金毛羊飛來，它是荷米斯的禮物，此時聶斐烈派遣它來救可憐的小兒女。

金毛羊馱著兄妹飛翔在高空，山嶺透迤，河流閃耀。女孩赫蕾十分恐懼，頭暈目眩，跌落波濤滾滾的大海。從此以後，這片海域被命名為**赫蕾之海**（Hellespont），是達達尼爾海峽（Dardanelles Strait）的舊名。悲痛的弗瑞科索斯到達艾厄特斯（AEetes）管轄的國土，長大後娶艾厄特斯的女兒為妻。金羊毛則被掛在科爾基斯的聖林裡，由一條噴火巨龍看守。

傑森胸懷冒險的興奮，幻想著未來的榮光，也顧不得什麼兇險與陰謀。他立刻奔赴希臘各地，邀請高手相助。冒險經歷好比英雄認證考試，所以各路英雄召之即來。其中有名冠希臘的海克力斯，雅典的驕傲翟修斯，天才音樂家奧菲斯，後來娶得女神為妻的佩琉斯（Peleus）等，甚至佩里阿斯的兒子阿卡斯托斯（Acastus）也背叛父親投奔革命。如果不是傑森衡量再三、忍痛拒絕，女獵人阿塔蘭達（Atalanta）也將名列阿果號英雄譜。英雄們英俊高貴，並各有所長，有人踏浪淩波，有人翱翔空中，有人透視地下，有人預見未來。英雄們乘坐的大船是由雅典娜督造、建築大師阿果斯（Argus）施工，並因此被命名為阿果號。船大且輕，堅而華麗，有五十條槳（說法不一，但一般認為槳數與人數相等）。並且在船舷（或說桅杆）上鑲有一塊取自多多納（Dodona）宙斯神諭所前樹林中具有無線移動通信功能的橡木：**說話舷**，以後漫長的征途上，英雄們就靠它獲得神的指示。

阿果號下水與出征的場面十分壯觀，近海的航程也美麗愜意。在奧菲斯金豎琴的美妙聲音中，魚兒和海豚跟隨起舞。在第一站連諾斯島，英雄們的「建樹」也很豐富。這個島上只有女人，原來，由於她們對愛神失敬，愛神的懲罰**使她們通體惡臭**。丈夫們不願接近，並襲擊瑟雷斯掠來女俘代替之。連諾斯的婦女們妒而成恨，遂殺死了島上的全部男人以及瑟雷斯婦女，只有現任女王許普夕琵蕾（Hypsipyle）救下了自己的父親，並以木箱漂送他方。如今阿果英雄到來，一個老年婦女提出了面向未來的**可持續發展問題**，於是女兒國的女兒們把英雄們請回家中，英雄們自然樂意從命並流連忘返。**傑森幾乎願意以身體換王位，還管他什麼金羊毛。** 幸虧留守船上的海克力斯趕來，大聲呼喚與訓斥，英雄們才羞慚地回到船上。但他們

留下了滿島孕婦
以及孕婦們浪花一樣苦澀飛濺的眼淚。

在西茲庫斯（Cyzicus）島，英雄們也受到杜利奧納（Doliones）人及其國王西茲庫斯的熱情款待，歡宴終日。但在第二天即將離岸的時刻，忽然有一波巨人來襲。巨人是居住在半島的一個熊山上的部落，生有六臂，力大無窮。他們抓下大塊的岩石，投向港口，試圖堵塞阿果號的通路。英雄們以盾牌護身，奮勇反攻。海克力斯以弓箭射殺了幾個巨人。初戰告捷，英雄們乘風破浪，離開了西茲庫斯島。但萬萬沒想到，在近一天的航行之後，逆風和黑夜又把他們送回了這片註定血腥的海灘。而熱情好客的杜利奧納人及其國王以為敵人來犯，雙方在朦朧的月色中展開了血戰。傑森的長矛插進了善良慷慨的國王的胸膛。待曙光女神厄俄斯玫瑰色的面紗映紅了東方，阿果英雄才發現，海灘上橫七豎八的屍體竟然是剛剛還**舉杯相送的朋友們**。隆重的葬禮持續了三天，但美麗的王后克勒忒（Cleite）終於因為無法撫慰的傷痛而引劍自盡。

緊接著，在密西亞（Mysia），阿果號又失去了大英雄海克力斯。原來，當眾英雄在岸上休息的時候，海克力斯到樹林中尋找新的船槳，正當他將一棵大樹連根拔起的時刻，聽到了朋友許拉斯（Hylas）的呼救聲。許拉斯是他的親密朋友和侍童，十分俊美，當這位美少年在泉邊汲水時，一位泉水仙女為他的美貌打動，伸手將他拉入水中。阿果英雄之一波利菲穆斯也聽到了美少年的呼救聲，趕來幫助海克力斯四處尋找，而就在這時，啟明星升起，阿果號出發了。這個失誤無疑具有合理性和潛意識的故意：海克力斯是希臘排名第一的孤膽英雄，屈尊於傑森的麾下，對雙方都不是愉快的事情。阿果號的英雄們為是否找回大力神發生了內訌，這時，船突然停住，有預言能力的海神葛勞科斯（Glaucus）抓住船底，將**長滿海藻和水草的腦袋**伸出海面。他說，一切都是秉承雷電之神宙斯的旨意，海克力斯必須返回希臘去為尤瑞透斯服役。

《阿果英雄的故事》
*Scenes from the Story of
the Argonauts*
安東尼奧
（Biagio d'Antonio,
1472-1516）

英雄們的意志與船槳重新合一，但征途越發艱難。在比提尼亞（Bithynia）海岸，居住著兇暴的柏布律西亞（Bebrycia）人，國王阿米科斯（Amycus）是一位無敵的拳擊手，總是強迫過往行人比賽，並擊斃了事。阿果英雄一上岸，阿米科斯就來挑釁，譏笑英雄們是一群流浪漢。宙斯與麗妲的兒子波魯克斯是希臘著名的拳擊手，他燦若星辰，身手矯健，戴上嵌有銅刺的護腕，幾個回合就把公牛一樣兇猛的阿米科斯的頭顱擊碎。隨後，英雄們打敗了阿米科斯的臣民，並殺了許多柏布律西亞羊，二者幾乎同樣輕鬆。慶功的宴會通宵達旦，在金豎琴美妙的伴奏中，英雄們高歌頌揚宙斯的兒子波魯克斯。

在隨後的征途中，英雄們遇到了一位異人。此人叫菲尼斯（Phineus），住在瑟雷斯海岸上的一棟房子裡。他本來是這一地區的國王，並得到了阿波羅賜予的預言能力。但他過多地揭示了人類的未來，或者公開了宙斯的秘密，因而遭到懲罰，晚年突然失明，並受到人鳥妖（Harpy）的強烈騷擾。人鳥妖長著女人的臉和身體，其他一概似鳥，氣味尤其難聞。它們不斷掠奪菲尼斯的食物，汙損其住宅。當阿果英雄們上岸，菲尼斯虛弱得幾乎不能動彈了。但他很高興，因為神諭表明：當北風之神玻瑞阿斯的兩個帶翅膀的兒子到來時，他將獲救。英雄們為菲尼斯準備了豐盛的食物，怪鳥果然來襲，仄忒斯（Zetes）和卡萊斯（Calais）振翅追殺。最後彩虹女神伊瑞絲趕來，說明此鳥非凡鳥，並傳達了宙斯的旨意，衝突和平解決。阿果英雄在後來的征途中，還遇到並戰勝了曾被海克力斯驅逐的以羽毛為箭的「斯廷法羅湖（Stymphalian）怪鳥」，也看到了啄食普羅米修斯肝臟的兀鷹等。

菲尼斯終於安享了多年來的第一頓飽餐，作為報答，他為英雄們未來的路程和關口提供了有益的指點，越過「撞岩」正是得益於此。「撞岩」

位於黑海的入口處，兩座浮動的大山像自動門一樣時開時合，海浪滔天，聲若悶雷，如巨磨一般將航線上經過的一切擠得粉碎。在這恐怖的造物前，淩波仙子歐菲摩斯（Euphemus，波賽頓的兒子）放出一隻鴿子，因為菲尼斯預言說英雄們將與鴿子有同樣的命運。鴿子如飛箭淩空，穿過正呼嘯著合攏的「撞岩」，驚天動地一聲巨響，幸運的鴿子只失去了一片尾羽。英雄們士氣大振，在「撞岩」分開的一瞬，齊心合力，運槳如飛，阿果號被拋進波峰浪穀，轉眼間「撞岩」只留下一線之天。在千鈞一髮之際，女神雅典娜輕舒玉手，分開了「撞岩」，阿果號隻失去了船舵的末梢。而咒語因此破解，「撞岩」從此不復再撞。

衝過「撞岩」，彷彿闖過鬼門關，英雄們不禁謝天謝地。但在到達科爾基斯（Colchis）之前，還是有兩個夥伴進了鬼門關：舵手提菲斯（Tiphys）生病而亡，預言家伊德蒙（Idmon）被野豬殺死。後者早就預見了大功必成以及自己必死，但他選擇了榮譽。作為補充力量，弗瑞科索斯的四個兒子加入了英雄行列，他們是傑森的親戚、科爾基斯現任國王埃厄特斯（Aeetes）的外孫。

阿果英雄的業績與聲名傳遍希臘，也吸引著奧林帕斯眾神的目光。赫拉與雅典娜連袂請求愛與美神阿芙蘿黛蒂幫忙，阿芙蘿黛蒂一出手，**英雄與美女、政治與愛情就不免亂作一團**了。

國王埃厄特斯是太陽神的兒子，住在火神親建的豪華宮殿裡，性格殘暴，心胸狹隘。當傑森在弗瑞科索斯的兒子們引領下前來謁見並要求取走金羊毛時，他憤怒而緊張，因為曾有預言說，他家族內部將有背叛行為，所以他懷疑傑森以及自己的四個外孫圖謀王位。但既然傑森採取外交手段，也不便貿然動武，於是提出條件：如果傑森能夠駕馭兩條鼻孔噴火的銅蹄公牛，播龍牙於大地，並將生出地面的武士殺死，就可以拿走金羊毛。

來自各方面的情報顯示，要取得金羊毛，必須得到國王的女兒美蒂亞的幫助。美蒂亞是地獄女神赫卡蒂的祭司，會魔法的女巫。愛情女神阿芙蘿黛蒂的淘氣兒子艾若斯為了得到一個禮物——宙斯小時玩過的金球，飛翔趕來，將金箭射進了美蒂亞的心。傑森也善使美男計，花言巧語兼信誓旦旦，於是聰明的女巫竟然變成了癡心的情人，爸爸的女兒變成了爸爸的敵人，「情欲戰血緣」的情節再次發生。美蒂亞與傑森在赫卡蒂的神廟幽會，愛情使她身體顫抖。她將「普羅米修斯油膏」送給傑森，這是用普羅米修斯血滴中生出的植物根莖煉製成的，能使身體不畏刀槍水火。分別時，美麗的女巫還流下了珍貴的眼淚。

此後傑森的行為頗似女巫，如穿黑色法衣，以塗蜜的黑羊獻祭等。第二天，在戰神阿瑞斯的聖田，在國王埃厄特斯的注視下，傑森和夥伴們表演了驚險的「鬥牛」。當地面生出武士時，按美蒂亞的指點（也是卡德摩斯用過的戰術），傑森將一塊巨石投到龍種武士中間，武士們立刻相互殺戮起來。不過傑森並沒有得到金羊毛，國王埃厄特斯違背了諾言，並且懷疑女兒美蒂亞背叛了自己。

入夜，美蒂亞剪了一縷金髮留在母親的床上作為紀念，然後偷偷溜到法細斯（Pnasis）河岸邊的篝火旁，找到了傑森：「救救我！帶我去你的故鄉。我會幫助你取得金羊毛。但在陌生的未來和國度，我寄希望於你的愛情與庇護。」傑森大喜過望，不免濫情而輕諾。然後，他跟隨美蒂亞，潛入金羊毛所在的阿瑞斯聖林。

金羊毛懸掛在巨大的櫟樹上，在黑夜裡金光燦爛。但更耀眼的是巨龍噴射的火焰，巨龍發現了敵人，兇猛地昂起頭來。美蒂亞立即呼喚強大的睡神許普諾斯（Hypnos）相助，口中咒語美妙如歌，巨龍慢慢臥在地上。美蒂亞又以樹枝滴灑芳香的催眠魔液，巨龍終於合上了眼睛。那邊傑森趁

機取下了金羊毛。回到大海邊，英雄們一劍斬斷纜繩，阿果號箭一樣飛射出去。在勝利的喜悅中，也許沒有人體諒美蒂亞心中眾叛親離、背井離鄉的迷茫與感傷，但她的罪孽還沒有結束。

　　清晨，國王埃厄特斯發現金羊毛被盜，大怒，命令兒子阿比圖斯（Apsyrtus）率艦隊追殺。在多瑙（Ister）河的入海口處，阿果英雄們寡不敵眾，躲在島上月神阿特蜜斯的廟裡。美蒂亞使出了毒計，她派人給弟弟送去華麗的紫金衣服，謊稱自己是被劫持的，約弟弟來見，商量脫逃計策。阿比圖斯萬萬沒有想到親姐姐布下了惡毒的陷阱，一進廟中，迎接他的是傑森的寶劍。有的神話中說，阿比圖斯還是個孩子，跟隨姐姐一起乘阿果號逃走，在船上死於姐姐和傑森之手。

　　阿比圖斯被斬成了碎塊，又被水雷似地拋在海中，追兵們忙著**打撈碎屍**，阿果號終於逃脫。但謀殺親人，並且是在神聖的月神廟中，眾神的目光都為此變得陰暗起來，大海也立刻變得格外浪高風惡，阿果號幾乎要被撕成木片。正在這時，船上的說話舷忽然發出指令，要求英雄們去地中海愛伊亞島（Aeaea）尋找著名女巫細爾茜（Circe），為傑森和美蒂亞淨罪。

　　女巫細爾茜昨夜噩夢連綿，覺得到處是血，一早就到海灣的波浪中洗髮。當阿果號費盡周折趕來，她看到美蒂亞明亮多情的美目，知道她和自己一樣，也是太陽神的後裔。所以也不問緣由，就殺了一隻剛出生的母狗，口中念念有詞，為漂亮的罪人清洗血污的手。然而當她知道了事情的經過，這位埃厄特斯的妹妹，氣憤地將無情的侄女和英雄逐出了海島。

　　英雄們固然無情，但不免有欲。阿果號突然進入一片平靜美麗的海域，並傳來女性優美的歌聲。原來，在附近的一座島上，住著女海妖塞壬——「**希臘好聲音**」組合。她們上身是人，下身是鳥，生有翅膀。她們用美妙的歌聲迷惑過往的水手，水手們心醉神迷，甚至**忘了吃飯而餓死**。

小島上芳草萋萋，白骨累累。阿果號上的英雄波特斯（Butes）為此失魂落魄，扔下船槳跳進大海。音樂家奧菲斯立刻演奏金豎琴，並高聲歌唱。高雅音樂終於戰勝了靡靡之音，英雄們通過了最人性化的難關。阿果英雄特別有女人緣，在經過席拉（Scylla）岩礁和卡瑞伯狄斯旋渦（Charybodis）之間的海峽時，海洋女神忒提斯親自率領眾仙女相助，纖手掌握大船，那船上有她未來的丈夫佩琉斯（阿基里斯的父親）——當然現在還不知道。

故鄉伯羅奔尼撒半島曾經遙遙在望，但一陣狂暴的北風將阿果號裹挾而去，九天九夜後漂泊到了非洲利比亞（Libya）海岸的一片死海灣（或說沙漠），那裡死寂濃厚的泡沫中生長著密集的藻類和水草，周圍沒有任何活的生物。英雄們幾乎絕望了，這時三個水澤仙女現身，傳達了神諭：當海王波賽頓（或說海后）卸下他的馬車時，你們應該報答長期懷孕的母親。神諭過於玄奧，但佩琉斯不愧是海洋女神忒提斯的未來丈夫，當一匹十分漂亮的金鬃馬從海洋奔向沙漠時，他恍然大悟：報答懷孕的母親就是扛起阿果號。在以後的十二天裡，阿果號成了沙漠之舟，英雄就成了抬船的腳夫。他們戰勝了饑渴，在神的指引下越過特里托尼斯（Trionis）鹹水湖，終於找到了入海口。尋找淡水時曾路過金蘋果園，見仙女們正坐在地上大哭，原來就在昨天，海克力斯盜走了金蘋果。英雄們於是尋找海克力斯，結果一人被毒蛇咬死，一人在偷羊時遇難。

阿果號歸程的後期，不但一直得到天后赫拉暗中幫助，太陽神阿波羅的金箭也曾在漆黑的夜海中像照明彈一樣指明道路，女巫美蒂亞還施用了智慧和魔法，因此英雄們的所有豐功偉績都必須**大打折扣**。在克里特島，英雄們遇到了最後一個也是最棘手的敵人——銅人。銅人是歐洲的守門人，青銅時代留下的唯一居民，全身銅質，刀槍不入，只在踝骨附近有一根肉質血管。他站在礁石上，投來巨大的石頭，英雄們無可奈何。克剛以柔，女巫美蒂亞施用了催眠術，銅人乖乖地倒了下去，一塊尖尖的岩石正

好刺破了他的血管（或說堵住血管的銅釘掉了下來），銅人落進了大海。

當故鄉愛奧爾卡斯的港口和歡呼的人群進入視線，歷盡千難萬險的英雄們不知是否淚流滿面。女巫美蒂亞就和金羊毛一樣引人注目，她現在已經是英雄傑森的妻子。回程中，在菲細亞（Phaeacians）人居住的海島上，為了給科爾基斯的第二批追兵一個撤退的理由，在當地善良的國王和王后的幫助下，英雄美女舉行了婚禮。

傑森取回了金羊毛，但佩里阿斯並不想兌現諾言、交出王位。因為謠傳阿果號失蹤，佩里阿斯大膽地害死了傑森的父母。據有的神話說，傑森的父親埃宋還活著，但衰老虛弱、奄奄一息，美蒂亞施用巫術幫助埃宋恢復了青春。

那是一個滿月之夜，萬籟俱寂，美蒂亞穿著黑色衣衫，披散長髮，跪在三岔路口，向星辰、月亮、大地、山川和風嵐祈禱，向巫術主管赫卡蒂祈禱。這時，一輛長蟒飛車降臨，美蒂亞乘車而去，九天九夜，採來各種藥草、樹根以及動物翅膀、甲殼和內臟，甚至月光的白霜。又宰殺黑羊，分設祭壇，獻祭赫卡蒂、冥王冥后以及青春女神。銅鍋裡的藥湯泛著厚厚的白沫，以枯橄欖枝攪動，枯枝上立刻生出綠葉和果實，藥液滴落地上，生出了青草和鮮花。此時埃宋已經被催眠，女巫切開他的喉嚨，以神奇的藥汁置換了衰老的血液。奇蹟發生了，埃宋醒來，竟然恢復了青春！

這是愛的奉獻，也是恨的陷阱，復仇陰謀中的一部分。佩里阿斯的女兒們豔羨埃宋的幸運，美蒂亞就答應幫助她們的父親佩里阿斯返老還童。為了博取信任，女巫宰殺了一隻老公羊，扔進了藥鍋裡，銅鍋裡立刻越出一隻活蹦亂跳的羊羔！然後她吩咐佩里阿斯的女兒們亂劍斬殺了父親，將碎塊丟進了銅鍋裡。然而銅鍋裡已經不是剛才的原汁老湯，就在佩里阿斯的女兒們目瞪口呆的時候，美蒂亞已經乘著長蟒飛車逃走。

傑森藉美蒂亞的魔法害死了仇人佩里阿斯，佩里阿斯的兒子、阿果英雄之一的阿卡斯托斯繼承了王位。傑森被驅逐，遠走科林斯，在那裡與美蒂亞度過了十年幸福時光，生了兩個（或三個）兒子。然而，不平凡的人註定有不平凡的命運，罪與罰會自動尋求平衡。

女巫美蒂亞讓科林斯人感到不安。傑森也不再憶念美蒂亞當初的恩情，反而覺得受了連累，對美蒂亞的愛情也與日俱減。他愛上了科林斯國王克瑞翁的女兒格勞刻（Glauce，或說克瑞郁莎），這其中自然也有政治前途的考慮。而在婚禮之前，國王克瑞翁為根絕後患，宣佈驅逐美蒂亞。

當初，美麗的女巫為了愛情背叛血肉之親，犯下了滔天罪行，而今又被忘恩負義的愛人拋棄，她認識到**自己只是神的玩偶，是傑森的工具**，原來情慾是如此不可靠！太陽神的後裔怎能成為別人的羞辱對象！於是，賢慧的妻子恢復了女巫本色，悲傷與憤怒使她變成了冷酷的復仇女神。但專業習慣使她沒有貿然行事，她裝出不幸而溫馴的樣子，向國王乞求在科林斯再耽擱一天，然後表示原諒傑森，並為新娘送上了華貴的禮服和金冠。

這禮服和金冠是在最毒的毒藥中浸泡過的，幸福的新娘剛剛穿戴好，禮服就冒出火苗，並和皮肉沾在一起，金冠則緊緊箍在頭上。國王克瑞翁趕來救護女兒，也被毒火燒死。

與此同時，心如鐵石的女巫在家中親手殺死了兩個年幼的兒子，這是對丈夫傑森最殘酷的懲罰了。待傑森趕到家中，美蒂亞已經乘上長蟒飛車，逃亡的目的地早就確定──雅典，嫁給那裡的國王愛琴斯（翟修斯的父親）。傑森眼睜睜地看著飛車騰空而起，美蒂亞連孩子的屍體也不肯給他留下。

輝煌不復再來，悲傷無法止息。往昔的榮譽與愛情已經像夢一樣不真

實。有人說傑森引劍自殺，但一般認為，往日英雄又度過了漫長無意義的時光。有一天，他到海邊散步，竟然來到了阿果號船的殘骸上。也不知要重溫往日的光榮還是要歇息一會，他心中的感慨也無人知道。當他在船尾睡著的片刻，**一塊朽木落下來砸死了他**，他被埋葬在英雄船的爛木板中。

卡律東獵豬

CALYDONIAN HUNT

沉重的命木

關鍵字：女英、野豬、母恨

命運女神並不總是玩紡線的遊戲，有時也隨手指定一件事物與人類的命運相關聯。卡律東王國的王子梅列阿格（Meleager）降生後，三女神就出現在王后阿爾緹雅（Althea）的夢中。老大說：「你的兒子將成為偉大的英雄。」老二說：「你兒子的生命將要——」話未說完，老三就接著說：「與爐中的木頭一起燃盡。」阿爾緹雅驚醒過來，急忙去看爐子，果然有一塊木頭正在燃燒，這就是兒子的「**命木**」。她手忙腳亂地將木頭抽出，用水澆滅，然後拿回臥室，細心地珍藏在一個盒子中。梅列阿格得以平安長大，並參加了阿果號英雄奪取金羊毛的行動。

木頭可以珍藏下去，但生命不能永存。何況命運女神的道具就跟優秀小說家的細節描寫一樣，絕不能浪費。當然命運女神勝於一切優秀的小說家，因為她們總是把人的命運安排得十分豐富曲折。

有一天，卡律東的國王、梅列阿格的父親奧聶斯在自家果園裡慶祝豐

《阿塔蘭達與梅列阿格》 *Atalanta And Meleager*
魯本斯

收，向奧林帕斯眾神敬獻豐厚的祭品。但由於疏忽，沒有向美麗而貞潔的月亮女神阿特蜜斯表示敬意。可以肯定，他不是故意的，但嚴厲的月亮女神卻存心報復。她派去了一頭妖魔化的野豬來到奧聶斯的王國。這頭野豬奇大無比，豬鬃直立如一叢長矛，獠牙大過公象，雙眼閃耀著血紅的光。它踐踏一切莊稼和葡萄園、蘋果園，蹂躪吞噬畜群，見到人類也絕不放過。一時間，卡律東四郊瘡痍滿目，民不聊生。大好國家眼看要**毀於一頭野豬**。

王子梅列阿格英俊高大，富有臂力，勃勃雄心衝動著熱血，他決心要為民除害。仿效傑森的辦法，他發出英雄帖，召集希臘各地的英雄好漢二十餘人，卡律東獵野豬，其中有翟修斯、傑森、佩琉斯、安菲崔翁以及卡斯托和波魯克斯等名動希臘的英雄，還有梅列阿格的幾個舅舅。

其中一位是英雄卻不是好漢——女獵手阿塔蘭達，她也主動請纓。阿塔蘭達是阿爾卡狄亞國王伊阿索斯（Iasus）的女兒。她出生時，父母盼望的是兒子，於是把她遺棄在山林裡。林中有一隻母熊，熊崽被獵人捕殺，正急得在林中亂轉時，發現了女嬰。急於表達母愛的熊也顧不得是誰的孩子了，就把嬰兒叼回洞裡，以熊奶餵養。後來，一個獵人發現了她，帶回家中，撫養長大。阿塔蘭達出落得矯健美麗，奔跑如飛。男人看她似女孩，女人看她似男孩。她身挎象牙色箭袋，手提銀弓，喜歡打獵，不思婚嫁。眾英雄並不願意與她為伍，但梅列阿格一見鍾情，允許她加入狩獵。

在建功立業的同時兼顧個人福利，
這一向是領袖人物的特長。

英雄們匯聚一堂，豪吃海飲了數天，然後進入了野豬出沒的原始森林，佈下了陷阱與羅網。獵犬一片狂吠，大野豬衝出了森林。英雄們長槍飛鏢投射過去，卻無濟於事，因為野豬皮糙肉厚，還有月神遠端干擾。剎那間，樹木次第折斷，獵手們紛紛倒地，涅斯托爾（Nestor）躥到樹杈上才倖免

於難。這時，女英雄阿塔蘭達英姿曼展，一箭射中野豬的耳根，梅列阿格大聲喝彩。英雄們羞怒交加，捨命向前，又添傷亡。梅列阿格連投兩槍，第二槍深深刺入野豬背部。野豬噴血衝突，眾英雄亂槍齊下，轉眼間野豬便成死豬。

梅列阿格踩住野豬頭，以劍斬下，連豬皮一起奉獻給女英雄阿塔蘭達：「戰利品本來應該屬於我，但更大的榮譽屬於你。」眾英雄大嘩，梅列阿格的舅舅科莫忒斯（Komeres）和普羅索斯（Prothous）更是憤憤不平，上前搶奪戰利品。梅列阿格色令智昏，揮劍刺中了兩個舅舅的胸膛。

獵場上血花飛濺，王宮裡一片喜慶。梅列阿格的母親、王后阿爾緹雅聽說兒子獵殺了野豬，備下了豐富的祭品，要到神廟裡拜謝神靈。然而在路上，卻看到人們抬著她兩位兄弟的屍體，而且聞聽兒子竟是兇手！她淚流滿面，將喜慶的服裝換成喪服，巨大的悲痛在心頭湧動，隨即轉化為仇恨，她恨上了自己的兒子！──這是母系社會倫理的遺跡：兄妹關係重於母子關係。阿爾緹雅突然想起兒子的「命木」，她要懲罰自己的兒子！

當僕人奉命架起熊熊的火堆，阿爾緹雅握著「命木」的手在顫抖，面龐時紅時白，她的心就像在波峰浪穀中顛簸的小船。最終手足之情戰勝母子之情：「不能讓我兄弟的冤魂在黑暗中飄蕩。兒子的生命是我給的，而且是兩次，我有權把它收回來。」她轉過臉去，把「命木」投入了烈火中。

凱旋的英雄梅列阿格突然感到胸口劇痛，忍不住呻吟了一聲。他感到生命正在離去，卻不知道為什麼。他後悔沒有死在戰場上。「命木」在燃燒，他心中呼喚著父親母親、兄弟姐妹，以及心愛的姑娘阿塔蘭達。疼痛終於消失，**命與木一同歸於虛空。**

有的神話說，戰利品引發了部族戰爭，梅列阿格在戰爭中殺死了舅

舅，而他本人由於母親阿爾緹雅的詛咒，被遠射之神阿波羅的神箭射死。但最終的結局是一樣的——母親阿爾緹雅在殺死兒子之後，唯一能做的就是殺死自己，她自殺了。現在，注視著人類的罪惡與苦難，嚴厲的月亮女神阿特蜜斯終於使自己的心情像月光一樣平靜而美麗了。

男人看她似女孩，女人看她似男孩，據說這是阿塔蘭達不幸的根源。而結婚，是不幸的開始。因為曾有神諭說：「阿塔蘭達，逃避丈夫吧，但你無法逃脫丈夫。」為了避免命運的威脅，阿塔蘭達打消結婚的念頭，浪跡在山谷叢林間，在狩獵活動中揮灑青春的能量與光彩。長大以後，她找到自己的父母，父親希望女兒嫁給一個勤勞善良的丈夫，但阿塔蘭達並無興趣。面對絡繹而來的求婚者，她提出讓人望而生畏的條件：「我將是賽跑中勝我者的錦標，但**死亡將是所有失敗者的禮品。**」

戰勝阿塔蘭達並不容易。這位曾狩獵卡律東野豬的女英雄，奔跑如飛鹿，箭法如狩獵女神。好色的馬人律科斯和許勒奧斯曾經想劫持她，她張弓搭箭，兩個馬人應聲倒地。大英雄佩琉斯（阿基里斯的父親）都曾在比武中敗在她手下。

但阿塔蘭達有一種獨特的魅力，她的強大，使各路英雄在愛情之中添加了一份虛榮的幻想。一些人明知無望，也冒死來比賽。如此一來，阿塔蘭達的婚姻便是**來早與來遲的問題**。而她無法預知的，是愛情本能終將被喚醒。

希波曼尼（Hippomenes）是墨伽柔斯（Megareus）之子，海神波賽頓的曾孫，一向出眾而驕傲。他曾嘲笑這樣的比賽：什麼樣的妻子值得以生命作為賭注？然而，在賽場外，當他看到英姿颯爽的阿塔蘭達脫下長衣的時候，看法完全改變了。奔跑中的阿塔蘭達盡展矯健身姿與青春活力，長髮飄揚彷彿拂在希波曼尼的心上。他擔心姑娘落敗，但阿塔蘭達很快就

將追求者遠遠拋在後面，拋進了死亡。這時，希波曼尼走向前去：「為什麼你只跟那些弱者比賽？如果你能戰勝我，才是至高的榮譽。而假如你敗於我，也不會感到委屈。」阿塔蘭達看見美少年希波曼尼，心中忽然升起從未有過的溫暖與憐愛：是哪位神靈忍心讓這樣的美少年來送命呢？我真希望他能勝過我。

比賽開始，阿塔蘭達照例讓對手先跑一段。希波曼尼飛奔出去，像流星一樣迅捷。他並沒有取勝的把握，所以剛才祈禱愛神阿芙蘿黛蒂幫忙。愛神果然以助情人為樂，立刻到賽普勒斯島的果園裡取來三個金蘋果，偷偷交給希波曼尼。待阿塔蘭達追趕上來，希波曼尼扔出第一個金蘋果。那金蘋果並非凡品，神光奕奕，阿塔蘭達萬分驚異，停步俯身，拾起金蘋果。希波曼尼趁機跑出一段距離，賽場四周歡聲雷動，阿塔蘭達很快又追趕上來。第二個金蘋果拋出，還是同樣的效果。此時終點在望，希波曼尼心中呼喚愛神，拋出最後的金蘋果。阿塔蘭達猶豫了一下，愛神慫恿她停下腳步，就這一瞬間，希波曼尼已經到達終點。

那是一個幸福的起點，阿塔蘭達是一個可愛的妻子。他們還生了一個英雄的兒子（後來在「七將攻底比斯」中犧牲）。但命運程式也在這個起點啟動。幸福之中，他們忘記了答謝愛情女神（或說二人在宙斯廟中同眠褻瀆了神靈），於是阿塔蘭達被變成一隻母獅，希波曼尼則變成雄獅——按照當時的觀念，雌獅只能同雄豹相配。

《希波曼尼與阿塔蘭達》The Race between Atalanta and Hippomenes
尼古拉·科隆貝爾（Nicolas Colombel, 1644-1717）
Liechtenstein Museum, Vienna, Italy

特洛伊戰爭
TROJAN WAR
衝冠為紅顏

關鍵字：選美、海倫、木馬

「**任何事情只要尋根問底，總有一個女人在裡面。**」但是，能把一場十年征戰的原因歸於一個美貌的女子，卻是古希臘人才具有的審美趣味和勇氣，這就是荷馬史詩《伊利亞德》（Iliad）所描寫的特洛伊戰爭。儘管歷史學家提供的解釋無疑更具有真實性──西元前12世紀前後，希臘人為了爭奪愛琴海地區的商業權和特洛伊神話般的財富，曾遠征特洛伊──但人們更願意相信神話和史詩。

德國考古學家海因里希・施利曼（Heinrich Schliemann，1822-1890）是特洛伊神話的「死忠」。此人幼年讀神話而愛神話，愛神話就要找神話。他是個商業天才，白手起家積累了大量財富。他也是個語言天才，精通十三（或說十八）種語言，平均一個半月學會一種，其方法近似「瘋狂英語」──大聲誦讀。學俄語時，曾以每星期四法郎的價格雇了一個不認識半個俄語字母的窮猶太人，每天兩個小時坐在椅子上聽他朗讀。其間由於鄰居抗議兩次遷居，但終於趕在那個可憐的猶太人發瘋之前學會了俄語。

為了表達對希臘無與倫比的熱愛，1869年，四十七歲的施利曼娶了一位十七歲的希臘姑娘蘇菲亞（Sophia Engastromenos）為妻，他們的女兒名叫安卓瑪西（Andromache，如果是男孩就叫奧德修斯）。1872年6月中旬的一個上午，在小亞細亞西北部，土耳其的一個小村莊附近，施利曼的考古事業因毫無收穫陷入絕境，他疲憊而絕望，決定明天就撤出特洛伊大坑，永不再來。但就在最後的時刻，大量黃金製品忽然湧現。那是一個神話般的時刻，施利曼認為自己找到了特洛伊，而且彷彿走進荷馬史詩，他將海倫的頭飾掛在美麗的妻子索菲亞的額頭上。（後來他承認這是謊言，妻子當時在希臘境內）1876年11月，施利曼發掘出「多金的邁錫尼」，還發現了阿格門儂的黃金面具。1884年，他又發掘出提潤斯城。施利曼從而成為考古學歷史上傳奇人物。

　　關於特洛伊戰爭最偉大的作品是荷馬史詩。但荷馬也是傳說的一部分。有人認為不存在一位荷馬，有人認為是一位女人。一般的說法是，荷馬是西元前9世紀的一位雙目失明的遊吟詩人，流浪各地講誦神話傳說。後來有七個城市爭做荷馬的故鄉，因此有人諷刺說：七大名城搶得了死荷馬就心滿意足，可是當年荷馬在這七大城市裡流浪行乞。

　　特洛伊又稱特洛亞（Troas），也稱伊利翁（Ilium），由克里特人透克洛斯（Teucerus）創建。誕生之初，也曾受到宙斯和雅典娜的庇護。但後代國王拉奧梅東專橫跋扈，竟然欺侮太陽神阿波羅和海神波賽頓。原來，阿波羅和波賽頓因為反抗宙斯而被流放下界，日子艱難也無聊，就與國王拉奧梅東協議，為他牧羊與築城，並希望有所酬勞，國王允諾。於是，海神修城牆，太陽神看羊群，一年以後，業績優秀。然而，拉奧梅東不但沒給報酬，反而威脅說要**割掉二位大神的耳朵**。阿波羅和波賽頓憤憤離去，奧林帕斯眾神也收回了對特洛伊的好感和庇護，而聽憑命運之神對該城的毀滅。

關於特洛伊戰爭的原因，據說還有宙斯的私人考慮：**第一，可以減輕大地的負擔；第二，讓英雄兒女建功立業；第三，使女兒海倫流芳百世。**當然，奧林帕斯諸神不喜歡放火或發水的簡單方式，而要把毀滅過程安排得豐富曲折，讓人心服口服。

後來，「老賴」拉奧梅東因之前拒付海克力斯英雄救美的報酬，被後者殺死，兒子普瑞阿摩斯繼承了王位。普瑞阿摩斯與第二任妻子赫卡柏（Hecuba）生了兒子赫克特（Hector）。但赫卡柏在懷第二個孩子的時候，夢見自己生下一隻火炬，燒毀了特洛伊城。前妻的兒子埃薩庫斯（Aesacus）

《忒提斯和佩琉斯的婚禮》 *Golden Apple of Discord*
約爾丹斯（Jacob Jordaens, 1593-1687）
Prado Museum, Madrid, Spain

是先知，他釋夢說：「這個孩子將為特洛伊帶來毀滅性的災難。」於是，孩子一生下就由一個僕人（或牧人）拋棄到山谷裡。但按照神話通行的模式，這個孩子註定死不了。一隻母熊哺乳了他，幾天後，僕人（或牧人）再去山谷，見孩子安然無恙，就把這熊孩子撿回，養在城外山中的家裡，取名帕里斯。帕里斯長大後，十分俊美，且富有膂*力，曾獨自打敗了一群綠林好漢。不過，他不知道自己的高貴血統，每日安心地在城外的愛達（Ida）山谷中牧羊。這一天，忽然大地震動，神的使者荷米斯帶領三位美麗絕倫的女神降臨到放羊少年面前。

原來，這一天，色薩利國王、大英雄佩琉斯（阿果英雄船、卡律東獵野豬的英雄譜中都有他的英名）與海洋女神忒提斯舉行婚禮。這宗婚姻非常特殊，是希臘神話中唯一一件女神嫁給凡人的婚姻。海洋女神忒提斯美麗、聰明、強大，宙斯曾想娶她為妻。但普羅米修斯的預言——忒提斯將要生下一個比父親強大的兒子——打消了他的想法。嫁給其他神靈也不妥帖，於是，宙斯強迫忒提斯嫁給了人類英雄佩琉斯。佩琉斯採取了緊抱不放的戰術，任憑忒提斯變成墨魚、獅子和蛇等，終於征服忒提斯，並舉行盛大的婚禮。由於這樁婚姻具有強大的政治背景，奧林帕斯諸神以及大地上的**軍政要人、黑白兩道**的英雄都應邀參加了婚禮宴會，但是，卻偏偏漏請了（或說不願意請）不和女神艾瑞絲。

不和女神艾瑞絲出身說法不一。她是小神，但屬於特種行業，善於製造爭端，自己也自然心胸狹窄，容易生氣。中國東北民間諺語說：「寧落一村，不落一鄰」，誠哉斯言！王母娘娘開蟠桃會沒有請孫悟空，孫悟空就去鬧個亂七八糟。**希臘女神自然比中國猴子高雅**，艾瑞絲一氣之下，反而送了重禮，將一隻金蘋果拋到了宴會上，上面刻有**「給最美麗者」**的字樣。金蘋果證明了艾瑞絲的專業水準——宴會上佳麗如雲，美男如林，於是紛爭驟起，亂作一團。經過海選、初賽、複賽、半決賽等諸多環節，男

*編按：ㄌㄩ，膂力指體力。

人、男神、凡女逐漸被淘汰出局，最後天后赫拉、智慧與勇敢女神雅典娜和愛情女神阿芙蘿黛蒂進入前三名。

矛盾更加尖銳，宙斯**身為宇宙之王和婦女問題專家**，深知此問題的微妙與重大。討好一個，得罪兩個，這生意註定虧損。若用排除法，赫拉可以不考慮，自己妻，不客氣，魚都上鉤了，還餵什麼魚餌？麻煩的是雅典娜與愛神。**宙斯的事業靠雅典娜，娛樂靠愛神**，得罪了哪位，今後都不會平安快樂。

其實，採取後代電視選秀節目常用的民主評議辦法很不錯，聘請一幫不三不四的評審投票，可以推卸主要領導的責任；或者多設獎項，增加金鴨梨、銅土豆或橄欖枝獎；甚至可以玩虛的，設最佳泳裝小姐、最佳晚禮服小姐、最有文化小姐等，每人發一摞獎狀，或許能平息一下爭端。可惜宙斯沒時間深思熟慮，他靈機一動：反正特洛伊註定毀滅，正好，作為毀滅特洛伊的一個步驟，就把這燙手的熱山芋扔給特洛伊吧。於是，他派荷米斯將三位女神帶到了特洛伊王子、此時還是牧羊少年的帕里斯面前，請他裁判。三位女神也很認真，來特洛伊之前，都到斯卡曼德（或稱珊托斯〔Xanthus〕）河沐浴，這條河裡的水具有染髮焗油功能，能使頭髮變成金黃色。

牧羊小子帕里斯每天只與山羊群為伍，不免為三位女神的美麗與高貴所震撼，**但他尚不知這美麗風流的事業所蘊含的危險**。而三位女神為了得到金蘋果，各在自己的職權範圍內公開向帕里斯行賄。

美麗而高貴的赫拉說：「我是赫拉，宙斯的妻子。如果你把金蘋果判給我，你可以統治大地上最富有的王國。」牧羊少年不一定知道赫拉，但他若敢問宙斯是誰，頭上肯定挨一個晴天霹靂。

《帕里斯的評判》 *The Judgement of Paris*
老克拉納赫（Lucas Cranach, 1472-1553）
Gotha Landesmuseum, Germany

雅典娜走向前來。這位以智慧著稱的女神，不想出嫁，但是也不肯放棄這份虛榮。她前額寬闊，眼睛碧藍，戴盔持盾，美麗莊嚴，別有風度，手裡掄著青銅長矛，顯出明顯的暴力傾向。她許諾：「帕里斯，我是雅典娜，如果我得到金蘋果，你會成為人類中最智慧者和最勇敢者。」

愛神對付這個年齡的少年是最有把握的，她不著急，但這期間也沒閒著，一直用她那專業的眼神進攻帕里斯。此時她說：「帕里斯，你明白那兩位女神許諾給你的禮物都包含著危險，而我將給你的禮物卻只有幸福和快樂——如果你把金蘋果判給我，你可以娶大地上最美麗的女子為妻。」愛神的前半句挑撥相當聰明，後半句的送禮更聰明——**以豔福掩蓋了禍患。**

愛神在說話時，手裡還擺弄著身上的克斯托斯，從而全身閃耀著奇異的美麗和光輝。帕里斯身為多情的美少年，正處在一個荷爾蒙洋溢的年齡，面對的又是天地間第一美女，自然無從抵抗，實在可以諒解。**後代一切罵帕里斯好色的人，都因為自己沒有遭遇到這樣的誘惑。**於是帕里斯不愛江山愛美女，把金蘋果遞給了阿芙蘿黛蒂。阿芙蘿黛蒂神采飛揚，手舞足蹈。赫拉與雅典娜嗔怒而去，**帕里斯為他的父母之邦製造了兩個最堅定、最可怕的死敵。**在後來的特洛伊戰爭中，這兩位女神是最真誠、最賣力的，其他的神都是在玩遊戲，她倆則是要報選美之仇。

這就是「一個金蘋果引發的慘案」。

「帕里斯評判」之後，時光流逝，帕里斯等待著天下最美麗的女子，但等來等去，面前只有山羊，以及越來越多的山羊。他終於失去了信心和耐心，娶了山上的一位仙女奧伊諾妮（Oenone）為妻，生活倒也寧靜甜蜜。但命運女神的紡車是不會停轉的。

有一次，帕里斯偶然參加了特洛伊國王為悼念失去的兒子（其實正是帕里斯）舉行的競技運動會，有山羊作陪練的他勇奪錦標，並被具有預言

能力的妹妹卡珊卓識破了出身。同時，卡珊卓預言帕里斯將為特洛伊帶來毀滅性的災難，建議殺死他。但父母見兒子失而復歸，高興得不在意預言了，何況卡珊卓的預言雖然總是應驗，但從沒有人相信。於是帕里斯得以恢復王子身份，並在不久後率領一支艦隊出使希臘，要帶回當初被海克力斯掠走並送給朋友忒拉蒙（Telamon）的姑姑赫西俄涅（Hesione）。出發之前，先知們就知道帕里斯將把災禍帶回故鄉。

果然，到達希臘後，他愛上了希臘第一美女、斯巴達王后海倫。愛神終於兌現了諾言，幫助帕里斯拐走了海倫，並帶走了大量財富。海倫並沒有進行真誠的抵抗：帕里斯是非常英俊多情的王子，愛神的洗腦工作也十分有效。這是一場傾城之戀。

海倫是天下第一美女，母親是斯巴達王后麗姐。有一次，宙斯化身天鵝飛入正在洗浴的斯巴達王后麗姐懷中。九個月後，麗姐生了一個蛋，從神奇的蛋中孵化出了海倫與男孩波魯克斯（他們是不死的）。據說海倫是宙斯最後、最小的一個女兒。另外，麗姐還與丈夫廷達瑞斯（Tyndareus）生了女兒克萊婷（Clytemnestra）和兒子卡斯托（這兩位是必死的）。波魯克斯和卡斯托合稱迪歐斯庫瑞（Dioscouri），手足情深。後來，他們與一對堂兄弟、阿法柔斯（Aphareus）的兒子艾達斯和林瑟斯（Lynceus）發生爭端，卡斯托殞命。波魯克斯不願獨活，經過宙斯特批，兄弟倆一天在地府同遊，一天在奧林帕斯山上生活。或者說他們化為天上的雙子星座。

海倫尚未成年，就曾被翟修斯劫持，後被兩個哥哥救回。長大以後，美冠天下，希臘各地一共有二十七個王子前來求婚。王子們各展所長，炫富、演武、耍帥、玩魔術，上演了一場精彩緊張的「**希臘達人秀**」。但海倫為難了，她法律上的父親廷達瑞斯擔心選擇一個會觸怒二十六個，最終會發生流血衝突，無人倖存。正在大家為難的時候，求婚者之一、足智多

謀的奧德修斯獻出了一個主意：讓海倫自己選擇丈夫，而所有的求婚者要發誓，保護被海倫選作丈夫的人。

奧德修斯是島國伊薩卡（Ithaca）的王子，國小路遠，人老錢少，雖然智慧無敵，但智慧不是海倫的菜。他自知無望，不但沒面子，而且差旅費花了不少，回去不好跟父老鄉親交代。於是，他不斷鼓吹家鄉的無敵海景、生猛海鮮什麼的，暗中勾搭好了海倫的堂姐妹潘妮洛普（Penelope），約定帶她回伊薩卡；但他還要在眾多希臘英雄面前露一手，所以獻出了這麼個巧妙的發誓計策。

海倫沒有了擔憂，放心地選中了阿楚斯的兒子、英俊的斯巴達王子梅奈勞斯（Menelaus）。其他英雄因為發過誓，敢怒不敢動，只好**各回各家，各找各媽**。奧德修斯既贏得了普遍尊重，又抱得美人歸。事實證明他的選擇是正確的，美女海倫很快變了心，而他忠貞的妻子獨守空閨，足足地等了他二十年。

幸運的梅奈勞斯娶天下第一美女為妻，並繼承了斯巴達王位，兩人生了一個女兒。梅奈勞斯的哥哥、邁錫尼國王阿格門儂則娶了海倫的同母異父姐姐克萊婷。據說因為廷達瑞斯忘記向愛情女神獻祭，愛神就懲罰他的兩個女兒不守貞節，後來克萊婷果然與海倫一樣背叛了丈夫。

如今海倫被特洛伊王子搶走，梅奈勞斯就請最有威望的兄長阿格門儂出面，敦促希臘各地的王子履行當初求婚時的諾言，參加討伐特洛伊的戰爭。當初未得美女青睞，如今卻要效勞於美女的丈夫，王子們都很不情願——

不去吧，沒名，以後在希臘沒法混了；去吧，可能沒命，家裡的妻子兒女都可能成為別人的。

《伊菲吉妮亞的犧牲》 *The Sacrifice of Iphigenia*
提也波洛

但當初的誓約沒註明有效期，各位英雄有苦說不出，只好答應出征。

此時，奧德修斯已經結婚，兒子剛剛出生，老婆孩子熱炕頭，幸福著呢！再說他以智慧著稱，根本不想為一個虛榮勢利、對他無感的女人去賣命。他聞聽斯巴達王和英雄帕拉墨得斯（Paramedes）等人來請他參戰，拒之無名，就佯裝瘋狂，把驢與牛套在同一架犁上耕地，並播種鹹鹽。但帕拉墨得斯也很聰明，他知道，如果奧德修斯瘋了，這個世界就不會有正常人了。他把奧德修斯尚在繈褓的兒子抱來放在犁前，奧德修斯不想把兒子播種到地下，只好停止了表演。不過他深深恨上了帕拉墨得斯，後來在特洛伊戰場上找了個機會，用反間計將帕拉墨得斯置於死地。

還有一位王子必須出場，並成為聯軍第一大英雄，他就是佩琉斯與忒提斯（二人的婚宴上出現了金蘋果）之子阿基里斯。阿基里斯不是海倫的二十七個求婚者之一，不受誓言約束。但當他九歲時，預言家卡爾卡斯就說：若攻破特洛伊，必須有阿基里斯參加。然而，其母親海洋女神忒提斯更知道也更擔心兒子的命運——**做庸人可長壽幸福，做英雄便會殞命特洛伊。**為了逃避這場「該死的」戰爭，她將兒子打扮成一個女子，藏在呂闊瑪斯國王（此人害死了翟修斯）的宮廷中，與國王的女兒一起生活，誰也無法辨別——這麼說並不準確，國王的女兒戴達美亞（Deidamia）就識破了阿基里斯的性別並懷了一個兒子作為證明。這個故事還有一個問題：超級大英雄裝扮成一個美麗女孩竟然無人認出，這**不但侮辱了希臘英雄，而且極其嚴重地侮辱了希臘婦女。**

狡猾的奧德修斯識破了計謀，卻不能識別男女。但這人是不肯吃虧的，既然自己要上戰場玩命，就會不擇手段地拉別人來陪伴。他在宮廷門口隨意堆放了一些武器，然後派人裝成小販，到宮廷裡售賣女孩用的首飾化妝品等小物件。女孩們嘰嘰喳喳地挑選，阿基里斯也在其中。突然，外

面傳來殺伐之聲，奧德修斯大喊：「敵人來了！」真正的公主宮女表現得恰如其分，而阿基里斯的英雄本性在瞬間爆發，隨手拿起兵器就衝了出來——於是也衝向了特洛伊，衝向了死亡，衝向了不朽的光榮。

愛琴海的奧里斯港口戰雲籠罩，桅杆如林。以阿格門儂為統帥的希臘聯軍，彙聚了近三十個國家的英雄，兵員十萬，戰艦1186只。但出征伊始，就很不順利。主帥阿格門儂打獵時射死了月神的一隻赤牝鹿，並誇耀自己的箭法勝過月神。於是海面風平浪靜，艦隊不能出發。預言家卡爾卡斯說，必須將阿格門儂的女兒伊菲吉妮亞（Iphigenia）獻祭，才能平息月亮女神的憤怒。迫於多國部隊內訌兵變的壓力，由奧德修斯謀劃，阿格門儂送信給妻子克萊婷，謊稱讓女兒與阿基里斯訂婚，騙來了女兒伊菲吉妮亞。在祭司的屠刀落下的一刻，月神出於憐憫，**以一隻鹿換走了伊菲吉妮亞**。於是長風勁吹，艦隊終於出發。但阿格門儂的妻子克萊婷舊傷又添新恨，終於釀成了後來針對丈夫的背叛與謀殺。

在愛琴海的彼岸，美女翩然而至，重兵即將壓境，特洛伊的氣氛沉重而堅定。國王普瑞阿摩斯已經年邁，但他有五十個英勇善戰的兒子，十二個美麗聰明的女兒，以及從各地前來助戰的盟軍戰友。其中大王子赫克特品格高尚，膂力超人，是特洛伊方面的第一高手，軍隊統帥非他莫屬。眾神中，至少愛情女神會真心佑護特洛伊，雖然她不善於打仗，但有時能爭取戰神阿瑞斯甚至宙斯的好感。城牆是海神波賽頓的傑作，固若金湯。最重要的是，特洛伊人精誠團結，上下一心，他們願意承擔不爭氣的王子帕里斯帶來的後果，保護家園和親人——以及楚楚可憐的海倫。

西元前12世紀末，在美麗富饒的名城特洛伊，天空中華麗的諸神呼嘯飛馳，地上大英雄在殊死決鬥，城牆上站著長髯飄灑的特洛伊長老和芳華絕代、傾國傾城的海倫。一場堪稱壯麗的戰爭就這樣開始了。

第一個倒在兩軍陣前的就是希臘英雄普羅特斯拉烏斯（Protesilaus）。他是第一個踏上特洛伊土地的人，按照神諭，必死無疑。也許他應該感謝奧德修斯的成全。狡猾的奧德修斯為了避開不祥的預言，將盾牌扔在岸上，然後第一個離船跳到盾牌上。普羅特斯拉烏斯隨後躍到岸上，結果被特洛伊王子赫克特的長槍刺穿了胸膛。如此損人利己的事情，奧德修斯做起來十分在行。途中，他主謀拋棄了被毒蛇咬傷的菲洛克特斯，此人是海克力斯的戰友和神箭傳人，以後還大有用場。開戰後不久，他還用卑鄙的陰謀害死了戰友帕拉墨得斯。帕拉墨得斯當初曾揭穿了他裝瘋的詭計，如今又屢建奇功，深受大家愛戴。奧德修斯十分嫉恨，於是偽造了特洛伊國王給帕拉墨得斯的密信，並安排一袋金子栽贓。正直、聰敏的帕拉墨得斯就這樣成了叛徒，被判亂石砸死。臨死前他只輕輕地說了一句話：「**真理啊，我為你惋惜：你死在了我的前面！**」正義女神看到這個場景，目光中不禁掠過一絲陰鬱。

戰爭進行了九年，仍無定局。希臘聯軍掃清週邊，攻佔了所有與特洛伊結盟的城邦，燒殺搶掠，無惡不作。但特洛伊卻久攻不克，雙方死傷無算，城內人民苦難深重。雙方曾就海倫等問題進行談判，但沒有達成建設性的協議。海倫的兩任丈夫也曾試圖通過兩人決鬥結束戰爭，但帕里斯臨陣脫逃。第十年，是戰爭的最後一年，命運女神終於推出了最精彩、最壯麗和最慘烈的一幕，**最後幾十天的故事多於前九年的總和**，荷馬史詩《伊利亞德》講述的就是這幾十天裡的故事，主題是阿基里斯的憤怒。

在征伐特洛伊盟邦的戰鬥中，阿基里斯曾俘獲了阿波羅廟祭司克律塞斯（Chryses）的女兒克麗瑟絲（Chryseis），並作為戰利品分到統帥阿格門儂名下。如今，克律塞斯來到軍營，要求贖回女兒，阿格門儂盛怒拒絕，甚至威脅要殺掉他。克律塞斯悲傷地退出，淚流滿面地向阿波羅祈禱和傾

訴。阿波羅神威震怒，銀弓金箭呼嘯之間，希臘軍營瘟疫爆發，倒斃無數，火葬堆的火光日夜沖騰。

大英雄阿基里斯聽從先知卡爾卡斯的指示，希望統帥阿格門儂將阿波羅祭司之女釋放，以平息太陽神的怒火。阿格門儂不敢忤逆太陽神，卻對阿基里斯擺出統帥的威權與專橫，要求阿基里斯把名下的女俘虜布瑞瑟絲（Briseis）轉讓給他作為補償。阿基里斯暴跳如雷，宣佈退出戰鬥。要不是雅典娜暗中阻攔，他的寶劍已經指向阿格門儂。

阿基里斯的憤怒與悲傷感染了他的母親海洋女神忒提斯。忒提斯來到奧林帕斯山，撫著宙斯的鬍子百般討好，懇請宙斯讓特洛伊暫時取勝，幫助阿基里斯挽回尊榮。宙斯好生為難，忒提斯曾是他夢中情人，不幫忙，於心不忍；幫忙吧，有悖主裁判職業情操，且赫拉就在旁邊冷眼相看。大局是不可能改變的了，宙斯只好小小地調整了一下局勢。於是，按照宙斯的旨意，眾神袖手旁觀，特洛伊人大舉反攻。希臘聯軍節節敗退，大英雄紛紛受傷，一度被迫撤退到戰艦上。

偏向於希臘一方的天后赫拉俯視戰場，十分擔心。她精心打扮一番，借來愛情女神那件神奇的披紗克斯托斯，用柔情蜜意將宙斯送入了夢鄉，海神波賽頓趁機出手幫助希臘人。阿基里斯的**好基友**帕特羅克斯（Patroclus）借阿基里斯的盔甲出戰，暫緩了戰局，但終於被特洛伊王子赫克特殺死。

阿基里斯十分悲痛，當然他的面子也掙夠了，於是決定重新出戰。海洋女神忒提斯明知兒子此去必死無疑，因為這是命運，但仍然支持兒子為了友情和榮譽出戰。她從火神那裡為兒子討來一副精美的鎧甲（火神被「棄嬰」時曾得忒提斯救助），阿基里斯披掛上陣，所向無敵，又得到雅典娜的幫助，殺死了特洛伊第一大英雄、高貴的王子、忠誠的丈夫和優秀的父

親赫克特。阿基里斯把赫克特的屍體拴在戰車後面，耀武揚威地在特洛伊城牆周圍奔馳。

是夜，特洛伊老國王普瑞阿摩斯攜帶重金來到希臘聯軍的營地，跪吻阿基里斯的雙腳。阿基里斯聯想起自己年邁的父親，十分不忍。第二天早晨，他支起巨大的天平，一邊放赫克特的屍體，要求另一邊有等重的黃金。普瑞阿摩斯罄其所有，天平仍然不能轉動。這時，他最小的女兒波律柯塞娜（Polyxena）在城牆上向托盤中投入了自己的金手鐲，赫克特的屍體終於升起並被贖回。葬禮上，連海倫都為這位高貴而寬容的王子痛哭不已。荷馬史詩《伊利亞德》以阿基里斯的憤怒開篇，以赫克特的葬禮終篇。

此時，奧林帕斯眾神已經全面捲入戰爭，宙斯允許他們憑個人的恩怨和愛好選擇敵友。愛神阿芙蘿黛蒂、月神阿特蜜斯、太陽神阿波羅、阿波羅的母親麗朵以及河神斯卡曼德等偏向特洛伊方面；天后赫拉、智慧與勇敢女神雅典娜、火神赫費斯托斯和信使荷米斯等幫助希臘人。戰神嗜血成性，沒有立場，但有愛情，所以更多地賣力於特洛伊。宙斯負責大局平衡，維護遊戲規則。黑帝斯無所用心，反正他是最終贏家。真正中立的只有灶神和農神。眾神作為「外掛」參戰，為各自一方的英雄鼓舞鬥志，注入勇氣，散佈煙幕，對投槍進行無線制導等。關鍵時候也親自出手，甚至同類相殘。雅典娜曾用巨石砸傷了阿瑞斯的脖子，並制導狄奧梅德斯的長矛刺傷了阿瑞斯的小腹。阿瑞斯回山告狀，反而被宙斯和赫拉臭罵一頓。

一時間，特洛伊城外人神混戰，海陸空協同，堪稱立體戰爭。但細看微觀戰場，又很像**一群家庭婦女在打架**，酷似我們的鄰居和姐妹，讓人備感欣慰。雅典娜為出選美的惡氣，引導希臘英雄狄奧梅德斯刺傷了愛神的玉臂，還親自對她的胸脯狠擊一掌。天后赫拉則罵月神是不知羞恥的丫頭，並用銀弓打她的耳光，月神哭泣著回聖山告狀。愛神受了傷，也到宙

斯身邊哭哭啼啼，宙斯笑眯眯地安慰她。赫拉和雅典娜則在一邊諷刺說：愛神一定是撫摸海倫的鈕扣時劃傷了手臂。

戰爭的起因微不足道，且結局已是命定，但英雄的偉大與高貴卻不因此減少半分。因為在具體的戰爭中，海倫已經不重要，榮譽才是最高目標（特洛伊戰爭因海倫而起，但荷馬史詩中提到海倫總共15處，只比講述愛神多了一處，不如描寫阿波羅和雅典娜的地方多）。真正的榮譽往往表現在哪怕為了一草一木也不惜流血犧牲，真正的英雄就是能在命運的限制中戰鬥到極限。

聯軍英雄阿基里斯知道大限在即，但決不退避。他殺死了特洛伊的援軍亞馬遜女王潘賽西莉亞（Penthesilea），以及衣索比亞國王門諾（Memnon，曙光女神厄俄斯之子，厄俄斯的眼淚化成了清晨草葉上紅色的露珠），無望而無畏地大戰河神，甚至敢向太陽神阿波羅挑戰。此時阿波羅正在空中，看見特洛伊人屍橫遍野，心中不忍，就用雷霆一樣的聲音命令阿基里斯停止殺戮。阿基里斯明知是命中剋星太陽神，卻毫無畏懼，甚至指斥阿波羅為「躲在雲端的懦夫」，希望他下來決一死戰。阿波羅怒不可遏，烏雲後射出神箭（或說帕里斯射箭，阿波羅精確導航），正中阿基里斯的右腳踵，偉大的英雄像大山一樣轟然倒地。

原來，阿基里斯降生後，母親忒提斯為了改變兒子的悲劇命運，曾對兒子進行熱處理和冷處理。但不懂高新技術的孩子爸爸打斷了熱處理環節。忒提斯就手握兒子的右腳踵，倒浸在冥界冰冷的斯提克斯河中，結果沾水的部分刀槍不入，只留下右腳跟為唯一弱點。很多人對此感到不解，**覺得神媽太不負責任了**，拎著左腳再來一次不就沒漏洞了嗎？拎著頭髮再來一次就雙保險了。甚至可以**學習中國東北大媽醃酸菜**的先進經驗：浸在缸中，壓上石板，踩上幾腳，泡上半月，萬無一失。但凡人必有一弱點，

所謂死穴或練門，否則人成為不死之身，就無所謂英雄狗熊了，故事也無法演繹下去了。

阿基里斯的犧牲，顯示了人類英雄的高度神性，是十年特洛伊戰爭中最壯麗的一幕。從戰略層面來看，則構成這場戰爭的真正轉振點。

預言家們已經能夠看到不久後特洛伊城的大火與鮮血，這座富饒、英雄的城市氣數將盡。但希臘人的苦難也遠未結束。艾阿斯（Ajax）冒死搶回阿基里斯的屍體，奧德修斯耍弄陰謀，又有強大的雅典娜外掛，獲得英雄遺留的盔甲，艾阿斯不堪羞辱，失去理智後自殺。

這時，奧德修斯俘獲了特洛伊王子、先知赫列諾斯（Helenus），從他口中得知了攻克特洛伊的幾項預言。其中之一就是攻克特洛伊需要海克力斯的神箭。弓箭在海克力斯的戰友菲洛克特斯手中，此人在來時的路上遭毒蛇咬傷，被奧德修斯拋棄在荒島上。他恨透奧德修斯和阿格門儂，奧德修斯連哄帶騙，最後在神的幫助下才將他請回。

果然，神箭傳人菲洛克特斯出手就建奇功，用海克力斯所贈毒箭射死了風流王子帕里斯。據說帕里斯的前妻奧伊諾妮是唯一能醫治毒箭創傷的人，但她因嫉恨而拒絕治療，後來又後悔而自盡。帕里斯也許是這場戰爭中惟一該死的人，**情場的英雄卻是戰場的懦夫**，此前他曾與海倫的前夫梅奈勞斯決鬥，沒幾個回合就在愛情女神的幫助下逃回。然而，他也不過是神的玩偶而已，值得同情。不愛江山愛美女固然令人反感，但總比藉美女盜江山之輩可愛。

計謀之類從來缺乏美感，但十分有效。面對強攻不克的特洛伊，奧德修斯獻出木馬計。在雅典娜的幫助下，能工巧匠厄帕俄斯（Epeius）製作了一個巨大精美的木馬，一群希臘最勇敢的戰士組成**特種小分隊**，藏身在

漆黑的馬腹中。然後，希臘軍隊毀棄營寨，全部船隊撤退並隱藏在近海的特內多斯（Tenedos）島後面。特洛伊人以為希臘人返鄉，歡欣鼓舞，湧到城外，發現了那顯眼的木馬。於是有人提議將木馬拖到城內，作為敬神的祭品或勝利的紀念碑。

若放到《孫子兵法》和諸葛亮的國度，木馬計實在是「圖樣圖森破」。裡面是否有人，無須動用哲學心理學，檢驗方法簡單多樣：派人上去撬開木板看看，也可以學習「舌尖上的某國」加工食品的先進經驗，用香料甚至硫黃熏上幾天。但馬克思說了：歷史上有粗野的兒童，有早熟的兒童，希臘人是正常的兒童。木馬計是正常兒童們扮家家酒的遊戲，旁觀的大人何苦強作解人、事後聰明？

但古希臘人不會承認自己的智慧是兒童水準，他們必須為木馬計的得逞找到智力之外的理由。特洛伊人要將木馬拖到城內，有兩個人出面阻攔，海神波賽頓的祭司勞孔（Laocoön）和公主卡珊卓都認為希臘人的贈禮有詐。但話音未落，雅典娜派遣的兩條劇毒大蛇從海面飛速遊來，將勞孔和他的兩個兒子纏成一團咬死。而卡珊卓由於戀愛時得罪了阿波羅，有預言能力卻無人相信。她不說話時，大家還懷疑木馬裡有鬼；而她一說出木馬有詐，大家立刻堅信：木馬很安全，裡面什麼都沒有！卡珊卓披散長髮，奔走呼號，預言著城市的火光與血光，人們都認為她是瘋子。

這時，希臘人留下的間諜西諾（Sinon）出面，花言巧語更加迷惑了特洛伊人。於是，特洛伊人動用滾木繩索等，以滾動摩擦的方式將木馬拖到城裡——木馬太沉了；甚至為此自毀長城，拆了城門——木馬太高了。

十年苦難終於結束了，特洛伊人開始勝利狂歡。美酒代替鮮血，歌聲代替殺戮。午夜時分，人們幸福地入睡了，彷彿是十年來的第一次睡眠。據說深夜裡，不放心的美女海倫曾來到木馬下，模仿希臘英雄們妻子的聲

《勞孔》 *Laocoön*
葛雷柯（El Greco, 1541-1614）
National Gallery of Art, Washington, DC, United States

音，挨個呼喊英雄的名字，奧德修斯命令大家不許出聲。但安提克羅斯（Anticlus）實在忍受不住，奧德修斯只好捂住他的嘴，結果把這位最年輕的英雄悶死了。其實美女計可以巧破木馬計，海倫如果用「實名」求加木馬「朋友圈」，效果無敵，估計木馬會自動開門甚至徹底解構。

特洛伊沉沉睡去，間諜西諾輕敲木馬，並在城門口燃起了篝火。希臘聯軍裡應外合，回師特洛伊，偉大富饒的名城終於陷落，淹沒於濃煙、血泊和哭聲之中。老國王普瑞阿摩斯目睹了幾個兒子的死亡，然後在宙斯的聖壇前，被阿基里斯的兒子聶我普勒摩斯（Neoptolemus，此子是阿基里斯戰前男扮女裝時的愛情結晶，此處年齡有漏洞）殺害。梅奈勞斯殺死了剛剛成為海倫新任丈夫的特洛伊王子戴弗布斯（Deiphobus）。赫克特年幼的兒子阿斯提亞納斯（Astyanax）被希臘人從母親安卓瑪西（Andromache）的懷中搶走，摔死在城牆下。

這場為女人而打起來的戰爭，最後傷害最重的還是女人。年老的王后赫卡柏成了奧德修斯的奴隸，高貴的安卓瑪西成了聶我普勒摩斯的奴隸。聰明而不幸的卡珊卓在雅典娜的聖像前被小艾阿斯侮辱，神靈為之震怒，阿格門儂阻止了事態的進一步惡化，將卡珊卓作為自己的奴僕帶回了故鄉。公主波律柯塞娜是希臘人公認的最精美的戰利品，於是美麗的生命被用來祭奠阿基里斯的英靈，成為英雄在冥府的伴侶。古希臘悲劇作家尤瑞皮底斯（Euripides）的《特洛伊婦女》（*The Trojan Women*，西元前415年）生動有力地控訴了希臘聯軍的殘酷暴行，可以說是**最早的反戰文學**。

英雄中只有阿伊尼斯（Aeneas）等幾人倖免於難。阿伊尼斯是特洛伊王族的旁支，安奇斯（Anchises）與愛神阿芙蘿黛蒂的兒子。在特洛伊戰爭中，他遲到加早退，城市陷落前夕，他遵照神示撤離，漂泊多年，到了義大利。他後來成為羅馬的奠基者，被羅馬的早期皇帝奉為祖先。那是一

《特洛伊之火》 *The Burning of Troy*
老勃魯蓋爾（ Pieter Bruegel de Oude, 約1525-1569 ）
Alte Pinakothek, Munich, Germany

個很長的故事。（見維吉爾〔Vergil〕《阿伊尼斯記》〔Aeneid〕）

「全家白骨成灰土，一代紅妝照汗青。」（吳偉業《圓圓曲》）芳華絕代的海倫沉浸在恐懼與悲傷中，但前夫梅奈勞斯實在不忍心殺掉她，她太美了。希臘軍隊中很多人初次目睹海倫的容顏，忽然覺得十年征戰、流血漂櫓是如此幸福光榮。

其實特洛伊人也從來沒有過多責備海倫。據荷馬講述，特洛伊長老們本來十分憎恨海倫，因為這個女人給特洛伊帶來了災難。但在帕里斯與梅奈勞斯決鬥時，城牆上的特洛伊長老們首次看到海倫翩翩走來，竟然也忍不住發出這樣的感歎：「怪不得特洛伊人和堅脛甲的阿開亞（Akhaioi）人為她苦戰數年，她真是一個青春長駐的女神哪。」老人家頗有願意為海倫玩命的意思，可見海倫的美麗是超越時間的。

「永恆的女性，引導人們向上。」（《浮士德》〔Faust〕），也引導人們上戰場，這就是所謂「紅顏禍水」。但在禍國殃民這件事上，男性表現得如此清白無辜，未免太不仗義。其實

美女所禍之國常常是氣數將盡，
美女所禍之人往往是罪有應得，

特洛伊當初畢竟曾經失信欠薪於神，又辜負了信任和友誼，誘拐了友邦的王后。再說，反正人類每隔十年八年總要發洩一下戰爭本能，那麼與其為財富、為權力、為個人野心甚至為黑乎乎的石油而戰，真不如為活生生的美女而戰。出生在地中海另一側的法國作家卡繆（Albert Camus）說：「我在這裡明白了什麼是光榮，那就是無節制的愛的權利……抱緊一個女人的軀體，這也是把從天空降下大海那種奇特的快樂留在自己身上。」（《蒂巴薩的婚禮》〔Noces à Tipasa〕）

偉大的特洛伊灰飛煙滅，但罪孽深重的希臘人必將遭到懲罰。來時戰艦千艘，歸帆不足百片。雅典娜、波賽頓等已經沒有了敵手，不免消遣自己的盟軍，於是又有部分船隻遭遇風暴沉沒。帕拉墨得斯的父親瑙普利俄斯（Nauplius）為了給兒子報仇，在險惡的礁石區插上火把，希臘人當作海岸直撲過去，結果許多船隻觸礁。驕傲輕狂的小艾阿斯（曾在雅典娜神廟侮辱卡珊卓）遭到雅典娜和波賽頓的聯合攻擊，死於非命。阿格門儂搶回了別人的妻子，奏凱還家，自己的妻子卻被別人搶去了，一場謀殺正在家中醞釀。獻木馬計的奧德修斯需要再歷經十年苦難才得以回家園，回家也有一場保衛自己妻子的惡戰。狄奧梅德斯和伊多墨紐斯（Idomeneus）二位英雄也是為了別人的妻子賠了自己的夫人。

希臘英雄們勝利的桂冠真是綠意蔥蘢。

阿格門儂

AGAMEMNON

久遠的詛咒

關鍵字：傲慢，背叛，復仇

　　人中之王、偉大的遠征軍統帥阿格門儂在毀滅特洛伊後，凱旋故鄉邁錫尼。當船隊靠近拉科尼亞（Laconia）的島嶼時，一陣狂風暴雨將他們驅回了大海。他悲歎著高舉雙手祈禱，卻沒有意識到這是奧林帕斯眾神的關懷和警告。一場殘酷的謀殺正在故鄉等待著他。

　　按照當初的約定，阿格門儂踏上故鄉的土地，立刻命人在山巔燃起報捷的烽火。烽火聚集起歡慶的人民，也啟動了謀殺計畫。王宮前鋪著華貴的紫紅地毯，王后克萊婷以激動幸福的樣子跪在阿格門儂腳下，抱住了丈夫的雙腿。當她看到丈夫的戰利品——美麗高貴的特洛伊公主卡珊卓，眼睛中閃過一絲惡毒的目光。卡珊卓已經洞曉眼前的陰謀以及自己的悲慘結局，然而她的預言能力總是那麼不祥，她也不想挽救祖國的敵人阿格門儂。

　　盛大的歡宴之後，阿格門儂要一洗征塵，克萊婷立刻殷勤侍候。待丈夫解除武裝，進入溫暖的浴盆，幸福地閉上眼睛，惡婦及其情夫埃吉土圖

《埃吉士圖斯催促克萊婷殺死阿格門儂》
Clytemnestra Hesitates before Killing the Sleeping Agamemnon
蓋蘭
Musée du Louvre, Paris, France

AGAMEMNON

斯（Aegisthus）立刻從隱蔽處衝出，以密網（或長衣）套住阿格門儂，揮舞利斧（或短刀），如殺牛一般猛砍。鮮血染紅了克萊婷的衣衫。隨後，美麗而不幸的卡珊卓也倒在血泊中。兩具屍體陳列在宮殿裡，克萊婷鎮定自若，她向長老們解釋：殺死阿格門儂，是為女兒伊菲吉妮亞報仇，當初，殘酷的父親竟把女兒像羊羔一樣獻祭給月神。她宣佈埃吉士圖斯成為新的國王。長老們都只能默默無語，克萊婷的行為似乎符合法律精神，而殘暴的埃吉士圖斯又已經控制了軍隊。幸運的是，兇手們未能斬草除根：阿格門儂不滿十二歲的幼子奧瑞斯提亞，在聰明的姐姐伊蕾特拉（Electra）的幫助下，逃到姑父福喀斯（Phocis）國王斯特洛菲俄斯（Strophius）家。這是一顆復仇的種子，意味著阿楚斯家族的悲慘命運還沒有終結。

阿格門儂隸屬於著名的阿楚斯家族，這是一個極其高貴而不幸的家族，一代又一代都那樣優秀而傲慢，互相之間又充滿了欺騙、亂倫與謀殺。強力的詛咒籠罩著這個家族，**人的命運被迫糾纏於神意和情緒**，於是每一個成員都身不由己地陷入罪惡的淵藪，從而演繹了一部驚心而悲壯的家族史。據統計，希臘悲劇流傳到現在的一共有三十三部，其中有八部取材於阿楚斯家族。

傲慢是阿楚斯家族的原罪，這是從家族的祖先、冥界要犯譚塔洛斯開始的。譚塔洛斯是佛里幾亞（Phrygia）南部西庇羅斯（Sipylus）山區的國王，妻子是金沙河河神帕科拓洛斯的女兒。多數神話認為譚塔洛斯是宙斯的兒子。因為有這樣的血緣與財力，譚塔洛斯深受諸神的寵愛，經常被邀請參加奧林帕斯宴會。這喚醒並加強了他傲慢的天性。於是他經常偷回仙酒神食向人間朋友炫耀，傳播神界的內幕與緋聞，甚至竊取了宙斯廟中的黃金狗（或者為潘達瑞俄斯〔Pandareus〕窩贓和作偽證）。最令神惱火的是，他竟然殺了自己的兒子佩羅普斯，做成菜肴奉給眾神，以考察和嘲弄神的洞察力，證明神並不能一貫正確。他殺自己的兒子並不很讓眾神傷

心，神最不能容忍的是人類的傲慢。於是譚塔洛斯被打入地獄，受到永遠的懲罰：站在齊頸的湖水中，渴不能飲；鮮美水果垂在眼前，饑不能食；頭頂上更有萬斤巨石搖搖欲墜。更可怕的是，神的惡意從此籠罩了譚塔洛斯的後裔。

譚塔洛斯有三個兒女，命運都很悲慘。女兒妮歐碧，嫁給著名音樂家、底比斯國王安菲翁，她繼承了父親傲慢的性格，竟然誇耀自己比麗朵更光榮，於是十四個美麗的孩子全部被麗朵的兒女太陽神和月神射殺，她自己極度悲傷，化成了石頭。譚塔洛斯的兒子布羅特阿斯（Broteas），對月神阿特蜜斯不恭，月神使他發瘋，於是他認為自己不怕火煉，跳入了烈火中。而被譚塔洛斯做成菜肴的佩羅普斯，則被眾神復活：荷米斯把**這道菜回鍋，蒸煮一番**，就恢復了有機統一體。不過他肩膀上略有缺陷——黛美特由於女兒失蹤，神志恍惚而誤吃了一塊，復活後只好以象牙補上，因此佩羅普斯的後裔肩部都有一塊白斑。不過眾神的善意很讓人懷疑，因為佩羅普斯的使命幾乎是延續家族的苦難。

佩羅普斯繼任西庇羅斯的國王，但受到鄰近的特洛伊國王伊洛斯的欺壓，就帶上金銀財寶去希臘。此時，皮薩（Pisa）國王歐諾瑪斯（Oenomaus）正為美麗的女兒希波達美雅舉行賽車徵婚。按要求，凡求婚者必須同他賽車，勝者可娶他女兒，敗者則任他處死。有的神話說，歐諾瑪斯對女兒有非分之情，不願女兒出嫁，或者有神諭警告他將死於女婿之手，故因此設下殘酷的賭局。已有十二個求婚者死在他的矛下。但這事既出風頭又有美女，所以佩羅普斯決定冒死一賭。有人說他祈禱海神波賽頓，獲得了飛馬金車參賽，但一般認為他耍弄了一個卑鄙陰謀。他賄賂了國王的禦夫、荷米斯的兒子麥堤魯斯（Myrtilus），讓他把國王賽車上的銀質銷釘換成蠟杆，報酬是王國的一半土地和財富，以及希波達美雅的初夜權（麥堤魯斯也愛著希波達美雅）。比賽開始，歐諾瑪斯的賽車風馳電掣中突然解

體，他當場死於非命。佩羅普斯贏得了美麗的希波達美雅。但為了毀滅罪證，賴掉珍貴的賄賂，佩羅普斯把麥堤魯斯推入了大海。一向虔誠向神的王子犯下了重罪，荷米斯怒氣難平，麥堤魯斯則在臨死之前詛咒了佩羅普斯及其後代。儘管心中有愧的佩羅普斯為這父子倆修墳建廟，但已經無濟於事。

因為有火神赫費斯托斯為佩羅普斯淨罪，麥堤魯斯的詛咒暫時處於休眠狀態。佩羅普斯繼承了王位，並將國土擴展到整個希臘南部，包括邁錫尼等城市。「伯羅奔尼撒」（Peloponnese）正是「佩羅普斯的島嶼」之意。有人認為他最早舉行了奧林匹克競技會，後由海克力斯發揚光大。他與希波達美雅生有兒子多人，其中最著名的是阿楚斯和堤也斯（Thyestes），在

《譚塔洛斯》*Tantalus*
郎戈提（Giovan Battista Langetti, 1625-1676）
Ca' Rezzonico(Museum of 18th century Venice), Venice, Italy

這對兄弟身上，詛咒達到了頂點。其罪惡的深重、關係的複雜以及神話資料的分歧，都使這段故事罄竹難書。其中關鍵人物之一普勒斯忒涅斯（Pleisthenes）在不同的神話中分別是佩羅普斯、阿楚斯或堤也斯的兒子，甚至是克萊婷與「譚塔洛斯」（此譚塔洛斯是堤也斯的兒子而非祖父）的兒子，神譜無法用血型和基因技術釐清，而且對神靈的絕對隱私也不宜過分究詰。

　　權力與性總是難解難分。起初，衝突的原因是權力。阿楚斯的羊群中出現了一隻寶貴的金綿羊，於是他趁機宣稱：金綿羊是眾神寵愛的證明，擁有金綿羊的人才能成為國王。堤也斯不甘如此落敗，立刻另闢蹊徑，與阿楚斯的妻子（曾是阿楚斯的兒媳）艾羅佩（Aerope）通姦，通過愛神幽徑竊取了金綿羊。阿楚斯**賠了夫人又折羊**，仰天呼喚正義。宙斯或阿波羅**改變了太陽運行方向以示聲援**。就這樣，阿楚斯當選國王，堤也斯被放逐，其女兒佩洛皮亞（Pelopia）被送至西庫翁（Sicyon）的國王忒斯普羅托斯（Thesprotus）家中撫養。有的神話說堤也斯臨行前偷走了阿楚斯的兒子普勒斯忒涅斯，撫養成人後，派他刺殺親生父親阿楚斯，卻反而被殺。但普勒斯忒涅斯有時又被說成是艾羅佩的丈夫，而且堤也斯似乎也有個同名的兒子，邏輯混亂，可見希臘詩人和悲劇作家沒來得及統一說法。但可以肯定的是，阿楚斯為了報復兄弟堤也斯，假意和解，請他回來赴宴，按照祖傳私房菜譜，殺死堤也斯的兩個兒子普勒斯忒涅斯和譚塔洛斯（重名）並煮熟奉上，將孩子們的頭和手拿給堤也斯看。堤也斯瘋狂地逃跑。阿楚斯還把妻子艾羅佩推進了大海。

　　太陽再次逆行，詛咒更加深重，瘟疫與災荒肆虐。根據神諭，阿楚斯必須請回弟弟堤也斯。而在此時，堤也斯也得到德爾菲神示：必須與自己的女兒佩洛皮亞結合才能生下復仇者。也有的神話說，堤也斯無意中在路上強姦了一個女子並致使懷孕——正是他的女兒。佩洛皮亞也不知此人是

父親，她偷偷留下了對方的寶劍。佩洛皮亞生活在西庫翁的國王忒斯普羅托斯家中，阿楚斯尋找弟弟的途中來到這裡，也不知道佩洛皮亞是自己的侄女，遂聘娶為第三任妻子。

佩洛皮亞生下一個男孩，即埃吉士圖斯，阿楚斯誤以為是自己的骨血。但有的神話說，佩洛皮亞拋棄了這個孽種，被牧羊人撿去撫養——「埃吉士圖斯」就是由「山羊」和「力量」兩詞構成，又被阿楚斯收為義子。埃吉士圖斯註定要成為復仇的工具。他長大以後，阿楚斯與堤也斯兩兄弟再度失和，阿楚斯將兄弟投進監獄，並命令埃吉士圖斯去殺死他。埃吉士圖斯用的是母親從強姦者手中盜來的寶劍，於是犯罪線索竟然成了父子相認的證物。強姦者成了父親，血緣紐帶很容易同仇敵愾。父子倆密謀一番，埃吉士圖斯以塗抹血跡的寶劍向阿楚斯彙報，趁他歡天喜地的時刻將他殺死。堤也斯得到了邁錫尼的王位。而佩洛皮亞知曉真情後，羞辱不堪，自刎而死。

阿楚斯的兒子阿格門儂和梅奈勞斯一起逃到了斯巴達，同斯巴達王廷達瑞斯的兩個女兒締結了婚姻。阿格門儂娶了克萊婷，梅奈勞斯娶了海倫。隨後，阿格門儂借重斯巴達國王的強大力量，打敗並殺死了堤也斯，成為邁錫尼的王者，並且成為希臘最有威望的國王。也許是神祇們需要埃吉士圖斯延續家族的詛咒，阿格門儂竟然赦免了他，並且讓他統治著阿果斯南部的王國。阿格門儂將為此懊悔不已，而且只有在地獄裡歎息的機會。

克萊婷是斯巴達國王廷達瑞斯和王后麗妲之女，海倫是宙斯化成**天鵝**與麗妲所生，兩人是異父同母的姐妹。有一次，廷達瑞斯忘記了向愛神阿芙蘿黛蒂獻祭，愛神很生氣，就預言他的女兒將背叛丈夫，或者說分別結婚二次和三次。（似乎都結婚三次，但說法不一）有的神話中說，克萊婷先嫁給譚塔洛斯（堤也斯的兒子而非祖父），並生一子，但被阿格門儂殺

死丈夫與孩子，強娶為妻，生有三女一子，她為此深恨阿格門儂。而特洛伊戰爭前夕，阿格門儂用女兒伊菲吉妮亞獻祭，更加深她的仇恨，並且使背叛與謀殺有了充分的理由。埃吉士圖斯也刻骨地仇恨殺父仇人阿格門儂，又垂涎克萊婷的美色，合二為一的最優方式就是佔有克萊婷，**先給仇敵一頂綠帽子再砍頭**。二人一拍即合，勾搭成奸。於是，阿格門儂回到家中就遭到蓄謀已久的殘殺，埃吉士圖斯篡奪了王位。此後，這對聲名狼藉的男女統治不幸的邁錫尼達七、八年。但他們的睡眠越來越不安寧，惡毒的詛咒仍然有效，阿格門儂的兒子奧瑞斯提亞還活著——這是一柄看不見的「達摩克利斯之劍」。

阿格門儂有三女一男，長女伊菲吉妮亞在特洛伊戰爭前夕成為月亮女神的祭品（其實被替換了），還有次女伊蕾特拉，幼女克律索特彌斯（Chrysothemis），以及兒子奧瑞斯提亞。伊蕾特拉聰明而剛強，在父親被殺後，幫助不足十二歲的弟弟逃離了魔掌。伊蕾特拉則留在王宮裡，過著悲慘的日子。邪惡的埃吉士圖斯坐在她父親的寶座上，與她的母親放肆地發洩情欲，並把骯髒的衣服扔給她洗滌。她稍稍流露一點悲傷，就會遭到母親的詛咒：「我願你在這種愚蠢的悲哀中死去，你不會活著看到奧瑞斯提亞回來！」但伊蕾特拉堅強地活著，復仇成了生命的唯一意義，她頭腦裡無時無刻不縈繞著流血的念頭和畫面。有的神話說，惡毒的新王與王后不讓她出嫁，或把她嫁給農民，但農民品格高尚，只跟她做了名義夫妻。在仇恨與希望中，七、八年過去，奧瑞斯提亞杳無音信。

王后克萊婷的噩夢也越來越多。有天夜裡，她夢見阿格門儂，天神一樣威嚴的阿格門儂將王杖插在地上，迅速生長成一棵繁茂參天的大樹，覆蓋整個邁錫尼。克萊婷心神不安，第二天早晨，她準備了豐厚的祭品，讓女兒克律索特彌斯去阿格門儂的墳墓獻祭。克律索特彌斯性格懦弱，總是乖乖聽從母親。但伊蕾特拉責備了妹妹，並解下衣帶，並要求妹妹也剪一

絡頭髮，代替克萊婷的祭品。

　　似乎獻祭發生了作用。突然間，一個外鄉人來到王宮，自稱是福喀斯國王斯特洛菲俄斯的使者，他向克萊婷報告：阿格門儂的兒子奧瑞斯提亞為尋求榮譽，到德爾菲參加車賽，不幸死於非命，骨灰甕即將送到。克萊婷立刻跳起來：「把你的話再說一遍！」彷彿心頭的萬斤巨石落地，她感到了從未有過的輕鬆，但母愛的本能和深深的負疚感旋即升起，她呆呆地沉默著。

　　宮殿外面，伊蕾特拉跌坐大理石臺階上，流下了悲傷絕望的淚水。復仇是她的生命，而復仇的唯一希望——弟弟，已經不在人世。她神志恍惚，也不知過了多久，妹妹克律索特彌斯來到她面前，雙眼含淚：「奧瑞斯提亞回來了！」伊蕾特拉心想弟弟的骨灰回來了。然而克律索特彌斯拿出一縷頭髮，急切地告訴姐姐，這是她剛剛在父親的墳上發現的，一定是弟弟的頭髮。伊蕾特拉完全絕望，並不相信。她冷冷地告訴妹妹，她決定一個人復仇：「去向母親告密吧！」

　　她仍然石像一樣地坐在臺階上。這時幾個青年向她走來，其中一個手捧小銅甕。伊蕾特拉立即站起來，伸手拿過銅甕，貼在胸口，邊哭邊說：「你是這世界上我唯一親愛的人，我懷著希望將你送走，而你現在卻這樣歸來。一切都完了，讓我們的母親享受她罪惡的快樂吧。但願我也和你一起裝在這小小的銅甕裡！」

　　那個最高貴英俊的青年走向前來：「你是伊蕾特拉嗎？是誰用怎樣的痛苦把你折磨成這樣？放下銅甕吧，它是空的，奧瑞斯提亞還活著——我便是你的弟弟奧瑞斯提亞。」伊蕾特拉驚詫得目瞪口呆，待青年將阿格門儂遺傳的作為信物的指環給她看，她大叫一聲，倒在了弟弟的懷裡。這位青年正是阿格門儂的兒子奧瑞斯提亞，他在福喀斯國王斯特洛菲俄斯的家

《奧瑞斯提亞的回歸》 *The Return of Orestes*
安東・馮・馬龍（Anton von Maron, 1733-1808）
Museum of Fine Arts, Houston, United States

中生活了七年，並與王子皮拉德斯（Pylades）結下了深厚的友誼。遵照阿波羅神諭，他帶著皮拉德斯回到邁錫尼，要為爸爸報仇，並成功地用虛假的噩耗麻痺了仇人。

此時，克萊婷仍然獨自一人在宮裡。沒有人願意描述奧瑞斯提亞如何親手殺害母親的過程，最鐵石心腸的復仇女神也沒有見過如此殘酷的場景，英雄主義的光澤在此刻顯得格外刺眼而病態。當奧瑞斯提亞提著滴血的利劍走出母親的內室時，奸王埃吉士圖斯從外面歸來，一副歡天喜地的樣子。他要看奧瑞斯提亞的屍體，並愉快地掀開了地上的殯衾，然而那是血肉模糊的克萊婷。就在阿格門儂遇難的地方，埃吉士圖斯死於復仇者的利劍。

奧瑞斯提亞為父親報仇殺死母親，雖然是遵照阿波羅的神諭，但違反了自然法則，應該受到懲罰。而且復仇女神最恨殺害母系親屬的人，她們也特別喜歡迫害年輕漂亮的罪人，所以自然不肯放過奧瑞斯提亞。這三位黑夜的女兒是身軀高大的老處女，眼睛流血，滿頭毒蛇，手持著火把和蝮蛇鞭，像影子一樣跟蹤著罪人，使人悔恨，讓人發瘋。奧瑞斯提亞逃離邁錫尼，四處奔逃，精神錯亂。只有阿波羅出現時，他的神智才能有片刻的清醒和冷靜。

這一天，奧瑞斯提亞逃到德爾菲的阿波羅廟裡。復仇女神嗷傲怪叫，卻不敢進入，而且阿波羅用沉重的瞌睡封閉她們的眼皮。驚魂甫定的奧瑞斯提亞匍匐在阿波羅的神像下，忽然聽到了他的保護者威嚴的聲音：「命運女神只允許我對於這些可怕的神祇們有片刻的優勢。所以你必須立刻去雅典，我的姊姊雅典娜會在那座壯麗的城市為你組織一個公正的法庭。」

就在此時，**復仇女神在夢中被客戶的陰魂驚醒**，克萊婷責備三位女神平時享受了她豐厚的美酒灌禮，關鍵時刻卻不盡義務。復仇女神一向忠於

職守，也不辯解，立刻嗷嗷地躍起，壯著膽衝進神廟。突然一片金光閃耀，偉大的阿波羅威嚴地站在她們面前。復仇女神倚老賣老地向年輕的神祇表示抗議，但奧瑞斯提亞還是在阿波羅的庇護下逃離了德爾菲。

奧瑞斯提亞在姐姐伊蕾特拉和朋友皮拉德斯的陪伴下向雅典逃亡。阿波羅沒有遠送，他委託旅人保護神荷米斯一路關照。復仇女神仍然窮追不捨，但並不敢靠近，她們畏懼荷米斯的盤蛇金杖的神光。

光明的雅典處於智慧與勇敢女神雅典娜的庇護和引導之下，以高度理性和公正聞名希臘。不論寬容與懲罰，這裡都是奧瑞斯提亞最後的希望。他走進雅典娜神廟，疲憊而虔誠地跪下，抱住聖壇，向強大的女神祈禱。這時，復仇女神漸漸地大了膽子，緊跟奧瑞斯提亞進入神廟，在他周圍載歌載舞：「追蹤你滴血的步履，吸盡你年輕的血液，當你變成空洞的影子，帶你去塔爾塔茹斯。」突然一道陽光照亮神廟，雅典娜的神像變成雅典娜本尊，全副武裝，眼睛蔚藍而嚴峻。她莊嚴地正告復仇女神：奧瑞斯提亞將交由人間的法庭審判。復仇女神不敢得罪宙斯的長女，只好悻悻退出。

法庭設在衛城對面的阿瑞斯山上。大法官為雅典娜，陪審團由雅典最正直、睿智的十二位公民組成。光明英俊的阿波羅竟然出現在辯護席上，嚇得復仇女神亂叫。雅典娜宣佈開庭，復仇女神推選大姐作為主控，她指出：「克萊婷殺死的僅僅是丈夫，並無血親關係，而奧瑞斯提亞卻殺死了生身母親，是人世間最深重的罪惡。」奧瑞斯提亞陳述：「母親犯有雙重罪行：殺死了自己的丈夫和兒女的父親。」他為父親報仇是正當的，在殺害母親的時候，他頭腦中和面前的人只是一個兇手，他是根據阿波羅的旨意來行事的。阿波羅坦承自己主使，並且辯護說：「父親比母親重要，克萊婷破壞了神聖的婚姻關係，殺死丈夫也就是殺死主人。」

法庭辯論結束，雅典娜宣佈以投票的方式判決，黑白石子分別代表有

罪或無罪。這是古代神話中第一次以民心而非神意決定是非曲直，是民主與法制建設的良好開端。但是，清點之後，發現黑石子和白石子數目恰恰相等。這時，雅典娜行使最後判決權，投出了關鍵的一顆白石子：「我不是母親所生，所以贊成父親和兒子的權利。我宣判：『奧瑞斯提亞無罪。』」

復仇女神的自尊受到了深深的傷害：「好吧，年輕的神祇們，你們可以踐踏古老的法律，不把我們放在眼裡。但是，雅典人，你們將為自己的判決後悔。」聽到她們可怕的詛咒，阿波羅趕緊勸慰，雅典娜也許諾說：「尊敬的女神們，雅典將為你們建立莊嚴的殿堂，你們會被稱為歐墨尼得斯——善心的女神，在這裡受到尊敬和禮拜。凡不敬奉你們的人都得不到福祉。」

聽了這樣的保證，復仇女神覺得還是很有面子，而且又在這著名的城市新添一處廟宇，心裡很高興，竟然一時間顯出溫和善良的樣子。兩位年輕氣盛的神不可忤逆，母權制向父權制轉變的歷史規律不可抗拒，所以賣個人情也是明智之舉。此後，三位暗黑破壞神與光明的雅典倒也相安無事。

奧瑞斯提亞被無罪釋放，良心的懲罰卻沒有結束，他的瘋病仍然沒有痊癒。在親如兄弟的皮拉德斯的陪伴下，他再次來到德爾菲請教他的精神導師和心理醫生。女祭司向他傳達了阿波羅的神諭：必須航海到陶里刻（Taurica）半島，將阿特蜜斯廟宇中的神像帶到雅典來。那裡居住著野蠻民族陶瑞（Taurians）人，月神像從天而降，供奉由來已久。如今阿特蜜斯厭倦了那裡的環境，希望能喬遷文明的雅典。

奧瑞斯提亞並不知道，他的姐姐伊菲吉妮亞正是那座月神廟裡的祭司。當初，希臘聯軍陳兵愛琴海的奧利斯港，阿格門儂冒犯了月亮女神阿特蜜斯，只好按照卡爾卡斯的預言，以女兒伊菲吉妮亞作為祭品贖罪。但屠刀落下的瞬間，血泊之中卻倒下一隻鹿。原來，月神出於憐憫，將伊菲

吉妮亞移開，並攜帶她越過大海與雲霧，來到陶里刻島。國王托阿斯（Thoas）看見這樣美麗高貴的女子，就請她做月神廟的女祭司。但這很受尊敬的身份並不讓人快樂，陶瑞人習慣於將沉船的水手或一切漂泊而來的外鄉人作為祭品，其中不乏阿果斯和邁錫尼人，伊菲吉妮亞雖然不必親自動手殺人，但仍嫌沉重與悲傷。她也深深懷念著故鄉與親人，關於特洛伊戰爭她聽說過一些零星縹緲的消息。

這天早晨，伊菲吉妮亞醒來時滿臉是淚，原來她夢回故鄉邁錫尼，夢中唯一的弟弟多有不祥。正在恍惚悲傷之時，一個土著人急急趕來報告：在海邊捉到兩個阿果斯青年，其中一個名叫皮拉德斯。他們像天神一樣英俊，是女神最喜歡的類型。土著人建議立刻將這兩位外鄉人獻祭，這樣伊

《皮拉德斯和奧瑞斯提亞作為祭品被帶到伊菲吉妮亞面前》
Pylades and Orestes Brought as Victims before Iphigenia
班傑明・韋斯特（Benjamin West, 1738-1820）
Tate Gallery, London, United Kingdom

菲吉妮亞也可以報當初被希臘人獻祭之仇。

　　伊菲吉妮亞想起自己曾被作為祭品的情形，父親竟然也那樣忍心！她又想起了昨夜的夢，親愛的兄弟奧瑞斯提亞已不在人間。她忽然變得冷酷起來，一個不幸的人沒有資格和必要去憐憫別人——尤其是希臘人。

　　兩個青年果然十分英俊高貴，並且驕傲，皮拉德斯之外的那個青年尤其驕傲。伊菲吉妮亞問他叫什麼名字，他回答：「叫我流浪者吧。假如我不能死於輝煌的榮譽，就不想讓人提起我的名字。」但他承認了自己的故鄉。聽到「阿果斯」和「邁錫尼」，伊菲吉妮亞渾身戰慄，她向青年打聽特洛伊戰爭之後阿格門儂一家的情況。青年似乎不願提起，但還是很冷靜地講述說：阿格門儂被自己的妻子殺害，他的兒子為他報仇，殺死了自己的母親，如今正四處漂泊。

　　阿特蜜斯的女祭司悲痛地呼叫了一聲，不到二十年時間，輝煌的家族竟然發生了如此悲慘的變故，如今唯一的希望就是兄弟。她克制著自己的情緒，告訴不知名的青年：「我可以釋放你一個人，希望你能把一封信帶給我故鄉的親人。」青年搖搖頭：「我不會丟下我的朋友，因為在苦難中他總是陪伴著我。」

　　伊菲吉妮亞十分感動：「我真希望我有這樣的弟弟。那麼就讓皮拉德斯代替你去送信吧。你將留在這裡成為祭品，我會像你的姐姐一樣為你熄滅火葬堆的灰燼，用蜜和香油獻祭，並裝飾你的墳墓。」說完回到內室寫信。

　　皮拉德斯堅決不同意獨自逃生：「既然我們一起渡過了大海，那就攜手再去遙遠的冥府吧，否則全世界都會指責我是懦夫。而且我將娶伊蕾特拉為妻，別人會以為我要竊取你未來的王位。」這時，伊菲吉妮亞拿著信出來，對皮拉德斯說：「告訴阿格門儂的兒子奧瑞斯提亞，伊菲吉妮亞當

初為月神所救，在陶里刻島度日如年，等待著弟弟接她回故鄉。」無名的青年驚詫萬分：「她在那裡？」女祭司說：「就在你的面前。皮拉德斯，你必須發誓一定要把這封信親手交給我的弟弟奧瑞斯提亞。」皮拉德斯上前一步，接過信遞給身邊的青年：「我現在就履行誓言。奧瑞斯提亞，這是你的姊姊伊菲吉妮亞給你的信。」奧瑞斯提亞手裡的信掉在地上，伊菲吉妮亞也不敢相信這是真的。直到奧瑞斯提亞敘述了家中的一些細碎往事，她才淚流滿面地抱住了弟弟：「我親愛的弟弟呀，當我離開你時，你還是懷抱中的孩子！」皮拉德斯也很興奮，因為他將有一位美麗高貴的妻姐。

悲喜交加的場面沒有多久，奧瑞斯提亞忽然憂心忡忡，因為陶瑞人以及國王托阿斯絕不會同意他們帶著月神像離開海島的。伊菲吉妮亞臨危不亂，而且十分聰明，她立刻想出了一個巧妙周全的策略。

這時國王托阿斯帶著隨從來到神廟，他不明白為什麼還沒有將外鄉人焚燒獻祭，而伊菲吉妮亞抱著神像出來更讓她大吃一驚。伊菲吉妮亞從容應對：「國王陛下，真是可怕，外鄉人犯有重罪，曾在故鄉殺害了自己的母親。而且他們染血的雙手還污染了月神像。所以祭祀之前，必須在海水中洗去他們的滔天大罪，同時也要恢復神像的聖潔。」她還囑託國王和人民必須躲在廟裡和家中，以免為罪惡所褻瀆。

國王托阿斯最敬畏月神像了，於是乖乖地聽從女祭司的指示，誠惶誠恐地躲在廟裡。也不知過了多久，一個使者驚恐萬分地跑來報告：女祭司與兩個外鄉人一起乘船逃走，並盜走了國家的保護神阿特蜜斯的神像。托阿斯大驚大怒，立刻命令全體人民到海岸邊追擊。

奧瑞斯提亞和夥伴們已經登上大船，這條船是他們來時藏在山洞裡的。但是，五十個阿果斯水手也不能將船劃入大海，大船反而在狂風巨浪

《皮拉德斯和奧瑞斯提亞在祭壇前爭論》
Orestes and Pylades Disputing at the Altar
拉斯特曼（Pieter Lastman, 1583-1633）
Rijksmuseum Amsterdam, Amsterdam, Netherlands

的推動下向海岸倒退。原來海神波賽頓憎恨希臘人攻破了他親手修建的特
洛伊城，不許奧瑞斯提亞及其夥伴們進入大海。國王托阿斯見狀十分高
興，正要下令進攻，忽然天空中彩雲飄降，金光萬道，智慧與勇敢女神雅
典娜現身，用雷霆一樣的聲音呵斥托阿斯，並宣佈了命運女神的旨意。托
阿斯最敬畏神靈了，趕緊匍匐在地。海神波賽頓也不敢得罪大侄女雅典
娜，就不再製造什麼麻煩。奧瑞斯提亞與姐姐順利離開陶里剋島，一路順
風而歡暢。

　　阿特蜜斯喬遷名城雅典的新居，芳心大悅，人類也跟著借光。伊菲吉

妮亞繼續祭司生涯。伊蕾特拉嫁給弟弟的摯友皮拉德斯為妻，和他共享福喀斯的王位與尊榮。遺憾的是，懦弱的克律索特彌斯沒有結婚就死去了。

奧瑞斯提亞瘋病痊癒，成為邁錫尼的新王，後來又征服了阿卡狄亞（Arcadia），並且作為廷達瑞斯的孫子，繼承斯巴達的王位，這一聯合王國使他成為伯羅奔尼撒半島最強大的君王。他的妻子是梅奈勞斯和海倫的唯一女兒赫耳彌俄涅（Hermione）。有人說，在特洛伊戰爭爆發之前，赫耳彌俄涅就與年幼的奧瑞斯提亞訂婚，但後來卻嫁給了阿基里斯的兒子聶莪普勒摩斯。也有人認為是聶莪普勒摩斯訂婚在前，奧瑞斯提亞搶婚在後。無論如何，奧瑞斯提亞殺死了聶莪普勒摩斯，娶了赫耳彌俄涅為妻，或許斯巴達王國就是從聶莪普勒摩斯手中搶來的。奧瑞斯提亞是一位英明的國王，統治有方，國泰民安。但久遠的詛咒需要一個結尾，在九十歲的時候，奧瑞斯提亞被一條毒蛇咬傷腳踵死去。就這樣，譚塔洛斯家族的不幸到他的腳後跟徹底結束。

奧德修斯

ODYSSEUS

怒海驚濤行

關鍵字：冒險、智慧、忠貞

　　「城市終結者」奧德修斯（羅馬神話中的尤利西斯〔Ulysses〕）系名門之後，父親是賴爾忒斯（Laertes）。母親安蒂克蕾亞（Anticlea），是著名偷牛賊奧托呂科斯的女兒，而奧托呂科斯的父親正是竊賊的祖師爺荷米斯。有的神話作家還嫌不夠，竟認為奧德修斯的父親是著名的惡棍和騙子薛西弗斯（Sisyphus）：當初奧托呂科斯偷了薛西弗斯的牛，作為報復，薛西弗斯誘姦了奧托呂科斯的女兒安蒂克蕾亞，從而生下奧德修斯。如此的血統足以造就奧德修斯狡猾奸詐的頭腦與極端實用主義的品格。甚至連智慧女神雅典娜都說：「**在謀算和機智方面，神也無法與他較量。**」在荷馬史詩中，他是足智多謀的英雄，而後來的悲劇作家則把他描繪成自私狡詐的小人。奧德修斯名字的意思是「**痛苦的製造者和承受者**」，在特洛伊戰爭中，他果然給別人製造足夠多的痛苦。其代價是，作為痛苦的承受者，十年征戰後，他又用了十年時間才回到故鄉伊薩卡島。

　　當初向海倫求婚時，奧德修斯是唯一沒有帶禮物的人。根據他的感覺

和分析，海倫會選擇富有的梅奈勞斯。他自知無望，所以暗暗地把目標定位在海倫的堂姐妹潘妮洛普身上。他提出「發誓」的妙計，其實也是為了博取潘妮洛普的父親伊卡里俄斯（Icarius）的好感。伊卡里俄斯不忍心女兒遠嫁，希望她能留下，而潘妮洛普無言地將面紗遮在臉上，父親便不再挽留。事實證明奧德修斯的選擇是多麼正確：海倫很快背叛了丈夫，而潘妮洛普與奧德修斯婚後歡愛不及一年，卻苦苦守節二十年，成為最忠貞的妻子。當奧德修斯以「木馬計」毀滅特洛伊，在海上漂泊時，他遙遠的家中進駐了更多的「木馬」——共有108個男子「組團」向他的妻子潘妮洛普求婚。

眾神總是需要人類作為消遣物件的，特洛伊毀滅了，希臘人就得**自己陪（或說被）眾神玩了**。奧德修斯的船隊首先到達客孔涅斯（Cicones）人居住的瑟雷斯海岸，洗劫了都城伊斯瑪洛斯（Ismaros）。然而正當勝利者縱酒狂歡時，客孔涅斯人奮勇反攻，奧德修斯的部隊潰退到船上，十二隻船上各自失去了六個槳手。接下來的九天，海上狂風不止，波浪滔天。船隊像玩具一樣，被風暴刮到遙遠陌生的海岸。奧德修斯派三個水手去瞭解情況，水手一去不回。他只好親自上岸。原來，水手們吃了土著居民熱情贈送的橘黃色蓮子——忘憂果，甜蜜快樂得忘乎所以。奧德修斯強迫他們回到船上，他們竟然像離別故鄉一樣傷心哭泣。

接下來的一站更讓人難以忘懷。這裡是波賽頓的兒子、獨眼巨人庫克羅佩斯們居住的海島。島上果實鮮美，羊群肥壯。庫克羅佩斯是化外之民，並不敬畏宙斯。奧德修斯與眾英雄帶著一羊皮袋美酒，來到一個山洞裡，裡面乳酪羊羔陳列豐富而整齊。英雄正要收羅帶走，庫克羅佩斯之一、洞主波利菲穆斯趕著羊群、扛著柴火進來，並用一塊萬斤巨石堵住洞口。

波利菲穆斯前額正中有一隻大而圓的眼睛，他曾用這隻眼睛偷窺葛拉

緹雅（Galatea）與男朋友約會。此時獨眼掃描一圈，發現了問題：「誰動了我的乳酪？」奧德修斯恭敬地請求關照，並表明自己是征服特洛伊的英雄。巨人也不答話，抓起兩個人摔死，很快吃個乾淨，然後呼呼睡去。聰明的奧德修斯知道不能殺他，因為洞口的巨石只有巨人才能搬動。

　　第二天早晨，波利菲穆斯又吃了兩個人作點心，然後照常去放羊，臨走時細心地以巨石堵好洞口。奧德修斯找到一棵粗大的橄欖樹枝，一頭削尖，用火烤硬，藏在灰裡。傍晚，波利菲穆斯歸來，就著羊奶，又吃了兩個人。奧德修斯硬著頭皮走過去，將美酒敬上。巨人喝了幾口，非常欣賞，就將剩下的全部喝光。然後問奧德修斯叫什麼名字，並說將最後吃掉他以示感謝。奧德修斯說：「我叫無人，我的父母和夥伴都叫我無人。」

《奧德修斯嘲笑波利菲穆斯》 *Ulysses Deriding Polyphemus*
泰納（Joseph Mallord William Turner, 1775-1851）
Tate Gallery, London, United Kingdom

巨人沉沉睡去。奧德修斯將木棒的尖端在火中燒紅，與幾個英雄合力舉起，刺向巨人的獨眼。巨人負痛慘叫，眼睛已然失明。其他的巨人聞聲趕來援助，卻聽波利菲穆斯在洞中高喊：「無人傷害了我，無人傷害了我。」洞外的巨人聽說「無人」，惱怒地離去。

第二天早晨，暴怒的波利菲穆斯推開石頭，以身體擋住洞口，船舵一樣的魔掌來回摸索著。羊群魚貫而出，瞎眼巨人摸索著羊背，奧德修斯等七人卻附身在羊肚底下逃出山洞，並將一些肥羊帶到了船上。船槳飛揚之時，英雄們齊聲嘲弄與歡笑，波利菲穆斯將小山一樣的巨石投到海裡，但只能添些巨浪而已。要報大仇，必須仰仗父親波賽頓了。

逃出了獨眼巨人的魔掌，奧德修斯的船隊歡快地指向故鄉。路過風神阿伊歐樂士治下的浮島，在由銅牆圍繞的華麗宮殿中，英雄們受到熱情款待。臨走時，風神將有害的風裝在牛皮袋中，以銀帶捆緊，交給奧德修斯，而只在外面留下自由溫柔的西風吹拂。船隊順利地航行了九天，故鄉的燈火已經遙遙在望。然而，就在此時，九天九夜未合眼的奧德修斯卻昏睡過去，其他水手們好奇地打開了風神贈送的皮袋子，他們以為裡面裝著什麼寶貝。他們不知道**「致命的好奇心」是神話和童話通行的「母題」**。於是，袋裡的狂風噴湧而出，大海波浪排空，大船彷彿變成了巨型洗衣機中的一片手帕，並被送回了風神阿伊歐樂士的海島。而風神明白有更強大的神從中作梗，遂不再理睬這些受詛咒的人。奧德修斯與夥伴絕望地離去，漂泊了七天，終於找到了一片平靜的港灣。一位溫婉的汲水公主熱情引領他們去國王的宮殿。

英雄們忐忑不安，因為這少女的身材並不亞於獨眼巨人。這裡是勒斯岡人（Laestrygonians）的王國，一個吃人部落。國王安提法特斯（Antiphates）見了客人果然熱情，抓起一個就送到口中。英雄們魂飛魄散地

逃回船上，此時上千的巨人已經包圍過來，以巨大石塊拋砸船隻。並用魚叉成串叉起落水的希臘人，留作晚餐。只有奧德修斯的一艘船僥倖脫逃，滿載悲傷與恐懼。

海洋是世界上最偉大與神秘的力量，再加上眾神的惡意，奧德修斯不可避免地要成為可憐的玩偶。前面的航程更加兇險莫測，因為這個世界的陰性力量——女巫、女妖們正在迎接智慧勇敢的奧德修斯。

幾個星期後，孤獨的船到達了愛伊亞島，這裡是太陽神的女兒、女巫細爾茜的領地。她曾為傑森和美蒂亞淨罪。英雄們不敢冒昧，通過銅盔抓鬮，大副歐律羅科斯（Eurylochus）帶領一個小分隊上島偵察。島上景色秀麗，細爾茜美麗溫柔，唱著歌溫柔地待客，奉上乳膏美酒。宮殿中有許多雄獅猛虎，也親切善良。水手們不知道，這些猛獸都曾經是人。而當他們明白過來時，已經被變成豬，在豬欄裡吃著橡實。

歐律羅科斯躲在外面，見勢不好，飛逃回去報告奧德修斯。但人類中的最智慧者也不知所措。正在此時，神使荷米斯降臨，送來黑根白花、能解除魔咒的藥草——毛莉。依仗神的關懷，奧德修斯來到女巫的筵席上，勇敢地享受著佳餚美酒。細爾茜伸出魔杖，輕點奧德修斯：「**和你的夥伴一起到豬欄裡去打滾吧。**」但奧德修斯並無變化，並且拔出了寶劍。細爾茜大驚，立即跪下，抱住英雄的雙膝。她想起了一個相關的預言，於是愉快地成為奧德修斯的情婦。而奧德修斯那些即將成為烤乳豬的夥伴們也恢復了人形，大家在島上度過了一年快樂時光。

但英雄們知道，如果生活如此延續下去，那麼仍然與豬無異。故鄉與妻子在等待他們。奧德修斯聽從戰友們的忠告，決定離開愛伊亞島。細爾茜依依不捨，祭起和風相送，並提醒奧德修斯去冥府邊緣尋找提瑞西阿斯的亡靈，詢問有關前程的事宜，提瑞西阿斯生前是底比斯城的著名預言家。

在大地的西極，幾條冥河匯流的地帶，奧德修斯在地上挖了一個坑，灑入牛奶、蜂蜜、葡萄酒以及黑母羊的血等。提瑞西阿斯的鬼魂拿著金手杖出現，痛飲了羊血，提醒奧德修斯小心波賽頓的報復，也千萬不要動特里那克亞（Thrinacia）島上的牛群。這時眾幽靈紛紛趕來。奧德修斯的母親因為思念兒子而死，她希望奧德修斯儘快回鄉拯救潘妮洛普。阿基里斯的亡靈聽說兒子在特洛伊戰爭後期表現英勇，略感欣慰，但仍然感傷地表示：「寧可在地上為奴，也不願做冥界之王。」聯軍統帥阿格門儂已經被妻子及其情夫打發到了陰間，他希望奧德修斯以他為鑒，回家時小心妻子。「人鬼仇未了」，艾阿斯仍然心存芥蒂，雖然喝了坑裡的雞尾酒，但沒有搭理奧德修斯。提瑞西阿斯還預言奧德修斯並非死於海，但因海而死。

奧德修斯不敢再亂用智慧，大事小事遵照先知指點。當船隻靠近安特摩薩（Anthemoessa）島時，他命令水手們用蜂蠟堵住耳朵，並將他緊緊捆在桅杆上——他不想送命，但想占點兒便宜。女巫細爾茜曾警告他，這裡是女海妖塞壬的轄區。塞壬上身是人，下身是鳥，出身與數量說法不一。據說她們本來是美麗的海上仙女，因為沒有援救被劫持的波瑟芬妮，農業女神懲罰她們長出了鳥腿；有人說她們是繆思的女兒；也有人說她們因與繆思比賽聲樂，翅膀上的羽毛被繆思拔去做了王冠。這群女妖堪稱「希臘好聲音」，歌聲美妙迷人，讓過往水手們心醉神迷、忘乎所以，直至餓死，島上白骨累累。阿果號英雄就曾為此失魂落魄。

此刻，塞壬女妖開始誘惑奧德修斯，稱他為希臘最光榮的英雄，請他在歌聲中洗去征塵與苦難。奧德修斯的理智和意志立刻瓦解，他願意用生命換取片刻的歌聲。他在桅杆上激烈掙扎，讓夥伴們放開他。夥伴們聽不到歌聲，反而將首領捆得更緊，並加快划槳。船隻終於通過了甜蜜的死亡海域。據說塞壬因此投海化成岩石。不知奧德修斯心中是慶幸還是遺憾，

不過占了便宜還保住了性命，符合他一向的心智和品格。

　　借阿果號英雄的光，「撞礁」不再運行。但奧德修斯在通過萬分兇險的席拉岩礁和卡瑞伯狄斯漩渦時，卻不如阿果號那樣有海洋女神佑助。席拉本來是美女，後被嫉妒的細爾茜變成蛇怪。她盤踞在岩礁的一個洞穴裡，將六條長長的脖子伸出洞外，遊移在礁石周圍，每張嘴裡有三排利齒。而卡瑞伯狄斯每天吞吐海水各三次，造成巨大無比、吞沒一切的漩渦。細爾茜已經事先提醒這雙重危險，但奧德修斯不敢向夥伴們講述席拉。正當他們全力奮戰大漩渦時，席拉六隻蛇頭伸過來，咬住六個水手呼嘯而起。

《奧德修斯和塞壬》 *Sirenen mit Ulysses*
卡爾‧馮‧布拉斯（Karl von Blaas, 1815-1894）

身經百戰千難的奧德修斯也從沒有見過如此悲慘驚心的情景！

　　悲傷而疲倦的水手到達了特里那克亞（Trinacria）島。島上風光明媚，牛羊成群。但先知已經警告，這裡是最可怕的是非之地。奧德修斯本不想上島，但無法控制夥伴們的情緒。他只好嚴正警告：「島上的牛羊是太陽神的財產，一隻也不可動！」然而，當英雄們剛剛歇息了一下疲乏的身體，暴風驟起，並持續了整整一月。船不能起航，帶來的食品已經吃完。群體情緒再次失控，歐律羅科斯鼓動夥伴們：與其餓死，還不如吃飽了溺死。趁奧德修斯睡著的時刻，他們偷殺了幾頭牛，美美地吃了一頓烤肉。奧德

《奧德修斯和卡麗普索》 *Ulysses and Calypso*
柏克林
Kunstmuseum Basel, Switzerland

修斯聞到肉香味，大驚大怒。然而比他更憤怒的是太陽神，這位英俊驕傲的大神威脅宙斯：如果不懲罰這些罪人，他將把太陽車**駕馭到地獄裡去運行**。

風暴突然止息，奧德修斯張帆起航。但沒有多久，黑雲籠罩大海，狂風捲著暴雨，宙斯的雷電猛烈轟來，大船轉眼間化為碎片。可憐的希臘戰士們，為了別人的情慾征戰十年，又亡命漂泊數年，此刻卻葬身大海。只有奧德修斯一人倖存，他用一段桅杆和龍骨捆成木排，漂浮了一整夜。黎明時分，他發現自己又回到了恐怖的卡瑞伯狄斯漩渦。木排瞬間無影無蹤，他抓住岩石上的無花果樹枝，久久不敢鬆手。直到木排被吐出水面，他飛躍而上，用盡力氣，逃出漩渦。九天後，他漂流到了俄古癸亞島（Ogygia）。

俄古癸亞島上綠樹成蔭，鳥語花香，清泉涼涼。女主人卡麗普索（Calypso）是阿特拉斯的女兒，一位長髮飄飄、姿色迷人的海洋仙女。她挽救了漂泊的奧德修斯，並深深地愛上了這位英雄。葡萄藤環繞的岩洞裡，檀香嫋嫋，歌聲輕揚，美酒飄香，美髮仙女用金梭織著綾羅。多少年來，奧德修斯歷盡了人世間的絕頂苦難，如今卻被軟禁在這蝕骨銷魂的溫柔鄉裡。他懷念祖國、家鄉和忠貞的妻子，經常一個人坐在海邊默默無語。就這樣，他在俄古癸亞島度過了七年。

智慧女神雅典娜仍然關注著奧德修斯，有一天，趁海神波賽頓不在，她請求宙斯幫助奧德修斯返回故鄉。宙斯顧全大局，立即允諾。信使荷米斯飛赴俄古癸亞島，命令卡麗普索釋放奧德修斯。卡麗普索十分傷感，但不敢違抗宙斯的旨意。她送給奧德修斯一些造船工具和材料，待船完工，又送來食品和美酒，並喚來和風相送。

告別卡麗普索後的第十八天，陸地遙遙在望，似乎可以感覺到家鄉的

氣息。但波賽頓仍然對奧德修斯弄瞎波利菲穆斯的事情耿耿於懷，他從衣索比亞歸來，發現即將到家的仇人，立刻呼風喚雨，翻江倒海，將小小的木船打成碎片。奧德修斯只抓住了一塊船板。這時，善良的海洋女神琉科忒亞從海洋中升起，拋來具有巨大浮力的神奇面紗。奧德修斯將面紗繫在胸前，奮勇地搏擊著風浪，連波賽頓看了都忍不住感歎。兩天兩夜後，他被沖到海島上，筋疲力盡，奄奄一息，赤身裸體地昏睡在一堆樹葉中。

這裡是斯克裡亞（Scheria）島，居住著和平、富有、好客的菲亞西（Phaeacian）人。清晨，美麗的公主瑙西卡（Nausikaa）與女伴們來河邊沐浴、野餐。當玩拋球遊戲時，發現了奧德修斯。少女們嚇得四散奔逃，瑙西卡卻勇敢地迎上來。原來，昨天夜裡，雅典娜進入瑙西卡的夢中，向她心中注入勇氣和愛情。她令侍女為奧德修斯找來衣服，然後帶他去見父王和母后。在歡迎宴會上，雙目失明的宮廷歌手德摩多科斯（Demodocus）彈奏豎琴，演唱特洛伊戰爭的故事，奧德修斯淚流滿面，坦陳了自己的姓名和身份，並講述旅途中的經歷。儘管公主十分愛慕，但英明慷慨的國王還是答應將奧德修斯送回故鄉伊薩卡。

第二天，國王和王后為奧德修斯準備了海船和水手，並贈送大量貴重的禮物。奧德修斯感激不盡，但在船上他睡著了。他是在夢中到達故鄉的──水手們將他抬上了岸。但這些善良的人卻沒有得到善報：海神波賽頓遷怒於菲亞西人，將這只船以及水手變成岩石。

特洛伊陷落的消息早就傳到了伊薩卡，但奧德修斯遲遲未歸，謠傳他已經葬身大海。於是妻子以及年幼的兒子特勒馬庫斯（Telemachus）立刻陷於危困之中，美麗的寡婦和大量的財產吸引來了108個求婚者。幾年來，他們聚集在奧德修斯的宮殿裡，有人還帶著廚師與歌手，大肆揮霍奧德修斯的財產，天天宴飲歡歌，賭博演武，發號施令，並逼迫潘妮洛普嫁

《尤利西斯歸來》 *The return of Ulysses*
辛格（E. M. Synge, 1860-1913）

給他們之中的一個。奧德修斯的老父親萊葉帖斯（Laërtes）被迫逃離王宮。忠貞的潘妮洛普假託為公公萊葉帖斯織一件錦繡壽衣，完成之後才能考慮婚事。她白天認真紡織，夜裡卻偷偷拆毀——「潘妮洛普的織物」，現指永遠不能做完的事情。這樣拖延了三年時光，但終於被一個侍女出賣，求婚者逼著她織完�='蓋。潘妮洛普已經很難再找藉口拖延了。

立場一致，惺惺相惜，神中最智慧者雅典娜一直關心幫助人中最智慧者奧德修斯。奧德修斯剛剛回到伊薩卡，雅典娜就化成英俊的牧羊少年親臨現場，指導奧德修斯變成了衰老的乞丐，如此可以從容觀察、應對危險的處境。但奧德修斯仍然沒有直接回宮，他來到了柯拉克斯山麓，找到了自己的牧豬人尤瑪埃斯（Eumaeus）。因為求婚者太多，豬的數量已大不如前。尤瑪埃斯相信奧德修斯已死，但仍然忠心耿耿地看護著主人的財產，並熱情地款待了這個自稱見過奧德修斯的老乞丐。

雅典娜還命令正在斯巴達尋找父親的特勒馬庫斯立即返回伊薩卡，並提醒他如何避開求婚者在路上的伏擊。趁牧豬人不在，奧德修斯以真面目見了自己的兒子，父子倆不禁悲喜交加。當初分別時，特勒馬庫斯還是嬰兒，托雅典娜的庇佑，如今已經成為英俊勇敢的青年，並和父親一樣富有智慧。父子倆制定了具體的復仇計畫。

第二天，在牧豬人尤瑪埃斯的引領下，奧德修斯來到宮廷。二十年過去，雕欄猶在，朱顏已改。一條垂死的老獵狗竟然認出了易裝的主人，但狗不能人語，且隨後死去。而那些求婚者自然沒有狗這樣的眼力，免不了拿他取樂，並慫恿一個兇惡的乞丐與他決鬥。奧德修斯輕輕一拳，就擊碎惡丐耳根的骨頭。他也分清了求婚者中哪些是最該死的。

入夜，眾人散去，奧德修斯與兒子偷偷將宮廷中的兵器搬走藏匿。然後來見尚蒙在鼓裡的妻子潘妮洛普。他自稱是克里特人，曾招待奧德修斯

十二天，並說奧德修斯一定能回來。忠貞的潘妮洛普熱淚盈眶，她已經完全絕望，但仍然感激並善待面前的乞丐，她吩咐老年女僕尤瑞克雷雅（Eurycleia）為奧德修斯洗腳，並準備床榻。然而，在洗腳時，老女僕幾乎魂飛魄散：她從膝蓋上的一塊傷疤認出了主人！（好奇怪的情節）那是奧德修斯少年狩獵時為野豬的獠牙所傷。奧德修斯叮囑她暫時保守秘密。

第二天，決戰的時刻來到了。為了保護兒子和丈夫的財產，也由於一個夢以及兒子的慫恿，潘妮洛普決定從求婚者中選擇一個道德尚可、財產豐厚的人作為丈夫，但有一個條件：必須能用奧德修斯留下的強弓硬箭射過立成一排的十二把斧子上的小孔。

宮廷裡立刻熱鬧起來，每個求婚者都覺得自己大有希望，馬上就可以娶美麗富有的潘妮洛普為妻了。然而，那把弓是海克力斯的箭術師傅尤瑞托斯用過的寶弓，求婚者們費盡吃奶的力氣，都不能為這張弓上弦，只好一個個灰溜溜地退到一邊。剩下最強悍的安提諾俄斯（Antinous）和歐律瑪科斯（Eurymahcus）仍不服氣，又塗油脂又用火烤的，但仍然無濟於事。就在一片叫罵和嘲笑聲中，老乞丐輕鬆為弓上弦，然後拉弓搭箭，弓弦嗡嗡一響，雷神宙斯在天上以一個霹靂作為鼓勵，利箭穩穩地穿過十二把斧子上的小孔。

求婚者們大驚失色，衰老的乞丐已躍登高處，變成了伊薩卡的國王、征服特洛伊的大英雄奧德修斯：「開始第二次比賽吧，我的箭是不會落空的！」弓箭恐怖地呼嘯，第二支洞穿了安提諾俄斯的咽喉，第三支正中瘋狂撲來的歐律瑪科斯的胸膛。大門已經緊鎖，王子特勒馬庫斯與已經知道內情的牧豬人尤瑪埃斯、牧牛人菲洛提奧斯（Philoetius）拿起了銅矛，轉眼間，求婚者的鮮血染紅了宮殿，只有使者墨冬（Medon）和歌者斐彌俄斯（Phemius）被饒恕。奧德修斯也殘酷地懲罰了叛逆者：十二個成為求

婚者情人的女僕在被迫清理完宮殿裡的血污之後，像鳥兒一樣被絞死，牧羊人梅蘭提俄斯（Melanthius）被砍去了四肢。復仇完畢，狡猾的奧德修斯為了暫時掩蓋大屠殺的真相，立刻在宮廷裡恢復了宴飲歌舞的場面。至於他屠殺伊薩卡以及鄰國貴族青年引起的叛亂，已是後話，並且有智勇雙全的雅典娜出面處理，自然不在話下。

而此時，王后潘妮洛普正在後宮安眠，並不知道大廳裡血腥的變故。當她被喚醒，求婚者只剩下一個：奧德修斯。潘妮洛普不敢相信這是真的，誰知道是不是一個騙局呢。不愧是奧德修斯的妻子，她也有足夠的智慧考察眼前的男子。她命令女僕尤瑞克雷雅把內室裡的婚床搬出來。奧德修斯竟然上了當：「你的話真是無禮！難道有誰曾經動過的我的婚床？沒有誰能搬動它，當初我親手建造了它，其中一根床柱是生在地裡的橄欖樹樁。」潘妮洛普立刻渾身顫抖地撲向了奧德修斯，那床柱是一個秘密，除了女僕尤瑞克雷雅，只有她和親愛的丈夫知曉。

大海的濤聲成就了奧德修斯不朽的美名，而忠貞的妻子使他的光榮未受到一點兒污染。不過，命運女神記憶力既好，也不喜歡過於平庸的結尾。奧德修斯的晚年仍然沒有擺脫命運的神秘佈局。多年以後，他與細爾茜所生的兒子忒勒戈諾斯（Telegonus）長大成人，奉母親的命令前來尋找父親。到達伊薩卡時，卻以為是別的海島，於是登陸搶劫食品，與奧德修斯和特勒馬庫斯發生衝突，忒勒戈諾斯用虹鰭製成（或說染有魚毒）的矛殺死了初次見面的父親。這正應了提瑞西阿斯的預言：奧德修斯因海而死，而又非死於海。因為是誤會，也不能過多怪罪。有趣的是，忠貞的潘妮洛普此番嫁給了丈夫與女巫細爾茜的兒子忒勒戈諾斯，奧德修斯與潘妮洛普的兒子特勒馬庫斯則娶了父親的情人細爾茜，都有替奧德修斯還情的意思。

伊底帕斯

OEDIPUS

慘絕的命運

關鍵字：尋父、神諭、謎語

　　這是世界上最巧妙的偵探小說：偵探最終發現兇手是自己。這也是慘絕人寰的悲劇：一個人在逃避命運的努力中，恰好實現了弒父娶母的命運。這是個「**認識你自己**」的哲學寓言，**尋找父親彷彿人類探尋自我的起源**。無論如何，伊底帕斯的悲劇不是一個簡單的、偶然的錯誤，它顯示了古希臘人對人類背後的世界的敬畏與理解；若按心理學家佛洛伊德（Sigmund Freud）的說法，這其中又有重大的人性隱情。

　　伊底帕斯是卡德摩斯家族的子孫。而卡德摩斯，若套用中式的親屬關係，曾經是宙斯的大舅哥：其妹妹歐羅芭是宙斯最著名的情人。當初歐羅芭神秘失蹤，卡德摩斯和兄弟們奉父命外出尋找，卻難覓蹤影。於是按照神論，在帕諾蒲平原殺死了巨大的毒龍，建立了底比斯城，第一代居民就是將龍牙播種於地而「種出來的人」。卡德摩斯娶愛神與戰神的非婚生女兒哈摩妮雅為妻，奧林帕斯眾神參加了他們的婚禮，火神送給新娘一件無袖長袍（或說面紗）以及一串精美的項鍊。

這是一個不幸的家族，而不幸的根源在於卡德摩斯殺死的毒龍是戰神阿瑞斯的聖物，還有神話說是由於哈摩妮雅項鍊附著的魔咒（最終此項鍊被獻給了德爾菲神廟）。卡德摩斯和哈摩妮雅生四女一子，即奧托諾娥（Autonoë）、伊諾（Ino）、瑟美莉、阿革薇和波里多魯斯（Polydorus，後期神話又增加了伊律里俄斯〔Illyrius〕）。底比斯日益興旺強大，不幸也接踵而來。與阿楚斯家族不同，卡德摩斯家族的悲劇總是因為他們「**看見了不該看的事物**」。

女兒瑟美莉是宙斯的情人，她要看宙斯的真面目，結果被雷神宙斯的**高溫高壓燒成灰燼**（灰燼中生酒神）；外孫阿克泰翁（奧托諾娥之子）撞見月亮女神沐浴，被變成一隻**牡鹿**而死於自己的獵狗之口；另一個外孫彭透斯（時任底比斯城國王）偷窺酒神女信徒的狂歡儀式，結果被瘋狂的母親阿革薇**當作野豬撕成碎塊**。女兒伊諾是奧考梅納斯國王阿塔瑪斯的第二任妻子，生有兩個兒子。為了能使自己的兒子成為國王，她計畫殺死前妻留下的兩個孩子弗瑞科索斯和赫蕾，但這兩個孩子為金毛羊救走。伊諾和丈夫受宙斯的委託，收養了外甥戴奧尼索斯，卻因此受到天后赫拉的迫害而發瘋。阿塔瑪斯把一個兒子當作小鹿射殺，伊諾則將另一個兒子先扔進沸水，然後母子一同跳進大海（成為善良的海神）。由於後代的不幸，卡德摩斯十分傷心，他和妻子變成了一對**花斑蛇**。但是，家族的悲劇還遠遠沒有終結。

波里多魯斯是卡德摩斯唯一的兒子，他與尼克透斯（Nycteus，「種出來的人」的後代）的女兒結婚，生子拉達科斯（Labdacus）。波里多魯斯彌留之際，委託岳父尼克透斯攝政。拉達科斯長大後，繼承王位，但在位一年即死去，幼子賴瑤斯（Laius）仍由尼克透斯撫養。尼克透斯有個美麗女兒安緹歐佩，被宙斯誘騙，生下孿生兄弟安菲翁和撒塔斯（Zethus）。

安菲翁成為著名音樂家，他的琴聲能打動樹木和石頭，而兄弟撒塔斯頭腦冷靜，力大無窮。他們長大後，尼克透斯已經死去，其弟萊卡斯（Lycus）佔據底比斯王位。萊卡斯性格懦弱，而妻子蒂爾斯（Dirce）十分強悍，殘酷地虐待安緹歐佩。安菲翁和撒塔斯為母親報仇，殺死蒂爾斯，安菲翁取代萊卡斯成為底比斯國王。他登基後搞了一項重要工程，即擴建城牆，他兄弟搬來巨大的石塊，他則用琴聲使石頭起舞排隊，壘就了城牆。為了紀念七弦的金豎琴，底比斯城建了七個城門。

安菲翁並不屬於卡德摩斯家族，他即位後驅逐了底比斯王子賴瑤斯，自然留下了後患。不過，他最大的後患是妻子妮歐碧，這位譚塔洛斯的女兒，繼承了阿楚斯家族的驕傲天性，竟然貶低女神麗朵，誇耀自己，結果十四個兒女全部被麗朵的更驕傲的兒女太陽神和月神射殺，她傷心過度，化成石像。安菲翁因此絕望自殺。

賴瑤斯回歸底比斯，順利地奪回了主權和王位。但家族的苦難並沒有結束，賴瑤斯又向其中注入了新的罪孽。當初賴瑤斯被安菲翁驅逐到伯羅奔尼撒的奧林匹亞時，得到了佩羅普斯的熱情救助。但他卻忘恩負義，將佩羅普斯與自然女神阿克西俄刻（Axioche）的非婚生兒子克律西波斯（Chrysippos）拐回底比斯，作為性玩物。克律西波斯不堪羞辱，自殺身死（有的神話認為，阿楚斯和堤也斯受母親希波達美雅的指使，殺死了同父異母兄弟克律西波斯）。佩羅普斯因此詛咒賴瑤斯及其後代，維護道德規範的天后赫拉也向底比斯城派駐了女妖史芬克斯以示懲罰。

賴瑤斯回到有七個城門的底比斯城，娶了遠房表妹依奧卡絲達（Jocasta），依奧卡絲達是梅諾瑟斯（Menoecerus）的女兒，阿革薇的後裔。兩人度過了一段幸福時光，美中不足的是沒有孩子。賴瑤斯去德爾菲請求神諭，結果讓他萬分驚恐：「你會有一個兒子，但你將死於兒子之手，因為

佩羅普斯的詛咒一定應驗。」

　　賴瑤斯如今認為沒有兒子是幸運的事情。但不幸的是無法長期回避妻子，情慾總是比理智強大。據說有一天夜裡，依奧卡絲達灌醉了丈夫，從而**播下了孽種**。當然他們還有糾錯的機會。兒子出世後，儘管那麼可愛而無辜，夫妻倆感覺到的卻是仇恨與殺機。於是在第三天，將孩子的雙腳穿上鐵釘（或說以繩捆綁），命令牧羊人丟棄到喀泰戎的山裡。然而牧羊人卻動了惻隱之心，偷偷將孩子送給同在山谷裡牧羊的科林斯國王的僕人。

　　科林斯國王波律布斯（Polybus）和王后墨洛柏（Merope，或稱佩里玻亞〔Periboea〕）正好膝下無子，就收養了這個孩子，取名伊底帕斯，意為「**腫脹的腳**」。夫婦倆視孩子若己出，伊底帕斯健康長大，並不知道自己的血緣身世。但有一天，在宴會上，一個醉酒或心懷惡意的人嘲笑他是國王的養子。伊底帕斯大吃一驚，於是向波律布斯和墨洛柏詢問，但善良的國王夫婦閃爍其詞。他心中更加困惑，就到德爾菲阿波羅廟請教神諭。女祭司沒有直接解惑，反而傳達了更可怕的消息：「**你將弒父娶母，並生下可鄙的子女。**」

　　阿波羅神諭是最高指示，不容懷疑。伊底帕斯萬分恐慌，他害怕自己真的對親愛的父母犯下如此滔天大罪，那麼，最有效避免災禍的方法就是永遠離開科林斯王國。於是他懷著悲哀與眷戀踏上了流浪的路程。他自以為在逃避命運的圈套，卻不知自己正在接近命運的核心，他行進的方向正是他真正的父母之邦——底比斯城。

　　在山谷中的一個岔路口（後世稱「伊底帕斯路口」），一輛華麗的馬車迎面駛來，幾個僕人前呼後擁，車上端坐著一個高貴的老者。因為道路很窄，他們粗暴地吆喝伊底帕斯讓路，甚至動手毆打，老者也用拐杖擊中了伊底帕斯的頭。伊底帕斯英雄本性爆發，揮起木棒將老者及其隨從打死，

只有一個僕人僥倖逃生。這個僕人就是當初拋棄伊底帕斯的牧羊人，如今他又親眼看見老國王被殺，所以他是破案的最關鍵證人。

大英雄殺人無數，這只是一個小小的插曲，伊底帕斯並未放在心上，他不知道自己擊斃的老者正是現任底比斯國王、他的親生父親賴瑤斯。賴瑤斯也只有到了冥界才能意識到：佩羅普斯的詛咒開始應驗了。他本來是要去德爾菲阿波羅廟就女妖史芬克斯問題請教神諭的。

此時，底比斯城正籠罩在雙重的恐懼與悲哀之中。原來，可怕的妖怪史芬克斯正在折磨著這個城市。史芬克斯是泰風和艾奇德娜所生的怪物，她有女人的臉和胸部，獅子（或狗）的身體和爪子，鳥的雙翼，蛇的尾巴，說話的聲音是女性的。一般人認為這個形象來源於埃及，但埃及的那個是雄性。女妖坐在底比斯附近的山岩上（或城門的角樓或廣場的柱子上），用一個謎語考驗過往行人：「有一種動物，早晨用四隻腳走路，中午用兩隻腳，到了晚上用三隻腳。在所有的動物中，他是唯一用不同數目的腳走路的，他的腳越多，生命力越弱，行走速度也越慢。」猜不中者會被她撕碎吃掉。這個謎語是繆思傳授給她的。而她出謎語的目的可不是智商測試或文化娛樂，或提高全民族的文化素質，而是懲罰，赫拉派她來報復當初賴瑤斯誘騙美少年克律西波斯的罪行。

無人能猜中謎語，無數人犧牲在史芬克斯的利爪下。國王賴瑤斯專為此事去德爾菲請求神諭，但途中不幸遇難，逃回來的僕人為逃避責任，說國王被一夥強盜殺害。全城人民沉浸在雙重的不幸與悲哀中。代理國王的是賴瑤斯的內弟、王后依奧卡絲達的兄弟克瑞翁（伊底帕斯的舅舅）。他受命於危難之際，萬般無奈之中只好公告天下：「誰能猜破謎語拯救底比斯，將獲得王位，並娶前王后依奧卡絲達為妻。」

流浪者伊底帕斯大智大勇，毅然前往，應對聰明嚴厲的女妖：「這是

《伊底帕斯與史芬克斯》 *Oedipus and the Sphinx*
安格爾（Jean Auguste Dominique, 1780-1867）
Musée du Louvre, Paris, France

人。人在幼年，四肢爬行；壯年時期，兩腳行走；而到了暮年，則需拐杖支持。」謎語被猜破，史芬克斯又羞又惱，跳下懸崖摔死。她並不耍賴，何況這是神的裁判規則。不過，哲學家一樣的妖怪如此消失，實在可惜。希臘悲劇詩人似乎很喜歡這個妖怪，稱她為「**精明的童貞女**」。

把「人」作為世界上最難的謎語的謎底，簡單得讓人生氣。但如果聯想到阿波羅神廟上的名言「認識你自己」，就會明白史芬克斯之謎寓意非凡。伊底帕斯尋找父親、探求血緣的過程，不但是狹義的「認識你自己」的過程，也是人類探索世界的寓言。相傳在艾斯奇勒斯（Aeschylus）的戲劇《史芬克斯》（Sphinx）中，史芬克斯也曾被西勒諾斯（Silenus）的謎語難住了：「我在背後的手中拿的是活物還是死物？」西勒諾斯手裡拿的是一隻活鳥，很容易捏死，所以史芬克斯無法猜中。據說荷馬也是因為**猜不中一個小孩的謎語而氣死的**。

底比斯城被拯救，人民還獲得了一位英明的君主。伊底帕斯就任國王，並娶前王后依奧卡絲達為妻，他已經到達了悲劇命運的核心。但殘忍的命運女神一切按既定方針辦，永生的她們有足夠的時間和耐心來消遣人類。唯一知道部分內情的是前國王的一個僕人，雖然他不知道伊底帕斯就是他當初私下送給科林斯牧羊人的孩子，但他曾目睹伊底帕斯殺害前國王的場景。為了自己的身心健康，他逃到遠離城市的喀泰戎山谷中放羊去了。

神靈們讓伊底帕斯與依奧卡絲達共度了二十年的幸福時光，不要以為這是神的善意，因為

每一份幸福都將惡變為百倍的痛苦。

他們生了四個孩子，先是雙生兒子埃堤奧克里斯（Eteocles）和波呂奈瑟斯（Polyneices），接著是雙生女兒安緹岡妮（Antigone）和伊絲美妮（Ismene）。四個孩子既是伊底帕斯的兒女，也是他的弟妹。這是無法調和

的矛盾和悖論，是「命名」的痛苦。血緣婚姻的亂倫時代早已過去，文明與文化製造出了不可逾越的「人倫」。

二十年間，底比斯城風調雨順，國泰民安。但**命運的惡意程式終於啟動**，瘟疫突然降臨，無數市民暴斃於家中與街頭，屍體都來不及收殮，哭聲此起彼伏。莊稼因乾旱枯死，婦女不再生育。恐慌的人民聚集到宮殿前，懇請聖明的伊底帕斯國王想辦法結束災難。伊底帕斯告訴大家：他已經派內弟（其實是舅舅）克瑞翁去德爾菲請求神諭。就在這時，克瑞翁回來了，他當眾傳達了至高無上的神諭：必須懲罰殺害前國王的兇手，底比斯才能恢復安寧。

伊底帕斯大惑不解，前國王被殺一事曖昧不清，唯一目擊者語焉不詳，且不在城內。根據民眾的建議，伊底帕斯派人去請最著名的盲人預言家提瑞西阿斯。提瑞西阿斯是厄威瑞斯（Everes）和自然女神卡里克洛（Chariclo）之子，少年時偶然看到雅典娜在希波科（Hippocrene）泉水中沐浴，被剝奪了視力，作為補償，獲得預言才能。或說雅典娜命令蛇神伊里奇托尼俄斯用舌頭清理提瑞西阿斯的耳朵，使他能聽懂先知鳥的叫聲。據另一傳說，他看到一對正在交尾的蛇，於是用手杖把母蛇打死，結果他變成女人。過了七年，他又看到一對交尾的蛇，就用手杖打死公蛇，於是又恢復為男人。這時，宙斯和赫拉發生爭論，問題是性關係中男女哪一方更愉快。赫拉堅持認為男方更佔便宜，證據之一是宙斯樂此不疲。他們請提瑞西阿斯進行決斷，因為**他是男人又曾經是女人**。提瑞西阿斯說，**女人得到的享受超過男人九倍**。赫拉大怒，使他雙目失明。宙斯補償了他的損失，賦予預言能力，並有七代人的壽命。所以他的業績從卡德摩斯起，一直延續到後輩七雄。其預言能力在凡人中排名第一，簡直不亞於阿波羅。

此時，提瑞西阿斯站在國王面前，卻不肯說出他的預言：「啊，放我

回去吧！讓我們兩個人分擔命運的重擔可能更輕鬆些。」

然而，伊底帕斯不依不饒，甚至惡語相向。提瑞西阿斯不能忍受，大聲宣佈：「伊底帕斯啊，你就是殺害前國王的兇手，而且與你母親生活在傷天害理的婚姻當中。」

伊底帕斯聞言大怒，指斥預言家是撒謊的騙子，進而懷疑內弟克瑞翁圖謀不軌，指使預言家撥弄是非。提瑞西阿斯和克瑞翁先後憤憤離開。王后依奧卡絲達比伊底帕斯更盲目：「真是糊塗的先知！我的第一個丈夫賴瑤斯也曾被預言將死於兒子之手，事實上他卻被一夥強盜殺死在岔路口。而我們唯一的兒子在出生第三天就被釘上雙腳，扔進荒山野嶺餵野獸。」

依奧卡絲達的話像一道閃電劃過了伊底帕斯的思想，他忽然有了不祥的感覺。聽依奧卡絲達講完事情的經過，他不禁在內心驚呼：「宙斯啊，難道能洞察一切的真是沒有眼睛的人？」不管怎樣，必須弄清事情的真相。他立刻派人去尋找國王被害時倖免於難的牧羊人，當初拋棄孩子的也正是這個牧人。

就在這時，科林斯王國的使者來到底比斯宮中，向伊底帕斯報告，波律布斯去世，請他回去就任科林斯國王。伊底帕斯悲痛之中如釋重負：既然父親剛剛病逝，那麼自己何以殺害了父親？但有的神話中說，科林斯的使者還帶來一個消息（信或口述）：伊底帕斯並非科林斯國王的親生兒子，而是信使本人當初從底比斯國王的一個牧羊人手中抱回的孩子。伊底帕斯驚恐萬分，他感覺到自己在一種強大的壓力下正急切地證明自己有罪。現在案情的關鍵取決於當初拋棄孩子並目擊國王被殺的牧羊人了。

年老的牧羊人被帶到了伊底帕斯面前，面如土灰，什麼都不肯說。但科林斯的信使認出了他，當初就是從他手中接過釘住雙腳的嬰兒的。伊底

帕斯果然是底比斯城國王賴瑤斯的兒子！在進一步的逼問下，老牧人指認伊底帕斯正是當初岔路口殺害前國王賴瑤斯的兇手。一切詛咒和預言都應驗了，伊底帕斯悖逆人倫，弒父娶母，犯下了不可饒恕的罪孽。

真相的強光讓他頭腦一片空白。王后的內室又傳來淒慘的哭叫聲，依奧卡絲達無法承受悲慘的現實，自縊身亡。伊底帕斯痛苦得要發瘋了。眼睛有什麼用呢，**它只能用來觀看人生的罪孽與痛苦**。他扯下母親（也是妻子）衣服上的金鈕扣（或別針），刺瞎了自己的雙眼，也許身體的痛苦能緩解心靈的痛苦吧。後代很多哲學家如海德格（Martin Heidegger）、賀德齡（Friedrich Hölderlin）都討論過伊底帕斯的「第三隻眼」的問題。

索福克里斯（Sophocles）寫作了《伊底帕斯王》（*Oedipus the King*），是世界文學中最著名的命運悲劇。古希臘人認為悲劇源於世界背後強大的必然性力量，現代人則認為這樣的悲劇是一個偶然的錯誤。但奧地利心理學家佛洛伊德卻從偶然的事故中看到了人性的必然性：**戀母情結**，即男子的天性中有一種**把愛情指向母親從而敵視父親的傾向**，伊底帕斯弒父娶母正好反映了這種本能傾向。當然，這是一種潛藏在本性中不能自覺的傾向。「情結」譯自英語「complex」，曾譯「情意綜」，時尚的說法是「**控**」，也不知哪個漢語天才譯作「**疙瘩**」——它確實是一個無形的疙瘩，潛藏在人的本性中。佛洛伊德向希臘神話借用的故事或概念還有伊蕾特拉、艾若斯、納西瑟斯和塔爾塔茹斯等等。

伊底帕斯情結是佛洛伊德心理學的支柱之一，可以用來解釋一切文學藝術作品，如《哈姆雷特》（*Hamlet*）。推而廣之甚至可以用來詮釋中國的《遊子吟》、孟母擇鄰和岳母刺字等一切與媽媽有關的作品和故事。但關於戀母情結的科學性爭議最多，大部分人毫不猶豫地完全否定這種泛性主義理論，很少有人冷靜地思考一下戀母與弒父的非理性背景與象徵意義。

心理學是標準的「認識你自己」的科學，但至今為止，其科學性以及達到的深度仍然讓人生疑。佛洛伊德宣稱自己的畢生使命就是要解開人性的史芬克斯之謎，而他提供的答案很難說清晰準確。另一個猶太人、也同是奧地利人的卡夫卡（Franz Kafka，他應該閱讀過佛洛伊德的心理學著作？）的態度就表達了對心理學的無奈甚至嘲諷：「算了吧，心理學！」

還有一句猶太諺語，經常被當作另一個猶太人愛因斯坦（Albert Einstein）的名言：「人類一思考，上帝就發笑。」其實「人類一發射，上帝更發笑」——當人類自認為征服太空的時候。但不管上帝笑是什麼含義，人類都無法放棄思考。與心理學一樣，人類向外探索外太空，深層動機也是「認識你自己」——我們需要一個參照系。而且這個任務無法完成，**完成之日即世界末日。**

疼痛與黑暗使心靈獲得了片刻的寧靜，但罪惡並不能就此淨盡。伊底帕斯決定流放自己，由於兩個兒子尚未成年，他懇請妻弟克瑞翁代理攝政。克瑞翁樂得如此，兩個兒子也希望伊底帕斯趕快離開——這倒證明了「伊底帕斯情結」，底比斯人民也不再愛戴骯髒的、不祥的國王。所以當伊底帕斯臨走前萌生居留故鄉的想法時，沒有誰肯再挽留他。他得到的是一根**討飯棒**。據說他為此詛咒了兩個兒子。

只有兩個女兒（也是妹妹）同情並愛護父親——這也恰好證明了佛洛伊德的「**伊蕾特拉情結**」（戀父情結）。次女伊絲美妮留在家裡管理他在底比斯的合法權益，長女安緹岡妮則自願與父親一起流放。這位美麗高貴的公主，如今打著赤腳，衣衫襤褸，牽著盲人的手，日曬雨淋，四處漂泊，在別人的白眼中乞食。她分擔著父親的罪孽，給父親以安慰。那種忠貞的品格和堅強的毅力即使在男性中都十分罕見。

流浪途中，伊底帕斯曾朝拜德爾菲阿波羅廟。神諭表明，伊底帕斯將

在偉大女神的聖林裡完成淨罪的過程，而收留他的人將會得到巨大獎賞。也不知漂泊了多久，有一天，伊底帕斯和安緹岡妮來到了一個十分美麗的地方。橄欖樹和月桂樹中生長著葡萄藤，河水淙淙，花香鳥語，陽光下可以看到不遠處莊嚴的城牆和宮殿。疲憊不堪的伊底帕斯坐在林中的一塊巨石上，他雖然看不見一切，卻覺得這裡十分安詳親切。安緹岡妮正要去問路，一個鄉民路過，告訴父女倆，這裡是科洛努斯（Colonus），歐墨尼得斯（復仇女神厄里倪厄斯的別稱）的聖林，距光榮的雅典只有幾里路，凡人不宜在此停留，以免冒犯神靈。

伊底帕斯立刻明白，這裡是苦難歷程的終點，偉大的女神原來就是日夜追擊迫害他的復仇女神。他告訴鄉民：「假如雅典偉大的國王翟修斯能

《安緹岡妮引導伊底帕斯離開底比斯》*The Plague of Thebes: Oedipus and Antigone*
雅拉貝爾（Charles François Jalabert, 1819-1901）
Musée des beaux-arts de Marseille, France

來這裡，將會得到巨大的酬報。」鄉民並不相信一個貧窮的瞎子能給偉大的翟修斯什麼好處，但伊底帕斯苦難滄桑的外表中仍然透射著高貴與威儀，所以他只好遵命。沒有多久，科洛努斯的居民們紛紛趕來，圍住伊底帕斯父女倆，要求他們立刻離開聖林。但聽了伊底帕斯的訴說，大家又很同情，只好等候國王定奪。

這時，一輛馬車疾馳而來，車上下來一個頭戴色薩利式遮陽帽的女子。安緹岡妮驚喜地說：「父親，你的女兒伊絲美妮來了，你馬上就能聽到她的聲音。」話音未落，伊絲美妮已經撲過來抱住了苦難的父親。然而，歡喜之後，伊絲美妮帶來的是一個不幸的消息：波呂奈瑟斯和埃堤奧克里斯為爭奪王位反目成仇，埃堤奧克里斯將哥哥波呂奈瑟斯趕出了底比斯，自立為王，與克瑞翁一同執政。而波呂奈瑟斯逃到了阿果斯，做了阿特拉斯托（Adrastus）王的駙馬，如今聚集了強大的同盟軍，正準備反攻底比斯。神諭表明：誰能得到伊底帕斯的支持，就能獲得勝利。伊絲美妮警告父親：克瑞翁即將到達此地，千方百計要把伊底帕斯帶回雅典。

雅典高貴的統治者翟修斯很快趕來，他同情伊底帕斯的不幸經歷，也知道這裡面必有神的旨意，所以十分熱情友好：「不幸而高貴的伊底帕斯，雅典以及我個人能對您有什麼幫助嗎？」伊底帕斯說：「請允許我把疲憊的身體埋葬在這裡，你會因此得到無限的福祉。」他說他的墳墓將成為雅典的屏障，翟修斯則允諾將保護伊底帕斯在雅典的平安。

翟修斯剛剛離去，克瑞翁就率領一隊武裝人馬來到聖林。他假惺惺地感歎伊底帕斯的苦難，並保證伊底帕斯回底比斯之後，可以在親人的照顧下安度晚年。憤怒的伊底帕斯舉起乞丐棒，大聲斥責：「無恥的騙子！休想依靠一個被你們拋棄的人解除災難。我回報你們的只有詛咒：『我的兩個兒子每人都只能爭得**墳墓大的一塊地方！**』」

狡猾無賴的克瑞翁欺負伊底帕斯失明，命士兵綁架了兩個女孩：「老傢伙，你就一個人轉悠吧。」然後要強行帶走伊底帕斯。伊底帕斯悲憤地詛咒克瑞翁將失去兒女。正一片混亂之間，翟修斯帶領一隊人馬趕到，見到克瑞翁竟敢在雅典的國土上、女神的聖林中行兇，不禁大怒。而克瑞翁看到大英雄翟修斯如天神一樣威風凜凜，只好放開兩個女孩，悻悻離去。

　　然而，伊底帕斯仍然不得安寧。不久，翟修斯趕來相告，有一位來自阿果斯的青年，自稱是伊底帕斯的血親，在波賽頓的神廟中祭拜，並希望能見到伊底帕斯。伊底帕斯知道是兒子波呂奈瑟斯，但如今已經是敵人。安緹岡妮百般勸慰，他才准許波呂奈瑟斯前來。安緹岡妮知道父親並不放心，所以在一邊介紹：「他沒有帶任何隨從，臉上還流淌著熱淚。」

　　波呂奈瑟斯果然不同於克瑞翁，他跪在父親面前，抱著父親的雙腿，承認自己罪孽深重，希望父親能寬恕。他還許諾，如果能奪回王權，仍然交給父親執掌。儘管波呂奈瑟斯情真意切，但伊底帕斯毫不為之所動。他已經心如死灰，唯一的心願就是淨盡罪孽，安寧地死去。他送給波呂奈瑟斯的，仍然是惡毒的詛咒：你們兄弟兩個將倒在一片血泊中。

　　晴朗的天空中，一陣驚雷炸響，人們毛骨悚然。伊底帕斯明白，最後的時刻來到了。他命人請來了翟修斯：「愛琴斯的兒子，雅典的君王啊，我要讓你目睹我死亡的秘密和墳墓的地點，而你只能在死前告訴你的長子。我的墳墓會成為雅典的天然屏障。」說完，他牽著翟修斯的手，像明眼人一樣走進樹林深處。兩個女兒悲痛地大哭，又一陣轟隆隆的聲音響起，分不清來自天空還是來自地下。響聲過後，伊底帕斯已經不見蹤影，只有翟修斯捂著眼睛站在那裡。

《伊底帕斯與安緹岡妮》 *Oedipe et Antigone*
克拉夫特（Johann Peter Krafft, 1780-1856）
Musée du Louvre, Paris, France

七將攻底比斯

　　神諭總是那麼莫名其妙：「阿果斯國王阿特拉斯托的兩個漂亮女兒將**分別嫁給獅子和野豬**！」阿特拉斯托十分納悶：這將給他生下什麼樣的外孫？

　　有天夜裡，宮殿前發生激烈的打鬥。阿特拉斯托連忙出來查看，見有兩位大英雄手持銅盾和寶劍，殺成一團，金屬撞擊之聲猶如火神打鐵。仔細一看，一位英雄披獅皮，盾牌上刻著威武的獅子頭，另一位披野豬皮，盾牌上刻著兇猛的野豬頭。他心中一動，想起關於女兒婚姻的神諭，趕快

《伊底帕斯在科洛努斯》 *Oedipus at Colonus*
尚一安托萬一西奧多‧吉路斯特（Jean-Antoine-Théodore Giroust,1753-1817）
Dallas Museum of Art, United States

分開了兩位好漢，請到宮中待為上賓，並迅速升級為駙馬。

獅子頭是伊底帕斯的長子、底比斯王子波呂奈瑟斯，他被自己的兄弟埃堤奧克里斯驅逐出境。野豬頭是大英雄奧聶斯的兒子、卡律東王子泰提烏斯（Tydeus），他因為誤殺親屬而被迫出逃。國王阿特拉斯托將長女得伊皮勒（Deipyle）許配給波呂奈瑟斯，次女阿爾癸亞（Argea）嫁與泰提烏斯，並答應幫助兩位女婿奪回失去的王國。

波呂奈瑟斯報仇心切，所以第一戰役是攻打底比斯。阿特拉斯托為此召集了七路大軍，每路都有大英雄領銜。阿特拉斯托是否作為統帥或七將之一，並無一致說法。一般認為，除了波魯克斯、泰提烏斯，還有安菲雅勞斯（Amphiaraus）、卡帕紐斯（Capaneus）、埃堤奧克里斯（與伊底帕斯的次子同名）、帕特諾巴斯（Parthenopaeus），以及希波梅東（Hippome-don）。其中安菲雅勞斯格外重要，他是國王阿特拉斯托的遠房叔伯兄弟，兩人的曾祖父是一對親兄弟。但兄弟相鬩，積怨甚深。阿特拉斯托將姐姐艾瑞芙蕾（Eriphyle）嫁給安菲雅勞斯，並非和親，而是為了毀滅他。因為他們發誓：今後二人若有爭端，全憑艾瑞芙蕾裁決。

安菲雅勞斯具有預言能力，是軍隊的眼睛，所以阿特拉斯托希望他能出征。但安菲雅勞斯預知七將攻底比斯結局悲慘，他勸阻無效，就自己躲到了一個十分隱蔽的地方。波呂奈瑟斯心生一計，他知道艾瑞芙蕾貪財，所以將從底比斯帶來的祖傳寶物哈摩妮雅的項鍊和面紗（或說無袖長袍）賄賂給艾瑞芙蕾。艾瑞芙蕾覬覦這些首飾已非一日，並不知道魔咒附身的項鍊曾經害死哈摩妮雅、瑟美莉和依奧卡絲達等，於是接受禮物，出賣了丈夫。既然當初發誓要聽從妻子，安菲雅勞斯就只好去底比斯送命了。臨行前，他囑託兒子阿爾克邁翁（Alcmaeon）替他向不忠誠的艾瑞芙蕾復仇。

驕狂的大軍向底比斯城進發。在聶梅阿，他們遇到了嚴重的困難，由

於宙斯的旨意，仙女封閉了所有泉水，軍隊饑渴難忍。幸虧遇到了連諾斯島前女王許普夕琵蕾，她因為落難而成了聶梅阿國王呂枯耳戈斯（Lycurgus）的奴僕，此刻正懷抱著國王的幼小的兒子。她將孩子放在草地上，帶領英雄們找到了一處隱蔽的泉水。待他們回來時，可憐的孩子卻不幸被一條巨蛇吞噬。英雄希波梅東殺死了巨蛇，大軍中歡呼一片。安菲雅勞斯卻警告說：這是一個不祥之兆。

此時，有七個城門的底比斯也進入戰爭狀態，國王埃堤奧克里斯和舅舅克瑞翁號召人民團結起來，抵抗阿果斯人的侵犯。為了不打無準備之仗，他們決定請教預言家，於是著名的提瑞西阿斯在女兒曼托（Manto）的引領下來到了宮廷中。他的預言又一次令人心驚肉跳：「為了挽救城市，龍牙的種子中最小的一顆必須隕落。」

克瑞翁明白，這是指用他的小兒子梅諾瑟斯二世（Menoecerus II）獻祭。因為當初卡德摩殺死聖蛇，戰神阿瑞斯至今耿耿於懷。克瑞翁十分不忍，讓梅諾瑟斯二世趕快逃離底比斯城。然而，這位少年英雄為了自己的父母之邦，逕自登上城牆，面對從前巨蛇棲身的蒂爾斯泉澤，將寶劍刺入了自己的胸膛。

一場手足相殘的殘酷戰爭開始了。阿果斯軍隊兵分七路，同時發起進攻。兇猛的泰提烏斯進攻普洛提得斯（Proetis）門，他戴著三道盔飾，盾牌上繁星圍繞著「夜的眼睛」——月亮。高大的卡帕紐斯攻打伊蕾特拉門，他盾牌上是個**手持火炬的裸體英雄**，下面寫著**「我要焚城」**的字樣。埃堤奧克里斯駕駛四驅戰車進攻涅伊斯泰（Neisce）門，馬的鼻孔裡插著嗚咽的管子，盾牌上是雲梯攻城的圖案，銘文不可一世：**「戰神阿瑞斯也不能勝我。」**希波梅東攻打雅典娜門，他如太陽一樣閃光的盾牌上是毒蛇環繞、口中噴火的怪物泰風。帕特諾巴斯攻打玻瑞阿代（Boreads）門，他是女

英雄阿塔蘭達的兒子，盾牌上的女妖史芬克斯正用利爪撕扯著卡德摩斯的子孫。安菲雅勞斯攻打戈摩羅伊得（Gomoloed）門，這位預言家已經洞察眼前的一切悲劇，他的戰車上裝著祭祀的動物，盾牌上沒有任何裝飾，但他的面容卻比任何裝飾都更威嚴。波呂奈瑟斯（或說阿果斯國王阿特拉斯托）負責攻打第七座城門，他的盾牌上，一位女神引領著一個英雄，旁邊的文字正是他的心願：「引領這位男子凱旋故里。」他的弟弟埃堤奧克里斯也選擇了防守第七座城門。

除了安菲雅勞斯，阿果斯英雄未免過於狷狂，他們忽略了神的意願和情緒。在驚天動地的喊殺聲中，阿果斯人一片一堆地倒在底比斯城牆下的血泊中。年輕的帕特諾巴斯呼嘯著如旋風一樣撲向城門，結果被底比斯英雄珀里克呂墨諾斯拋下巨石砸死。傲慢的卡帕紐斯以超人的神力架起雲梯登城，還叫囂即使宙斯的雷電也不能阻擋他。結果快登上城頭時，一個霹靂襲來，他肢體破碎，頭髮燃燒著墜落地上。底比斯人在城牆上歡聲如潮，阿果斯人七將折了兩將，如斷了腳爪的猛虎雄獅，但仍然緊盯著對手，不肯退去。

這時，底比斯國王埃堤奧克里斯登上城樓，高聲呼喚哥哥波呂奈瑟斯出陣，與他單獨決鬥，以確定王位的歸屬。因為這是他們兩個人的恩怨，不該讓別人作無辜的犧牲。在得到回應後，他披堅執銳，孤身來到了兩軍陣前。兩兄弟眼中閃著仇恨與怒火，在震耳欲聾的呼喊聲中開始了死亡決鬥。飛鏢、長矛交替使用，雙方很快血染盔甲，但仍然不分勝負。現在他們手裡只有短劍了。埃堤奧克里斯突然使用在色薩利學過的一招殺手，刺中了波呂奈瑟斯的腹部，波呂奈瑟斯終於倒下了。然而就在弟弟懷著勝利的驚喜俯身剝哥哥的盔甲時，**垂死的哥哥一劍刺中了弟弟的胸膛。哥倆的鮮血流在了一起。**

兄弟兩人的死亡引發了更激烈的混戰。阿果斯聯軍也許由於暴戾的性格，也許為了榮譽，在已經完全失去眾神好感的形勢下，投入了毫無意義的死亡。他們仍然十分兇猛，泰提烏斯甚至劈開敵人的頭顱，狂啜腦漿，嚇得雅典娜都掩面而去，但並不能挽救敗局。最終，七雄之中只有安菲雅勞斯在宙斯的救助下脫逃。有的神話中說，僥倖活命的是阿果斯國王阿特拉斯托。

七將攻底比斯發生在特洛伊戰爭之前，在「四大群體英雄故事」（另兩個是奪取金羊毛和卡律東獵野豬）中論重要性排名第二。但起因是政治，過程又生猛，從而缺乏美感與回味。

底比斯的七座城門一齊打開，女人和孩子奔跑出來，哭聲一片。伊底帕斯的忠貞女兒安緹岡妮坐在兩個哥哥的屍體旁，淚流不止。心中暗暗高興的是克瑞翁，他順理成章地成為底比斯的國王。不過，他的怒氣和悲哀並沒有完全消散，他的小兒子梅諾瑟斯二世因為這場戰爭不幸死去。他發佈命令：對守衛底比斯而死的埃堤奧克里斯以國王的規格厚葬，而對攻打底比斯的波呂奈瑟斯以及阿果斯其他英雄，則曝屍街頭，不許埋葬，違令者以亂石砸死。克瑞翁的指令違背了神律和習慣法，雅典國王翟修斯為此接受阿果斯陣亡者家屬的請求，出兵干預，終於使英雄們的屍體得到火化。但波呂奈瑟斯仍然陳屍街頭，任風吹日曬，狗撕鳥啄。

伊底帕斯的忠貞女兒安緹岡妮十分悲傷和憤怒，她決心抗拒國王的淫威，不惜一切讓哥哥的遺體和靈魂得到安置。在王宮門口，她遇到妹妹伊絲美妮，就提出安葬哥哥的建議，但妹妹十分膽怯，害怕已經成為國王的舅舅克瑞翁。安緹岡妮也不強求，她決定一個人去做這件事。

不久，看守屍體的士兵慌張地跑來向克瑞翁報告：有人在波呂奈瑟斯的屍體上撒了一層薄薄的沙土。克瑞翁大怒，命令看守的士兵們必須抓住

這個人，否則就全部絞死。一邊的長老們認為這可能是天神的作為，但克瑞翁蔑視這種息事寧人的態度。

中午時分，看守們緊張地盯著屍體。忽然一陣飛沙走石的狂風刮過，讓人心神不安。風沙過後，屍體旁邊出現了一位姑娘。她詛咒著使屍體重新暴露的人，然後以細土覆蓋屍體，並澆了三次水。士兵們衝上去抓住了勇敢的姑娘，正是安緹岡妮。關於她埋葬哥哥波呂奈瑟斯的故事有很多種說法，其中之一說，安緹岡妮趁衛兵睡著，偷走了屍體。由於她力量小，背不動，只好拖著屍體，放在另一個哥哥埃堤奧克里斯的火葬堆上。但兄弟兩個的屍體焚燒雖在一起，火舌卻互不交叉。這實在是一個驚心動魄的場景。

克瑞翁看著眼前的姑娘，這是他姐姐的女兒，也是他的兒子海依孟（Haemon）的未婚妻。慘絕人寰的苦難並沒有剝奪女孩驚人的美麗與高貴，反而在她的氣質裡增加了寧靜、堅強和聖潔。她沒有仇恨和悲傷，心靈中充溢的是殉道者的愛。克瑞翁大聲申斥安緹岡妮違背法令，而安緹岡妮平靜地申述永恆的神律。統治者最恨這種高傲的姿態了，克瑞翁命令衛兵把安緹岡妮禁閉在一個石窟裡。

克瑞翁的暴行惹得天怒人怨。偉大的先知提瑞西阿斯在一個童子的攙扶下來到國王面前，他說，那些吃飽了腐屍的猛禽正在發出古怪而憤怒的鳴叫，啟示著底比斯城即將發生的災難。他提醒克瑞翁：「**屠殺已經死亡的人並非榮譽，而是雙倍的罪孽。**」但克瑞翁不聽勸告，反而譏諷先知為了黃金出賣法術，甚至狂妄地宣稱：即使宙斯的神鷹把腐肉帶到主神的寶座上，他也不讓波呂奈瑟斯下葬。悲憤的先知大聲地詛咒：「**你把死人留在活人的世界，把活人關在死人的墳墓。**只有你兒子的生命才能抵消你的不義與罪孽。復仇女神正怒氣衝衝地飛馳而來。在太陽下山之前，你的親

人將為這具屍體增加兩個夥伴。」

　　克瑞翁的心中突然升起了強大的恐懼。長老們建議他趕快安葬波呂奈瑟斯，釋放安緹岡妮：「從我們還滿頭黑髮的時候開始，提瑞西阿斯的預言就沒有不應驗的時候。」

　　然而，當克瑞翁猶豫再三，帶人趕到禁閉安緹岡妮的山洞時，悲劇已經發生了。安緹岡妮用一條絲帶自縊身亡，癡情的海依孟抱著戀人的屍體，在父親走進山洞的時刻，將利劍刺進了自己的胸膛。兒子的屍體尚未冰冷，僕人就來報告另一個噩耗：克瑞翁的妻子尤麗黛（Eurydice）在宮廷中引劍自盡。

　　伊底帕斯家族只有一個女兒伊絲美妮活在人間，但她終生未婚未育，以滅絕血緣的方式終結了家族的苦難命運。

　　十年之後，七雄的後代為父輩報仇，夷平了底比斯。安菲雅勞斯的兒子阿爾克邁翁則遵從父親遺命，殺害了母親艾瑞芙蕾，並最終將不祥的哈摩妮雅項鍊和面紗獻給德爾菲阿波羅廟，從而消除了項鍊附帶的魔咒。

戴達洛斯
DAEDALUS
融化的翅膀

關鍵字：大師、迷宮、因果

　　希臘神話中有些英雄是「**先進生產力的代表**」——文化超人。戴達洛斯是其中最著名的能工巧匠。他生於光明的雅典，一般認為，他是墨提翁（Metion）之子，埃瑞克修斯之孫。世界上第一批機械工程師全在木工房和鐵匠爐裡，戴達洛斯和中國的魯班一樣，發明了鋸子、鉋子、斧子、鑽子、垂直墜和黏膠，以及水平儀、船桅和帆桁等。並製造了第一個五官靈動、四肢自如的機械人。他為佩琉斯打造的寶劍曾伴隨大英雄阿基里斯橫掃特洛伊。優秀的鐵匠木匠也自然是雕刻家，戴達洛斯以木頭和大理

石雕刻了許多栩栩如生、彷彿具有靈魂的神像和人像，以至於偉大的海克力斯在看到自己的雕像時，竟然以為是敵人而用石頭去打擊。

　　然而，這位技術天才也曾經很虛榮和狹隘。戴達洛斯的外甥塔洛斯（Talos，或稱佩耳狄克斯〔Peridix〕）是個天才兒童，很小的時候就發明了陶工旋盤，用兩根鐵棒和一根繩子做成圓規，並根據蛇骨（或魚骨）的原理獨立發明鋸子。塔洛斯聽從母命跟隨舅舅學藝，很快就青出於藍，小小少年名聲遠揚。戴達洛斯十分嫉妒，竟然把外甥從雅典衛城推下摔死！智慧女神看到這個場面十分不忍，就讓塔洛斯變成一種**山雞**。這種鳥有先天

《翟修斯與米諾陶》*Theseus and the Minotaur*
卡索尼（Campana Cassoni, 1510-1520）
Musée du Petit Palais, Avignon, France

的「懼高症」，不在樹上築巢，也不高飛，只是出沒於灌木叢中。塔洛斯的母親因傷心過度而自縊身亡。

科學天才畢竟不是職業殺手，戴達洛斯沒能掩蓋自己的罪行。在雅典最高法院以謀殺罪傳喚審訊他時，他帶著兒子伊卡洛斯（Icarus）逃離雅典，到克里特避難。他不知道，殺害外甥的罪孽會在他兒子身上報應。

克里特國王是宙斯和歐羅芭的兒子、強大的米諾斯。米諾斯很重視引進人才，戴達洛斯也知恩圖報，為國王和王后帕希法娥製作了許多奇技淫巧的玩意兒，其中有一頭模擬木牛，是王后的最愛。還有一座迷宮，用來囚禁那頭著名的牛怪米諾陶。

原來，海神波賽頓應米諾斯的請求，向克里特派了一頭漂亮的神牛，但米諾斯卻未遵守諾言將神牛獻祭給波賽頓。於是神牛大肆為害，海克力斯和翟修斯都曾與它交手。更糟糕的是，波賽頓還讓米諾斯的妻子帕希法娥對這頭漂亮的公牛產生了反常的愛情（或說愛神使壞），並生下了牛首人身的怪物米諾陶。這頭怪物讓國王米諾斯十分頭疼，看著牛角他總覺得自己的頭上也多了什麼。於是他命令戴達洛斯為牛怪建造一幢私密性良好的居所。

這就是著名的米諾斯迷宮，人世間第一複雜的迷宮。無數的過道交叉勾連盤旋，似乎沒有起點，也沒有終點；又彷彿在流動，時而向前，時而向後。對視覺和心理學的巧妙運用使人不由自主地走到岔道上去。修造完畢後，戴達洛斯驗收工程，幾乎把自己困在裡面。米諾陶就藏在迷宮的深處，也餓不著，因為雅典城每九年（或一年）給克里特國王呈獻七名童男童女，作為**米諾陶的特供食品**。

國王米諾斯很欣賞這個迷宮，自然更不肯讓戴達洛斯離開。但戴達洛

斯並不喜歡昏庸享樂的國王，心中也不免懷念故鄉。這時，大英雄翟修斯趕到克里特，要除掉迷宮裡的牛怪建立功名。米諾斯的女兒雅瑞安妮愛上了英雄，她送來一個纏線軸，幫助翟修斯在殺死牛怪後走出了迷宮，然後兩人攜手逃走。米諾斯十分惱火，遂遷怒於戴達洛斯，因為那個纏線軸是戴達洛斯的產品。他「請君入甕」，將戴達洛斯及其兒子伊卡洛斯囚禁在迷宮（或高塔）裡，並控制使用一切船隻。有的故事中說，王后帕希法娥心中感念戴達洛斯為她製造過木牛，把父子兩人從迷宮中救出。但問題的關鍵是，克里特是個島國，四周環海，若沒有船隻，本身就是天然的監獄。

　　人類的很多發明都是出於無奈。戴達洛斯的目光從守衛森嚴的港口移到了天空，飛翔的鳥兒喚起他飛翔的念頭：米諾斯可以控制海洋，但不能控制天空。這時候，鼓舞戴達洛斯的可能還有一種創新的欲望，他的榮譽感和智力一樣超人。

　　與可以造船的木頭不同，鳥的羽毛一定不屬於官方控制的材料，而且在海島上也不難得到，剩下的就是工藝問題。戴達洛斯把各種鳥羽從短到長排列，用蜂蠟黏和，用亞麻線連接，做成逐漸增大的翼面，並使整個翼面稍有彎曲，像鳥的翅膀一樣。整個過程從容不迫，精益求精。年幼的兒子伊卡洛斯覺得十分有趣，他在父親身旁玩耍，用手捏捏蜂蠟，或去抓被風吹到空中的羽毛。父親很愛兒子，也不嫌兒子妨礙工作。

　　四個大翅膀製作完畢。戴達洛斯將一對繫在自己背上，雙手伸進翅膀上的繩套，輕輕拍動，於是就真的像大鳥一樣飛到了空中。小兒子伊卡洛斯抬頭望著空中的父親，驚奇興奮得說不出話來。

　　試飛完畢，戴達洛斯降落地面。他幫助兒子穿上了較小的一對翅膀，心中忐忑，於是諄諄告誡說：「伊卡洛斯，現在我們就飛出克里特島。千萬記住：**不能飛得太低，以免鹹澀的海水濺濕你的翅膀；也不能飛得太高，**

《伊卡洛斯學習飛行》 *Icarus*
沙托（Andrea del Sarto, 1486-1530，裁縫之子）
Museo di Palazzo Davanzati, Florence, Italy

那樣太陽會融化你的翅膀。」

　　父子倆輕拍翅膀，飛上了藍天。御虛淩風，那是神仙一樣的感覺。克里特的人民仰頭看天，也以為是神靈的例行飛行。父子倆飛越了德洛斯島和帕洛斯島，戴達洛斯不時回頭查看身後的兒子。而伊卡洛斯越來越開心，越來越自信，速度也越來越快。他忘記了父親對他的告誡，用力地搧動幾下雙翅，飛上了高空。這時太陽光逼近，灼熱的光芒迅速烤化了黏羽毛的蜂蠟，羽毛紛紛脫落，四下飄舞。伊卡洛斯驚恐地劃動雙手，可是他抓不住空氣，身體像隕石一樣高速墜落，瞬間就墜入無邊無底的怒海驚濤之中。戴達洛斯回過頭來，兒子已經沒有了蹤影。他絕望地呼喊著：「孩子，你在哪裡？我到哪裡才能找到你？」天空只有白雲，靠近海面，海面上漂浮著羽毛。他明白了一切，痛悔萬分，久久徘徊在海空之間，不肯離去。在那一刻，他也許應該想起當初是如何殺害外甥的。據說伊卡洛斯的屍體後來被海克力斯發現並安葬，他遇難的海域（或屍體漂及的海島）就因他而得名**伊卡里亞**（Ikaria）**海**。

　　戴達洛斯失去了隊友，懷著破碎的心降落到了西西里島（Sicily）卡彌科斯（Kamikos）城。國王科卡羅斯（Cocalus）驚為天人，待為上賓。戴達洛斯精神消沉，但為答謝國王，也多有發明創造。他為公主們研製了幾十種奇巧的玩具，也做了一些利國利民的大工程，如興修水利、建造城池以及利用地熱調節室內溫度等。

　　克里特島的米諾斯國王也夠愛惜人才的，他千方百計地打聽戴達洛斯的下落，率領大軍追趕到西西里。為了調查戴達洛斯是否藏身此處，他拿出一個海螺，宣揚說：如果有人能將絲線穿過海螺殼，將得到一筆巨獎。國王科卡羅斯接受了挑戰，第二天早晨就將穿了線的海螺殼交給了米諾斯，原來戴達洛斯將線拴在螞蟻身上，用蜜引它從海螺殼的內螺旋爬了出

來。米諾斯猜到了是戴達洛斯所為，於是強迫科卡羅斯交人。國王與公主都不願意，他們假意應承，卻在服侍米諾斯洗澡時，用沸水將他燙死。（米諾斯死後成為冥界三判官之一）

戴達洛斯了無牽掛，在西西里島度過了餘生（也有人說他晚年回到了故鄉雅典），為這裡的科學和文化事業做出了巨大貢獻。但天空越晴朗，他的心情就越陰鬱，直到完全融入永恆的黑暗。

冥府要犯

TARTARUS

地獄在我身

———

關鍵字：褻神、循環、象徵

天堂與地獄是絕對的超現實主義建築，可以體現一個民族的思想智慧。但無論怎樣智慧的民族，都沒有成功的天堂建設。希臘神話中有一個時間上的天堂——黃金時代，後來與時俱去。還有一個空間上的天堂，即福島（或福地），似乎也沒能正式投入使用。對類似的現象，叔本華（Arthur Schopenhauer）在《意志與表象的世界》（*Die Welt als Wille und Vorstellung*）中解釋說：「但丁寫他的煉獄，若不是取材於我們的現實世界，還到哪兒去取材呢？……與此相反，在但丁著手來描寫天堂及其中的快樂時，要完成這一任務就有不可克服的困難橫亙在他面前了，因為我們這世界恰好不能為此提供一點材料。」對叔本華的徹底悲觀主義我們敬謝不敏，但他的話也不是沒有一點兒意思。天堂的建築理念在於純粹的幸福，那是一種福利院式的幸福：不用智力，沒有感情，無須抗爭，也不會有幽默。**而人類實在無法想像一種沒有陰影的光明、一種與痛苦絕緣的幸福。**所以假如有天堂，一定是個**白癡王國**，借用黑龍江省特有的概念（沒有歧視之

意），叫「傻子屯」。相形之下，人類的想像力在創造地獄方面卻十分成功。

漢文化中也有地獄概念，但似乎沒有主權性質，而是租借於佛教。佛教地獄的主要特點是懲戒，是關於來世的描述，功能是警戒今生，讓人積德行善，否則將來要下地獄，那有136種身體的酷刑，**手段與蓋世太保差不多**。如果你是個好人，這地方與你沒關係。總的看來，它是現實生活的「果」。相比之下，**希臘的地獄卻是現實生活的象徵，甚至是現實生活本身**。

希臘地獄不但可以旅遊觀光，
還可以作為哲學課教材。

21世紀的人類若去遊覽一番，回到辦公室或客廳，會大發「**地獄原來在我身**」之慨。

希臘地獄的學名塔爾塔茹斯，在有的神話中，「塔爾塔茹斯」是人格化的神，即死神。他是睡神的兄弟，黑斗篷，長著翅膀，手持利劍。有時是展翅的少年，手持熄滅的火炬，心如鐵石，憎恨眾神，是唯一不喜歡獻祭的神。作為場所，塔爾塔茹斯並非等同於冥府，而是冥府的最底層，也是宇宙的最底層空間。就距離而言，從塔爾塔茹斯到冥界相當於從地面到天上。如果伽利略從天上投下一隻銅砧，九天可以落到地上。若從地面落到塔爾塔茹斯，也需要同樣的時間。在塔爾塔茹斯有地之根、海之根，以及一切的開端和結尾。那裡有高大堅固、密不透風的銅牆，並由黑夜圍了三層。夜神尼克斯就居住於此。提起塔爾塔茹斯，人神共懼。當初，宙斯用雷電打敗了野蠻的父輩泰坦諸神，以及百首怪物泰風，就將他們投入了永恆黑暗的塔爾塔茹斯，並由百臂巨人看守。除了這些**重大的政治犯**，塔爾塔茹斯還關押了一批**人類的政治犯**和**刑事重犯**。

不過，所謂要犯重犯也未必有多麼罪大惡極，其中大多是不敬神的狂妄英雄，或直接將犯罪目標指向了各級神靈。**神最反感的是人類的傲慢**。

薩爾摩紐斯（Salmoneus）是伊利斯的國王，薛西弗斯的兄弟，他十分富有，專橫驕傲。在建造了一座美麗強大的城市薩爾摩尼亞（Salmone）之後，富極無聊，玩起了高級「模仿秀」。他全身披掛如宙斯，座駕也是「空軍一號」的形制，為了製造聲效，他在車的後面拴上銅罐和獸皮鼓，驅動馬車時發出雷鳴一樣的響聲。沒有閃電的光效，他就把火把拋向天空。模擬雷電沒有殺傷力，可以用權力彌補：他玩雷電遊戲的時候，附近臣民們必須對他頂禮膜拜，甚至躺倒在地，裝作被雷電殛死的樣子。這是**周幽王烽火戲諸侯的古希臘版**，薩爾摩紐斯可以說是電影特技第一人，但他顯然不懂政治。奧林帕斯上的宙斯被雷電嚇了一跳：

難道是獨門兵器有了山寨版？

還是特供雷電的兵工廠失火？他瞪大法眼掃描山下，看到了薩爾摩紐斯狂妄而滑稽的表演，大怒，遂以一道真正的雷電轟擊過去。薩爾摩紐斯死於非命，並被打入地獄。

阿羅伊斯之子，是孿生兄弟奧圖斯和艾菲亞迪斯的合稱。身材高大，神力無敵。非凡之人自然易有非分之想，他們想登天向天后赫拉和月亮女神阿特蜜斯求愛。為此，他們企圖把奧薩山（Ossa）和佩里翁山（Pelion）架在奧林帕斯山上作為梯子。這情景讓神們感到可笑與恐慌，於是阿波羅用箭把他們射死。有的神話說，月亮女神阿特蜜斯化作赤牝鹿經過，引誘兩兄弟以投槍攻擊，結果互相刺中了對方的胸膛。也有的神話說，阿羅伊斯之子曾用銅器把戰神阿瑞斯囚禁了十三個月，使天下享受了一段太平。不管怎樣，他們被處死後打入地獄，受到如下刑罰：用巨蛇綁在柱子上，**耳邊永遠有烏鴉在唱流行歌曲**──幾千年後，這種刑罰成為時尚，甚至需要花錢購買，今天的烏鴉歌聲不會帶來災難，而是廣泛傳播病句。

與阿羅伊斯之子相似，皮瑞托俄斯是因為要劫掠冥后而被打入地獄

的。（與翟修斯一起被黏在石頭上）總的看來，以上諸位犯罪未遂，但構思已經駭人聽聞，所以罪有應得。不過，由於眾神意氣用事，地獄裡也難免有量刑過重的案例。在羅馬神話中，有一個小老頭，因為貪戀無意義的生命，竟然也被處死，打到地獄裡，所受刑罰倒也適合老年人：編草繩，要求編到一定長度，卻總也編不夠——草繩另一端有頭毛驢在不停地吃。這刑罰是無意義的生命的象徵，也是草菅人命的最好例證。

循環的巨石

薛西弗斯是希臘神話裡最惡名昭著的奸邪之徒了，荷馬稱他為「**最狡猾的人**」。其家族十分顯赫，父親是色薩利王、風神阿伊歐樂士。薛西弗斯是王位繼承人，但被親兄弟薩爾摩紐斯排擠，於是建立了艾菲爾城（Ephyre，後稱為科林斯）——有人說是女巫美蒂亞贈送，有人說薛西弗斯使蘑菇變成了居民——並成為該城的君主。

薛西弗斯絕招之一是利用仇人的女兒報復仇人。德爾菲的神諭告訴他：如果他能使兄弟薩爾摩紐斯的女兒梯羅（Tyro）生下孩子，那孩子就會滅掉外祖父。於是，他毫不猶豫地誘姦了美麗的侄女梯羅。（有神話認為幹此事的是波賽頓）但梯羅也聽說了這一預言，於是把與薛西弗斯生的孿生兒子殺死了（這個故事不符合神諭一定應驗的慣例）。著名的偷牛賊奧托呂科斯一再偷薛西弗斯的牛，並使偷來的牛改變角的形狀和皮毛的顏色。薛西弗斯豈肯在陰謀詭計方面認輸，他暗中在牛蹄子上烙了「被奧托呂科斯偷盜的牛」的字樣。於是奧托呂科斯被當眾揭穿。但薛西弗斯並不因此滿足，他誘姦了奧托呂科斯的女兒安蒂克蕾亞，於是雙重的騙子血統造就了更狡猾的奧德修斯（其血統還有別的說法）——**特洛伊戰爭中的希臘軍師**。

薛西弗斯娶了七星女神普勒阿得斯（泰坦巨神阿特拉斯和普勒俄涅〔Pleione〕的女兒的總稱）之一梅洛佩（Merope）為妻，生了三個兒子：格勞科斯（Glaucus）、奧尼提翁（Ornytion）和西諾。有其父必有其子。格勞科斯是著名的騎手，擁有一大群良種牝馬，飼養的秘方竟然是人肉。諸神為之震怒，於是在一次車賽中，駿馬突然發瘋狂奔，瞬間車毀人亡，格勞科斯成了**自己馬匹最後的美餐**。據說此後多年格勞科斯鬼魂作祟（或變成「驚馬神」），科林斯的馬特別容易受驚。小兒子西諾也繼承了父親的才能，在特洛伊戰爭結束前作為間諜隨木馬進城，成功地欺騙了特洛伊人。

格勞科斯的兒子，即薛西弗斯的孫子貝勒洛豐（Bellerophon）卻是偉大的英雄，一生充滿曲折和苦難。這位英俊的青年英雄乘著從女妖梅杜莎的屍體中飛出來的飛馬珀伽索斯，殺死了噴火妖怪奇麥拉（Chimera）。但他在晚年過度傲嬌，竟然要騎著珀伽索斯飛上奧林帕斯山參加眾神會議。宙斯派來了一隻牛虻叮瘋飛馬，貝勒洛豐墜地受了重傷，腿也瘸了，眼也瞎了，精神非傻即瘋，偉大的英雄餘下的是淒苦恥辱的晚年。那匹長著金色翅膀的珀伽索斯成了天空中的飛馬星座。

薛西弗斯在人間作惡多端，但神並不在意，他下地獄的直接原因是干涉宙斯的私生活。有一天，宙斯老毛病（其實是優勢）發作，化作雄鷹誘拐了河神艾索伯（Asopus，波賽頓之子）的女兒艾癸娜（Aegina），不巧被薛西弗斯看見。按理說對大 Boss 的隱私應該尊重，何況宙斯的隱私是真正的絕對隱私。可薛西弗斯過於聰明，認為資訊就是財富。他倒不敢敲詐宙斯，而要跟河神做一筆交易。他對河神說，如果能為他的科林斯王國提供一眼不竭的甘泉，他就以艾癸娜的下落相告。焦急的河神艾索伯立即答應，於是薛西弗斯出賣了宙斯。

其實河神應該高興才是，宙斯與艾癸娜的後裔中有超級英雄呢！有婿

《薛西弗斯》*Sisyphus*
提香
Prado Museum, Madrid, Spain

如此，夫復何求！但目前還看不出來有什麼好處，而且奧林帕斯山也不承認泰山，宙斯不但沒有盡到女婿的本分，甚至連發雷霆逼退了在後面追蹤的河神。不過宙斯最恨的是告密者，回山後立即派死神塔爾塔茹斯（或冥王黑帝斯）去取薛西弗斯的性命。

薛西弗斯正在宮殿裡享受著甘甜的礦泉水，忽然死神（或說冥王）來臨，他知道大事不好，東窗事發。但狡猾和驕傲使他不甘束手就擒，他從容地跟死神聊天，心裡想著脫身的辦法。死神也沒遇到過這麼從容的人類，一時莫名其妙、無所適從。見時機成熟，薛西弗斯假裝**「技術控」**，謙虛地向死神請教手銬的用法。失常的塔爾塔茹斯給他示範，把自己銬上了，然後**被薛西弗斯拘留在地上達好幾年。**

暴力襲警罪大惡極，而且局面非常嚴重。**死神不在職，人就不能死去，**因為無處報到。砍頭甚至碎屍萬段都死不了，大地上沒腦袋、血流盡的人比比皆是，痛苦萬分卻不能實現安樂死。戰神的事業也受到了威脅，戰爭若是死不了人，那豈不成了體育運動。最終阿瑞斯以軍方的身份出面解決刑事問題，到薛西弗斯家中解救了死神（或說冥王），將薛西弗斯拘捕到冥府。

但狡猾的薛西弗斯又實施了一個詭計。死前他要求妻子梅洛佩不要出殯掩埋他，不要向冥王和冥后獻祭，也不要往他的舌下放硬幣（是為冥河船夫凱倫〔Charon〕擺渡亡靈的費用）。這樣，薛西弗斯來到冥國就有了逃脫的藉口。但這次他不能再欺騙死神（或說冥王）了，他選好了新的工作目標——缺乏行政經驗的冥后波瑟芬妮。套上近乎以後，薛西弗斯以真誠痛苦的表情和口氣告訴冥后：自己無權待在陰間，因為來之前沒有在地上舉行葬禮，也沒付擺渡錢。他希望能回到陽界三天，懲罰不盡職的妻子，讓她學會尊敬陰間的偉大君主。波瑟芬妮不懂政治，自己也有被強搶到冥

府的經歷，有些同病相憐，所以竟然批准了騙子的請求。

薛西弗斯越獄還陽，逃回家中，繼續過他花天酒地的腐敗日子，據說他是唯一從陰間還陽的人。三天過去了，甚至三年都過去了，薛西弗斯遲遲不歸。宙斯只好派自己最得力的狗腿子荷米斯出手，將這大惡人重新抓捕到冥界，直接終審判決。薛西弗斯欺壓人類，褻瀆神靈，被打到地獄的最底層，刑罰是從山下向山上推一塊巨石。巨石到達山頂，勞役自然可以結束。但這個刑罰的特點是：每當巨石快要到達山頂——就差一步時，都會遵從神意轟隆隆滾落下來，於是薛西弗斯又得開始下一次。如此循環往復，永無止境。這也是報應，據說他生前也曾襲擊阿堤卡的行人，用巨石把他們壓死。薛西弗斯此時與自己的兄弟薩爾摩紐斯也相距不遠，後者是因為模仿宙斯而被打入了地獄的。

能動的水果

傲慢是阿楚斯家族的原罪，這種傲慢是從家族的祖先譚塔洛斯開始的。譚塔洛斯是佛里幾亞南部西庇羅斯的國王，一般認為，他是宙斯與俄刻尼得大洋女神之一普路托（Plouto，不是指冥王）的兒子，妻子是金沙河河神帕科拓洛斯的女兒，也有人認為他和薛西弗斯一樣娶了一位普勒阿得斯。

因為有這樣的血緣與財力，譚塔洛斯深受神的寵愛，經常被邀請參加奧林帕斯宴會。這喚醒並加強了他傲慢的天性，於是他不免濫用神的寵愛與信任。他經常偷些仙酒神食帶給人間的朋友，這麼做並不是因為他多麼愛朋友，而是因為愛自己，要藉此向朋友炫耀：昨天和宙斯赫拉在一起吃飯，愛神向他拋媚眼了等等。由於眾神談話並不迴避他，他聽到了聖山的許多內幕與緋聞，回到人間就當作政治笑話向大家傳播。甚至連奧林帕斯

《譚塔洛斯》*Tantalus*
阿色瑞托（Gioacchino Assereto, 1600-1649）
Auckland Art Gallery, Auckland, New Zealand

《伊克西翁和聶斐烈》 *Ixion with Nephele*
魯本斯
Musée du Louvre, Paris, France

有關世界命運的重大決議，也被他輕易地散佈到人間。這個不知深淺的傢伙讓眾神大為尷尬和惱火。

有一次宇宙之王心情大好，就詢問譚塔洛斯有什麼願望，後者竟然自負地聲明並不需要任何恩典，因為他的命運比永生的神都好，宙斯不禁皺起了眉頭。不久，譚塔洛斯又用行動直接冒犯宙斯。在宙斯的故鄉克里特島的宙斯廟中有一隻黃金狗，它曾守護過新生兒宙斯和哺育宙斯的母山羊阿瑪提亞（Amalthea）。譚塔洛斯偷走了這只神奇美麗的金狗。也有人認為是艾菲索斯的國王潘達瑞俄斯偷了金狗，交給譚塔洛斯窩贓。宙斯大怒，命令荷米斯前去討要。荷米斯告訴譚塔洛斯，眾神已知道詳情，坦白可以從寬。然而譚塔洛斯指天發誓，稱自己家中絕無金狗。由此，譚塔洛斯雖未受到懲罰，但已經完全失去了眾神的好感和寵愛。

眾神的忍耐已經到了極限，譚塔洛斯卻得意忘形昏了頭腦，神不跟他玩了，他要跟神玩更酷的遊戲。有一天，他廣發請帖，盛情邀請奧林帕斯眾神到他的宮中赴宴。**壞人做一件好事效果勝過好人做一輩子好事**，眾神十分感動。宴會廳裡香氣四溢，桌子上擺滿美酒佳餚。但當譚塔洛斯揭開盆蓋的剎那，眾神都皺起了眉頭：**菜有問題**！原來，譚塔洛斯殺掉了自己的兒子佩羅普斯，做成菜肴以饗眾神。可能有人認為：**沒有豬就殺個兒子，多麼慷慨好客啊**！其實不是好客：譚塔洛斯要藉此考察和嘲弄神的洞察力，證明神並不能一貫正確，讓諸神吃人肉後自卑、後悔。眾神識破了譚塔洛斯的險惡動機，誰也不動這菜，只有農神黛美特因為愛女波瑟芬妮失蹤（被冥王掠走）而悲傷恍惚，無意中吃了佩羅普斯的右肩。根據宙斯的旨意，荷米斯施法術使男孩復活，肩膀缺口由赫費斯托斯用象牙補上，因此佩羅普斯的後代右肩都帶白斑。

譚塔洛斯殺自己的兒子並不讓眾神傷心，但讓神震驚、噁心和憤怒，

神最不能容忍的是人類的傲慢。阿楚斯家族從此開始了連綿的災難。譚塔洛斯被宙斯打入地獄，受到了巧妙而殘酷的懲罰。

譚塔洛斯站在清澈甘冽的湖水中，水深及頸。但是，只要他一低頭，湖水立刻退去，一滴不見。待他抬起頭，清波又在他乾渴的唇前蕩漾。同時，在他眼前，懸著許多鮮美的水果，如無花果、蘋果、生梨、石榴、橄欖和葡萄等，都是他生前最愛吃的品種，處於最鮮美的時期。但只要他一伸手，樹枝立刻被狂風刮開；而當他縮回手時，累累果實又重新在他眼前飄蕩。除了乾渴和饑餓，在他頭頂上方還懸著一塊萬斤巨石，搖搖欲墜，處於將落而未落、未落而將落的狀態，使他永遠處於粉身碎骨的恐懼中。饑渴是為了報復他罪惡的宴會，空中巨石是懲罰他偷了宙斯的金狗。這三重的折磨沒有誰許諾在哪一天終止。據說「譚塔洛斯」也有玻璃酒櫃（帶鎖的）的意思。

旋轉的火輪

冥府要犯幾乎都是天生的惡棍，其中尤以伊克西翁為甚，希臘悲劇作家艾斯奇勒斯稱他為「**有史以來的頭號殺人犯**」。此人是色薩利的拉比塔伊人之王，家族顯赫，但似乎有不忠誠的本性。妹妹柯若妮絲曾是阿波羅的情人，後因移情別戀被月神射殺。兒子皮瑞托俄斯（與狄亞[Dia] 所生）是希臘著名的英雄，翟修斯的好朋友，曾與翟修斯一道綁架美女海倫，並到冥府搶劫冥后波瑟芬妮，結果被黑帝斯永久粘在一塊巨石上。

伊克西翁品行一向惡劣。為了娶狄奧尼士（Deioneus）的女兒狄亞，他答應給岳父狄奧尼士貴重的聘禮。但在婚禮那天，當岳父向他索取聘禮時，他背信棄義，喪盡天良，竟然在當夜將岳父推入炭火熊熊的坑中燒死。壞並不稀奇，問題是他**壞得太迫不及待了**。而且殺害的是母系親屬，所以

復仇女神大為憤怒，立刻來到地面上追擊迫害他。伊克西翁很快發瘋，但沒有人敢同情他。

宙斯卻有些不忍了，也許他有一種同病相憐的感覺，因為他本人在戀愛中也往往表現惡劣。另外在大地上留下一些惡人，有利於襯托出諸神高尚的道德水準。於是宙斯斥退了復仇女神，把伊克西翁請上聖山，為他淨罪，給他壓驚，治好了他的瘋病，還請他與諸神共進晚餐。按理說這樣的待遇應該使伊克西翁感恩戴德、洗心革面，但他瘋病痊癒，本性中的邪惡和奸猾立刻復發。聖山上的靜修生活難以滿足他的欲望，而眾多美麗的女神和仙女讓他神魂顛倒。他決意不虛此行，在奧林帕斯山上製造一段超級的情慾記錄。

忘恩負義並沒什麼新意，有趣的是聰明反被聰明誤。在奧林帕斯如雲的美女中，他選擇了天后赫拉。一般人想都不敢想，伊克西翁卻聰明地認為：既然宙斯那麼風流，那麼赫拉一定願意用同樣的行為報復宙斯。再說還有比勾引第一夫人更過癮的事情嗎？恩將仇報具有雙重的快感哪！

但赫拉不同於宙斯，她是家庭和婚姻的保護神，貞潔專一，絕無失足記錄，再說即使失足，伊克西翁也不配。赫拉強忍著羞辱與憤怒，假意答應了無賴的約會。然後把事情告訴了宙斯。宙斯三觀盡毀，幾乎不會生氣了，**神的造物怎麼能比神更壞呢！**下面的故事很像小說《紅樓夢》中鳳姐折騰賈瑞的故事。宙斯用雲朵製造了一個假赫拉的 3D 影像，或說用聶斐烈暗中替換了赫拉。伊克西翁心花怒放地撲過去，結果與宙斯的霹靂撞個滿懷。也有的故事中說，伊克西翁因為這次雲雨之約，與白雲或聶斐烈生下了肯陶瑞斯（Centauros）——此子後來與母馬結合創造了著名的**馬人**。

不管怎樣，伊克西翁從天堂跌到了地獄。他被綁在一個旋轉不止的火輪上，有蛇鞭在不停抽打。這是欲火焚身的最好解釋了。

饕餮的兀鷹

愛情在一般人的眼中是得天獨厚的恩惠，但在希臘神話中，卻更多地被作為懲罰的工具。提堤奧斯（Tityos）是個巨人，是宙斯和情人厄拉瑞（Elara，或彌尼亞或益亞）所生。當初宙斯懼怕嫉妒的赫拉，就把懷孕的情人厄拉瑞藏在了地下，提堤奧斯是在地下出生的。這是個不好的開端，提堤奧斯最終不得不回到地下。

赫拉的嫉妒無遠弗屆、與時俱進。待提堤奧斯長大後，赫拉讓他產生了強烈的愛情——準確說是情慾。情慾本身無錯，但目標錯了，提堤奧斯**想佔有麗朵。癩蛤蟆想佔有另一隻癩蛤蟆叫愛情，若是想佔有天鵝，就是非法，就是政治問題。**

麗朵曾是宙斯的妻子或情人，更有一對誰也惹不起的厲害兒女阿波羅和阿特蜜斯。於是，提堤奧斯被麗朵的這對英雄兒女射死，並打入了塔爾塔茹斯。也有人說是宙斯親自處理了這個案件。

提堤奧斯的苦難也不費什麼力氣，他只需要靜靜地躺在地上，每天有兩隻鷹來吃他的肝臟。白天鮮血淋漓，夜裡傷口癒合，第二天，兀鷹來了重新撕開傷口，吃個精光。如此吃了再生，生了再吃，永無止境。他的刑罰與普羅米修斯的相似，但後者受刑的地點不在地獄，而是在高加索山的懸崖上。提堤奧斯身材碩大，躺在地獄中占地九英畝，身體在空間中的延展意味著痛苦在時間上的增加。

注不滿的桶

希臘地獄裡的人口政策充分考慮到了性別平衡，這裡也有女犯，而且是一個超大組合，數量是四十九個，這就是達納俄姐妹（Danaids）。她們

的父親是利比亞國王達納俄斯（Danaus），宙斯和伊俄的後裔。達納俄斯有五十個女兒，總稱為達納俄。他的親兄弟埃吉塔斯（Aegyptus）有五十個兒子，並統治著由尼羅河灌溉的整個國家——埃及。五十個公主一樣青春美麗，五十個王子個個垂涎三尺，就向五十個公主求婚。但是，達納俄斯和達納俄姐妹都不同意這種**團購批發式的姻緣**。於是埃吉塔斯及其王子們集結了龐大的軍隊，以武力求婚。達納俄斯不敵，帶著五十個女兒，在女神雅典娜的幫助下，乘坐配有五十支槳的大船，驚慌逃到了羅德島（Rhodes）。

羅德島也不宜久留，父親又帶著五十個女兒駛向希臘，一路上托宙斯的庇護，終於到達了阿果斯，即曾祖母伊俄的故鄉。這時海岸上煙塵滾滾，戰馬嘶鳴，盔甲和長槍閃閃發光，原來，阿果斯國王珀拉斯戈斯（Pelasgus）以為敵軍來襲，在岸邊列下了強大的陣容。沒想到迎來的是一位老人和五十個美麗的女子。

達納俄姐妹扮成乞援者，手執橄欖枝，登上了海岸，她們期望能在這裡獲得保護，擺脫強大狂暴的求婚者。珀拉斯戈斯十分為難，他害怕得罪強大的埃及君主，又不敢拒絕以宙斯的名義乞求保護的老人和弱女。他決定去召集民眾公決，並建議達納俄斯先把橄欖枝獻給眾神的祭壇。

這時，埃及的使者已經來到，隨後大兵壓境。國

《達納俄姐妹》 *Kazen Danaid*
史密特（Martin Johann Schmidt, 1718-1801）
National Gallery of Slovenia, Slovenia

王珀拉斯戈斯堅決維護乞援女，浴血奮戰，但沒能戰勝強大的埃及軍隊。城市在血泊與哭聲中陷落，國王珀拉斯戈斯亡命他鄉。達納俄斯被選為阿果斯的新國王，此時他已經無法拒絕耀武揚威的求婚者，但屈辱與辛酸在心中發酵成了惡毒的陰謀。

　　盛大的集體婚禮在餘燼未熄的戰場上舉行，埃吉塔斯的兒子們脫下浸染著征塵與血跡的鎧甲，進入了溫柔鄉。入夜時分，整個城市呈現出不祥的寧靜。沒有多久，就傳來一聲絕望的慘叫，緊接著就是第二聲、第三聲……原來，所有新娘都被父親嚴命：在新婚之夜、在丈夫最軟弱的時刻各個擊破，殺死自己的丈夫。這又是個情欲戰血緣的故事，但終究血濃於水，血緣戰了上風，何況婚姻是不情願的。有四十九個女兒執行了父親的命令，只有最小的女兒梅柏涅絲塔（Hypermnestra）不忍心將短劍刺入丈夫林科斯（Lynceus，不是那位阿法柔斯之子、艾達斯之兄的大英雄林科斯）的胸膛，並將他喚醒，偷偷放出了宮殿。

　　達納俄斯以女兒的深重罪孽為代價，戰勝了自己的兄弟。他還組織法庭，要處死背叛父親的女兒梅柏涅絲塔，但愛神阿芙蘿黛蒂親臨辯護，梅柏涅絲塔獲救。四十九個姐妹褻瀆了神聖的婚床，但維護了父權，很難以對錯判斷，所以關於她們的處置有不同說法。有人說雅典娜和荷米斯秉承宙斯的旨意為她們淨罪，然後，達納俄斯舉辦大型的競技比賽，為女兒重新擇婿──這可是需要色膽包天的青年參賽；有人說唯一倖存的王子林科斯殺死了達納俄斯和四十九個達納俄姐妹，自己做了國王，並與梅柏涅絲塔成為恩愛夫妻，繁衍了一個偉大的家族──但不知妻子是怎樣忘記丈夫手上的血污的。

　　不管怎樣，達納俄姐妹死後還是下了地獄。所受刑罰總算符合女犯的體能特點：用水罐從冥河中打水，回來注入桶中，直至注滿為止。這幾乎

是個美麗的場景：黃昏時分，美麗的女子結伴到河邊汲水。不過，這是在地獄裡，那桶是無底的，無法注滿。有人說她們汲水的工具是篩子。

地獄在人間

宙斯、黑帝斯和塔爾塔茹斯這些宇宙的超級蓋世太保真是太熟悉人性了。首先，他們的刑罰並不重視肉體——**肉體的刑罰終究是低級和有限的**，因為人的忍受能力有限度，**希臘的地獄刑罰主要針對人的精神的薄弱之處，折磨是無限的**。其次，刑罰是永恆的。人間的罪犯可以立功減刑、保外就醫，還可以越獄，至少可以用死亡終結一切。佛教地獄裡的犯人可以指望業報窮盡，劫數輪迴。但希臘的薛西弗斯們面對的卻是真正的無期徒刑，他們甚至沒有死亡的福分，時間對他們來說不包含希望，**時間本身成為刑罰**。

循環是刑罰最重要的特點。明知商是無限循環小數，卻要求你無限地求解下去，意義喪失，荒誕產生，這是人性難以忍受的（甚至有些毛驢都不肯接受拉磨這種循環型的勞動）。對於這些犯人，希望總在前面誘惑：巨石又一次快要到達山頂、那飄走的水果又回來了，這都像是善意的玩笑。旋轉的巨輪難免能量用盡或金屬疲勞，那些強悍的兀鷹天天生吃肝臟部位，會不會營養不良或精神崩潰？甚至達納俄姐妹們也可以指望：受刑者自救無望，施刑者總會厭倦吧！萬一哪天有位神靈看好眾美女從而來幫助調動工作呢！然而，在這裡，**希望是一種副刑罰，是用來製造更深的絕望的**。哀莫大於心不死，絕望永遠不能見底，痛苦究竟會有多深呢？

中國神話裡有精衛填海、愚公移山，那總是有限的，而且愚公相信生殖能力是無限的。月亮上的吳剛略為相似，他被罰砍桂樹，砍了再生出來。但因為不在地獄裡，所以倒很像**健身運動**。其實也不必到神話中去找，現

實生活無一不是地獄刑罰的活人版。一個同桌或對桌的漂亮姑娘可能類似譚塔洛斯的水果。置身於有著糟糕的上司或同事的辦公室裡——上司一般都很糟糕，你就會體驗到伊克西翁的痛苦。流行歌曲、卡拉OK輪番攻擊你的肺腑，彷彿提堤奧斯的苦刑。而廚房裡隨滿隨空的鍋碗瓢盆又何異於達納俄之桶呢！

每天三餐一覺，乘同一條捷運到同一個辦公室去見同一些人，安裝同一種螺絲釘，下班後到同一個市場買同幾種蔬菜，電視劇一生看不完，但基本相同。睡覺時熵達到最大值，第二天以同樣的程式重新輸入負熵。重覆的日常生活看似簡單輕鬆，但一旦從習慣中驚醒，會發現這一切猶如薛西弗斯的勞役。很多美術作品都誇張表現薛西弗斯巨石的體積或重量，其實沒有抓住要點，薛西弗斯的痛苦不在於石頭的大小，給他個乒乓球卻推不上去，才是真正的荒誕、痛苦。

不過，說「地獄在人間」並不是認同並接受悲觀主義。

人生有價值的東西全是在
反抗平庸與循環的過程中創造的，

人正是在向地獄的墮落過程中才會掙扎出一種向上的力量。卡繆的哲學散文《薛西弗斯的神話》（*Le Mythe de Sisyphe*）就是從荒誕出發，將永恆的苦役犯薛西弗斯轉換為清醒、充實、快樂的英雄。大多數人並不想成為英雄，也不需要思考荒誕與反抗，但日常生活自有其真實和幸福。有位詩人周實寫過這樣一首小詩：「做工的是不談你的，務農的也不會說你／因為他們與你一樣，日日夜夜，默默無聲。」

D

　　愛情不是人的過錯，而是神的懲罰。古希臘哲學家柏拉圖在對話錄的《會飲篇》中講到：宙斯害怕人類的威力太大，將人切為兩半，愛情因此而產生，人要恢復完整統一狀態，醫治好被截開時的傷痛。小愛神艾若斯更殘忍，他憑著翅膀疾速飛行，將手中金箭和鉛箭向人群中亂射，散佈著「帶苦味的甜蜜」。愛情從起源上就不能擺脫傷與飛的特徵。在希臘神話中，除了神的愛情、英雄的愛情，還有大量的普通人的愛情，但幾乎都是從痛開始，又終於痛，中間含著淚和血。

　　人是「必死者」，愛情何以永恆。奧菲斯憑著金豎琴「上窮碧落下黃泉」，也不能讓愛情超越生死界限。兩顆心的完全融合是不可能的，柯法洛斯（Cephalus）與普羅柯瑞絲 Procris 的愛情毀滅於猜疑，畢拉穆斯（Pyramus）與緹絲碧（Thisbe）死於一個簡單的誤會。情慾不能專一，只能專橫，普羅柯妮（Procne）由愛生仇，席拉與阿奇斯被嫉妒所殺。情慾與血緣也常常衝突，席拉為了愛情而背叛了父親。也許納西瑟斯和愛珂的愛情最能證明這種無奈了：愛的是自己的影子，得到的是自己的回聲。

傷愛飛情

　　「飛」指的是變幻無常，在人類的所有愛的情操中，男女之愛情是最激烈偶然、最不可靠的。作為「飛」的一個旁證，在多數故事中，痛苦的情人都化成了飛鳥。人在極度的痛苦中一定渴望脫出血肉之軀，超越陸地與海洋，向天空去訴說。愛情是想飛的願望，結果飛翔與歌唱的是愛的傷痛。

　　愛情是以人性追求神性，以有限超越無限，其墜落無可避免。然而，傷與飛正是愛情的價值所在，正如有了死亡生命才寶貴一樣。如果誰的愛情不再痛苦，也不擔心飛逝，那一定不在愛情中。但關於愛情，我們沒有任何悲觀主義，因為這是生命最初的、也是最後的驅動力。

奧菲斯與尤瑞迪絲

ORPHEUS & EURYDICE

生死兩茫茫

關鍵字：音樂、還陽、回首

　　音樂曾經是穿越人與自然、人與神以及生與死的聲音和力量。海克力斯和翟修斯等英雄仗著強盛的生命力和手中的名牌兵器縱橫人間，來往陰陽兩界，而音樂家和歌手奧菲斯完成同樣的任務只依靠七弦琴與優美的歌聲。然而，他的音樂最終表明的仍不免是人類的悲哀與愛情的限度。

　　奧菲斯是瑟雷斯國王、河神厄阿格羅斯（Oeagrus）與繆思女神之一卡萊雅碧的兒子。也有人認為其父是音樂之神阿波羅，手中的七弦琴是阿波羅的饋贈。他的琴聲與歌聲具有超凡的魔力，能使樹木俯首聚集在周圍，野獸聽命來朝，石頭變得鬆軟，甚至排隊舞蹈。他曾參加阿果號奪取金羊毛的遠征，在阿果號船上，他曾用音樂降伏了大海的波濤和女妖塞壬。

　　音樂也為他帶來了可愛的妻子尤瑞迪絲。尤瑞迪絲美麗活潑，就像一曲快樂優美的歌。夫妻倆十分親愛，但幸福的日子並沒有多久，悲劇發生的時候，婚禮上的歌聲還在藍天白雲下飄蕩。有人認為是婚姻之神許門

《吸引動物的奧菲斯》 *Orpheus enchants the Animals*
布雪（François Boucher, 1703-1770）

ORPHEUS & EURYDICE

（Hymen）光臨婚禮帶來了厄運，他的冒煙的火炬燻得情侶眼含淚水。

那天，美麗的尤瑞迪絲和女伴們在綠色的山谷裡採摘春天的鮮花。牧人（或養蜂人）阿里斯泰爾斯（Aristaeus）為她的美麗失去了理智，魯莽地衝過來。尤瑞迪絲驚慌逃跑，踩到了草叢中的一條毒蛇，那蛇在尤瑞迪絲雪白赤裸的腳上咬了一口。美麗的新娘驚叫一聲，瞬間就倒在地上。奧菲斯趕來，面前已經是冰涼的屍體。他悲痛萬分，長歌當哭，天地萬物為之動容。

眼淚已經流盡了，但不能喚醒親愛的妻子。奧菲斯決定到冥界去，求冥王放回尤瑞迪絲。這是一個驚人的、未有先例的想法。陰陽兩界二元對立，人類只能單程旅行。起死回生將破壞宇宙的根本法則與神靈的權威，黑帝斯豈肯把自己的臣民歸還宙斯。

奧菲斯沒有超人的武功和兵器，他只有一顆悲痛的心和一支七弦琴。他從泰那洛斯（Taenarus）的一個深深的洞穴進入了幽暗的冥國，面前陰暗的冥河阿刻戎、斯提克斯像鉛一樣流動，這裡是陰陽兩國的界河。**擺渡由地府撐船人凱倫獨家壟斷經營。**

凱倫是黑暗之神埃瑞布斯和夜女神尼克斯之子，負責擺渡死者的靈魂去冥界。壟斷與特權自然會造成腐敗。死者在地上必須舉行葬禮，以示對冥界的尊重。舌下還要放一枚錢幣，作為凱倫的擺渡費。如果沒有葬禮和「**主動投幣**」，亡靈就要在此岸徘徊一百年才能上船。例外也有，海克力斯以武力威脅獲准入境，阿伊尼斯有「金枝」——來自冥后花園、是活人進入冥界的萬能通行證，奧德修斯也不知用什麼手段到冥界訪問過死難英雄。據說從冥府的幾個後門也可以免費進去，但路徑罕為人知。

船槳擊水的聲音傳來，凱倫來做又一趟生意。見是血肉之軀奧菲斯，

他堅決拒絕擺渡，還說是上邊的規定什麼的。奧菲斯萬般無奈，撥動了琴弦。琴聲猶如寬闊的波浪洶湧而去，沉重的冥河似乎因此變得輕快和明亮。凱倫迷醉了，在冥界工作這麼多年，從沒有聽過這麼動聽的聲音。他支起了槳聆聽，然後又不由自主地將船劃到了奧菲斯面前。

對岸就是陰氣森森的冥府，鬼魂在身邊影影綽綽，並發出深秋落葉一樣的沙沙聲，時而還傳來一聲驚叫或呻吟。奧菲斯無所畏懼，昂首前行，手中不停地彈奏，口中歌唱著愛情，呼喚著妻子，當然**也忘不了恭維冥界的各級管理人員**。冥國衛士三頭惡狗賽柏洛斯因此停止了狂吠，忘記了職責。就這樣，奧菲斯來到了黑帝斯的寶座前。他深深地向冥王鞠躬，仍然邊彈邊唱，歌頌美好的愛情，表達自己的悲傷。整個冥國充滿了美妙的聲音，眾多鬼魂聞聲而來，冥府要犯薛西弗斯、譚塔洛斯和達納俄等忘記了工作和痛苦，心如鐵石的命運女神、復仇女神和女巫總管赫卡蒂等不禁雙手掩面，免得別人發現她們軟弱。

黑帝斯慢慢垂下了威嚴的頭顱，冥后波瑟芬妮靠在丈夫肩頭，淚水在睫毛上顫動。也許他們由此想起了自己的愛情。生死界限是宇宙的最高律條，但黑帝斯決定破例一次，他憑斯提克斯河發誓，滿足奧菲斯的願望：「你可以帶尤瑞迪絲回到陽光之下。但是你必須遵守一個條件：尤瑞迪絲走在你後邊，走出冥國之前你不能回頭。」

快捷如思維的荷米斯在前面引導，奧菲斯跟在後面，欣喜而緊張，他不敢相信這是真的，他想回頭看看並擁抱妻子。不知走了多久，前方已經隱約可見亮光，那是冥府的出口。奧菲斯實在忍不住了，嬌弱的妻子會不會遠遠落在後面呢？為什麼沒有了妻子衣服沙沙的聲音呢？他終於不顧一切，回過身去。他看到了妻子年輕美麗的身影，甚至感覺到了那溫柔而傷感的目光。然而，只一剎那，尤瑞迪絲的身影就退回了無邊的黑暗之中。

《奧菲斯與尤瑞迪絲》 *Orpheus and Eurydice*
塞拉汝（Jacopo del Sellaio, 1441/1442-1493）
Museum of Western and Oriental Art, Kiev Oblast, Ukraine

奧菲斯痛苦絕望至極，他知道自己殺死了妻子。冥國恢復了照例的陰森與恐怖。奧菲斯像一尊沒有生命的雕像回到冥河邊。然而，奇蹟只能發生一次。他在河邊坐了七天七夜，**眼淚流的跟冥河水一樣多**，但已經不能動搖冥國鐵一樣的法則。

奧菲斯失魂落魄地回到瑟雷斯，剩下的唯有悲傷。幾年過去了，他不再對任何女子產生愛情。這可能惹惱了很多女人。同時，他崇拜太陽神，而不信仰酒神戴奧尼索斯——按尼采的觀點，日神精神與酒神精神是對立的兩極，這得罪了酒神的信徒。這一天，他和往常一樣來到山林中彈琴歌唱，正在舉行酒神祭禮慶典的女信徒們發現了他。她們大聲呼喊著：「這就是蔑視我們的傢伙！」並以酒神杖和石頭向他攻擊。奧菲斯仍然演奏著七弦琴，優美的琴聲甚至使石頭不忍落在他身上。但處於迷狂狀態的女信徒越來越多，尖叫和鼓聲壓過了琴聲。**她們瘋狂地將可憐的奧菲斯撕成了碎塊！**將他的頭顱和琴拋進了水流湍急的賀布魯斯河（Hebrus）。

但琴弦依然發出悲壯的聲音，令樹木花草垂頭，飛禽走獸哀泣，河川山林神女和護樹神女們披散頭髮，穿上黑色衣衫。就連沉默的山岩也在流淚，致使河水暴漲，將奧菲斯的頭顱和琴沖到雷斯碧（Lesbian）島。從此，該島經常響起美妙動聽的音樂，這裡夜鶯的歌聲也格外悅耳動聽。

後來，諸神把奧菲斯的七弦琴安置在群星之間，成為著名的**天琴座**。奧菲斯的靈魂來到冥國，終於與親愛的妻子相聚。據說他們中轉到福島仙境，永生永世再不分離。**也許只有死亡之後才有永恆的愛情吧。**

普羅柯妮與
菲蘿媚拉
PROCNE & PHILOMELA
夜鶯與燕子

關鍵字：綁架、報警、殺子

　　雅典國王潘狄翁（Pandion）娶了一位美麗的水澤仙女宙克西佩
（Zeuxippe）為妻，生下孿生兒子埃瑞克修斯和波特斯（Butes），還有兩
個漂亮的女兒普羅柯妮和菲蘿媚拉。姐姐普羅柯妮是作為禮品嫁出去的。
那時，底比斯國王拉達科斯（Labdacus）與潘狄翁發生爭執，興兵大舉進
犯阿堤卡。潘狄翁勢弱不敵，向瑟雷斯國王泰修斯（Tereus）求救。泰修
斯是戰神阿瑞斯的兒子，十分英勇善戰，他率部遠端奔襲，輕鬆地打敗底
比斯軍隊，解了雅典之圍。潘狄翁十分感激，也許覺得以後還用得著，於
是把長女普羅柯妮嫁給這位勇猛的戰士。

　　據說婚禮就不吉祥，可怕的復仇女神揮舞著從葬禮上拿來的昏暗火把
在附近徘徊。但英勇的泰修斯並不在意，新娘普羅柯妮也沉浸在甜蜜中。
婚禮之後，夫妻回到遙遠的瑟雷斯，生活也順利幸福，普羅柯妮生下兒子
伊堤斯（Itys），全國人民都很高興。就這樣，五年過去了。普羅柯妮逐漸
感到思念故鄉，思念親愛的妹妹菲蘿媚拉。

有一天，普羅柯妮以愛情的名義向丈夫請求回故鄉探望，或者由泰修斯去雅典將妹妹接來小聚。也不知泰修斯安的什麼心，他答應了後一個要求，並且很快準備好船隊，前往雅典。

潘狄翁熱情迎接女婿，泰修斯卻熱情地看著妻妹。菲蘿媚拉美若天仙，聲音清麗柔媚，讓泰修斯心中升起了強烈的慾望，**他終於知道自己此行的目的了**，不過表面還是彬彬有禮。（在有的故事中，泰修斯假稱普羅柯妮不幸去世，於是潘狄翁決定以菲蘿媚拉替補。）潘狄翁感到一種莫名的不安，但還是同意了菲蘿媚拉的瑟雷斯之行。他希望泰修斯能像父親一樣保護菲蘿媚拉，又囑託女兒早日歸來，陪伴年老而孤獨的父親。送別女兒時，他熱淚縱橫。

大船輕快地離開雅典港口，泰修斯掩飾不住興奮，高聲呼喊歌唱，一路上餓狼一樣盯著美麗的羔羊菲蘿媚拉。菲蘿媚拉情知不妙，但已經無能為力。瑟雷斯海岸到了，泰修斯沒有把菲蘿媚拉領到宮中去見姐姐，而是把她押到密林裡，囚禁在牧人的小屋中。菲蘿媚拉十分恐懼，哀求讓她見姐姐，泰修斯就欺騙他說普羅柯妮已經死了。有的故事中說，野蠻的泰修斯甚至不肯編一段謊言，就強姦了淚流滿面的菲蘿媚拉。回到宮中，他又欺騙普羅柯妮，說菲蘿媚拉已經不在人世。

可憐的菲蘿媚拉呼喚著父親和姐姐，向泰修斯哀求和訴說，但換來的是一次又一次的強暴。她覺得對不起姐姐，也不相信姐姐已經死去。絕望之中，她乞求神靈，並大聲詛咒泰修斯。泰修斯大怒，將她捆綁起來，揪住頭髮，殘暴地用利劍割掉了菲蘿媚拉的舌頭。這個場面讓奧林帕斯眾神都覺得膽寒。

悲慘的生活持續一年多，巨大的苦難磨礪了菲蘿媚拉的意志，她想出了一個向姐姐報信的辦法。坐在織布機前，她用很多天時間織了一片頭巾

《普羅柯妮與菲蘿媚拉》Philomela and Procne
伊莉莎白・珍妮・德納（Elizabeth Jane Gardner, 1837-1922）

（或長袍），上面像連環畫一樣繡著自己的苦難經歷（或說「**我在奴隸中**」
的字樣），然後以手勢哀求僕人，請僕人把頭巾交給姐姐普羅柯妮。

　　普羅柯妮接到奇怪的頭巾，仔細研究，終於明白一切。她悲痛萬分，
淚流滿面，但仇恨旋即燒乾了淚水，她決定向殘忍的丈夫泰修斯復仇。夜
晚來臨了，瑟雷斯的婦女們去山林中參加酒神節的狂歡。普羅柯妮頭戴葡
萄花環，手持酒神杖，跟著迷醉的女信徒們進入密林中，找到囚禁妹妹的
小屋，姐妹倆抱頭痛哭，發誓要向泰修斯報仇。

苦難已經讓姐妹倆像復仇女神一樣心如鐵石。回到宮中，普羅柯妮讓菲蘿媚拉藏進密室。這時，兒子伊堤斯走進來，抱著母親的脖子親吻。普羅柯妮心軟了片刻，忽然覺得伊堤斯如此像他的父親，心中的狂怒不可抑制，她拔出利劍刺進兒子的胸膛。生命只剩下了仇恨，意義全在於報復。姐妹倆已經墮入魔境，她們將伊堤斯的屍體切成碎塊，或煮或烤，做成了可怕的食物。

泰修斯回宮用餐，普羅柯妮親自侍候。昏庸的泰修斯也沒吃出什麼異樣，他甚至要找兒子來一起品嘗。普羅柯妮忍不住痛快：「你要找的人就在你身上！」泰修斯還不明白，菲蘿媚拉突然出現，把泰修斯兒子血淋淋的頭顱捧過來。泰修斯失魂落魄，慘叫一聲躍起，拔劍追殺迷失本性的姐妹。但是他已經不能追上了，一切因緣都按照神的意志就此了結：姐妹倆生出翅膀，變成了兩隻鳥，普羅柯妮飛進樹林，變成**夜鶯**，菲蘿媚拉飛上屋頂，變成**燕子**。（還有相反的說法）她們的胸部還留著泰修斯兒子的**鮮血染成的紅斑**。泰修斯變成長嘴大羽冠的**戴勝**，頭上的羽冠就像瑟雷斯人的髮式或泰修斯頭盔上的羽飾。普羅柯妮變成夜鶯後，發出「伊堤斯、伊堤斯」的叫聲，彷彿在呼喚自己的孩子。泰修斯化成戴勝，叫聲是「波宇、波宇」，意即「在哪裡、在哪裡」。而戴勝以高聳的羽毛和尖尖的嘴永遠地追趕著夜鶯和燕子，成為它們的天敵。

關於夜鶯的推源神話還有一種講法。底比斯國王撒塔斯的夫人埃冬（Aedon）十分嫉妒弟媳妮歐碧，因為妮歐碧有六兒六女（或七兒七女），而她只有一個兒子伊堤斯。一天深夜，埃冬手持短刀，潛入妮歐碧的兒子和伊堤斯一起睡覺的房間。第二天清晨，她發現殺害的是自己的兒子。她傷心過度，變成了**夜鶯**，每年春天都在樹叢中一遍又一遍地呼喚：「伊堤斯，伊堤斯。」

《普羅柯妮、菲蘿媚拉的殘忍復仇》
Tereus Confronted with the Head of His Son
魯本斯
Prado Museum, Madrid, Spain

柯法洛斯與
普羅柯瑞絲
CEPHALUS & PROCRIS
致命的猜疑

關鍵字：疑心、試探、意淫

　　雅典國王潘狄翁的兩個女兒普羅柯妮和菲蘿媚拉因為不幸的愛情變成了夜鶯和燕子，長子埃瑞克修斯在繼任雅典國王並贏得了一場戰爭後，死於宙斯的雷電（化為天上的御夫座）。埃瑞克修斯的女兒們如克托尼亞等在戰爭中被獻祭，奧瑞緹雅（Orithyia）被不解溫柔的北風神玻瑞阿斯搶走（生下著名的玻瑞阿代兄弟），倖存的普羅柯瑞絲則成為自己猜疑的犧牲品。

　　普羅柯瑞絲是眾姐妹中最美麗的一個，丈夫柯法洛斯也是名門之後（其可能的父親包括兩位神和一個國王），阿堤卡地區最英俊的青年獵手。英雄與美女的婚禮**傾國傾城**，結果很快又「**傾家**」，幸福的日子只持續了兩個蜜月那麼長。

　　有天黎明時分，柯法洛斯吻別美麗的妻子，來到許墨托斯山（Himet）獵鹿。玫瑰色的曙光女神厄俄斯（奧蘿拉）恰巧路過山林，看見英俊的柯

《柯法洛斯與普羅柯瑞絲》 *Cephalus and Procris*
魯本斯
Prado Museum, Madrid, Spain

法洛斯，芳心大動，略施手段，就把柯法洛斯帶到遙遠的東方、大地盡頭的宮殿中。

　　獵人成了獵物，據說還與厄俄斯生了一個兒子。但柯法洛斯是忠誠的丈夫，他懷念新婚妻子，整天鬱悶寡言，最後終於忍不住了，就懇求曙光女神放他回雅典。厄俄斯大怒，訓斥中不免添加詛咒：「好吧，回到普羅

柯瑞絲身邊去吧！不久你甚至會後悔認識她！」

曙光女神讓柯法洛斯對妻子產生了疑心，也許正是在她的幫助下，柯法洛斯改換了外貌，要考驗妻子是否忠誠。進了家門，見妻子普羅柯瑞絲愁容滿面，眼中含著淚水。於是他克制著親近的慾望，花言巧語引導普羅柯瑞絲忘卻杳無音訊的丈夫，而做他的妻子。普羅柯瑞絲不為所動，表示只愛柯法洛斯，並永遠忠誠於他。

遊戲應該就此結束，柯法洛斯卻不顧人性的弱點與限度，繼續進行殘酷的試探。他說柯法洛斯已經死去，然後又擺出大量的財寶首飾作為賄賂。普羅柯瑞絲先是遲疑，隨著禮物的倍增，她終於動搖了，表示同意陌生人的要求。就在這時，柯法洛斯恢復本來面目，大聲辱不幸的妻子：「不忠實的女人！我是你的丈夫柯法洛斯！我就是你不貞潔的見證人！」

普羅柯瑞絲羞辱難言，她低下頭，悲傷地離開柯法洛斯家，去了遙遠的克里特島。在茂密的森林中，她成為月亮女神阿特蜜斯的侍從。（也有人說她經受不住普忒勒俄斯〔Pteleon〕用金冠的引誘，背叛了丈夫，然後投奔克里特國王米諾斯，以身體換身份，後被米諾斯的妻子帕希法娥驅逐。）女神送給她一支能自動尋的、自動返回的梭鏢和一條奔跑如飛、所向無敵的獵犬萊拉普斯（Laelaps）。跟這位獨身主義的女教主在一起，普羅柯瑞絲也學會了仇恨一切男人。

雅典的家中，柯法洛斯十分後悔，他從自己日漸滋長的情慾中領會到，用情慾來考驗人是十分殘酷的。於是他來到森林中找到妻子，承認了錯誤（可能包括他失身於曙光女神的故事），並請她回家。普羅柯瑞絲**塵緣未盡，冤孽未了**，人意與天意都使她沒怎麼猶豫就回到了家中。有的神話說，月亮女神幫助普羅柯瑞絲化成一個美麗的獵裝少女回到家中，考驗柯法洛斯，結果可想而知。兩人一還一報，互相理解，和好如初。

柯法洛斯找回了妻子與愛情，還意外地獲得神槍和神犬，打獵的時候每發必中，好不威風和高興。這一天中午，他收穫甚豐，來到峽谷密林中，泉水淙淙，涼風送爽，他不由得痛快地叫喊：「快來吧，美妙的清涼！ 愛撫我敞開的胸膛吧！也請允許我呼吸你那甜美的氣息！」也有人說他呼喚的是曙光女神的名字。不管怎樣，他呼喚的**不過是涼風而已**。可一個雅典人路過山林，卻以為柯法洛斯在這裡呼喚情人，回去告訴了普羅柯瑞絲。歷歷往事湧上心頭，普羅柯瑞絲十分擔憂，決意要把事情搞個清楚。

有一天，普羅柯瑞絲走進丈夫常去的山林，躲在稠密的樹叢中。中午時分，驕陽似火，樹葉紋絲不動，柯法洛斯果然出現，高聲呼喚：「啊，溫柔體貼的清涼，快來呀，快來驅走我的疲勞！」

樹叢中的普羅柯瑞絲心中「啊」的一聲，忍不住身體一抖，觸動了樹枝。柯法洛斯立刻不玩意淫的語言遊戲了，他以為樹叢中隱藏著什麼野獸，用力投出了萬無一失的標槍。樹叢中傳來了一個女人的慘叫，而且是那麼熟悉的聲音。柯法洛斯衝進樹叢，見自己的妻子倒在地上，胸口鮮血湧流。

柯法洛斯趕快撕下自己的衣服，為妻子包紮傷口。普羅柯瑞絲氣息將盡，惦記的卻還是別人：「柯法洛斯啊，請你對奧林帕斯諸神發誓，別讓你剛才呼喊的那個女人進我們的家門！」柯法洛斯立刻明白了一切，心中更加悲痛，原來是自己濫用修辭害死了妻子。待他把事情解釋清楚，普羅柯瑞絲已經微笑著閉上了眼睛，靈魂飛入了黑帝斯的王國。

柯法洛斯因過失殺人罪，被驅逐出雅典，前往有七座城門的底比斯。以後多有英勇建樹，但餘生總不能快樂，自然也戒掉了「比喻」、「借代」*和「擬（女）人」的意淫修辭。

*編按：一種修辭學辭格。在語文中，放棄通常所用的本名或語詞不用，另找其他相關的名稱或語詞來代替的修辭方法，稱為「借代」。

畢拉穆斯與
緹絲碧
PYRAMUS & THISBE
血染的桑葚

關鍵字：阻隔、靈犀、誤解

桑葚本來是潔白的漿果，後來變成了紫紅色，那是一對情人的鮮血滋潤的結果。很久很久以前，在富饒的巴比倫（Babylon），賽密拉米斯（Semiramis）女王的治下，有一對甜蜜而不幸的情人。少年叫畢拉穆斯，是全國最俊美的男子，少女叫緹絲碧，是舉國矚目的嬌花。兩家是一牆之隔的鄰居，少男少女青梅竹馬（其實只有桑樹），情竇一開，很快萌生了愛情。熾熱的愛情使他們忽略了一個基本法則：愛情與婚姻是諸神搞資源平衡並實踐進化論的重要手段，**金童玉女的愛情從來沒有好結局。**

與羅密歐和茱麗葉的愛情一樣，畢拉穆斯與緹絲碧的愛情遭到了雙方父母的堅決反對。少年情侶常常能見面，卻只能眉目傳情，手不能拉到一起，唇不能親到一起，愛情像火一樣燒得心痛。不過，

世界上有兩件事情是壓抑不住的：愛情與咳嗽。

偶然之間，他們發現兩家之間的那堵牆上有一道裂縫。縫隙不大，都

《畢拉穆斯與緹絲碧》Pyramus and Thisbe
奈斯塔爾（Andreas Nesselthaler, 1748-1821）

PYRAMUS & THISBE

不能伸進一隻手，所以家中人並沒有在意。無孔不入的愛情終於找到了一個通道，於是，每天只要有機會，特別是夜深人靜的時刻，他們就來到牆前，將自己的雙唇緊貼在牆面上，對著縫隙輕輕訴說，傳遞信件，聊解思念之苦。

然而，**有限的交流反而引發了更深的饑渴**。透過狹窄的縫隙，情人的氣息交相流通，但看不到深情的目光，火熱的雙唇不能相吻，觸到的是冰冷粗糙的土牆。他們實在不能忍受了，於是密議到野外進行一次幽會。地點是城郊的尼努斯古墓，附近有一眼清泉，一棵白桑樹。他們約定，就在那棵桑樹下見面，不見不散。

少女緹絲碧的心激烈地跳了一天。日落西沉的時刻，她避開父母，偷偷溜出了家門。為了不被人認出，她頭上蒙了一塊面紗。此時夜幕還沒有降臨，緹絲碧來到古墓，坐在桑樹下，對幸福的期待讓她喘不過氣來。正在這時，她看見一頭母獅，大搖大擺地走來，渾身散發著獵食過後的腥臭，要去泉邊飲水解渴。緹絲碧心驚肉跳，轉身逃跑，面紗丟失在地上，也來不及去拾。在不遠處的一個岩洞裡，她癱坐在地上，心幾乎要跳出了嗓子。

其實，那頭母獅剛剛飽餐了一頓鮮肉，對緹絲碧並不像饑渴的情人那麼有興趣。它飲過泉水，轉身回來，看見地上那條面紗，也不知是要擦嘴還是對那芳香的氣息很生氣，就用血盆大口加上利爪，幾下就拽爛撕碎，然後回林中歇息去了。

少年畢拉穆斯難以脫身，耽誤了時間，待心急如焚地趕到幽會地點，情人卻不在。進入視線的是獅子的足印，再往前，他發現那條熟悉的面紗已被撕爛，且沾滿血跡。畢拉穆斯臉色慘白，幸福的憧憬立刻變成了悲慘的想像，他絕望地自責：「啊，親愛的姑娘，是我害死了你呀！我還有什麼理由活下去呢？」他拾起面紗，來到桑樹下，吻了又吻，「讓我們的血

流在一起吧！」他抽出寶劍，刺進了自己的胸膛。

此時，洞中的緹絲碧仍然渾身發抖，但愛情已經回到了她的心中。她小心翼翼地走出來，希望著趕快撲入情人的懷抱，把剛才驚險的場面和緊張的心情講給他聽。然而，當她來到桑樹下，獅子已經不見，情人正在血泊中痛苦地掙扎。手裡握著染血的面巾，胸口插著自己的利劍！

緹絲碧擁抱著正在變冷的身體，親吻著那從沒有親吻過的雙唇，淚如雨下，匯進了情人的血泊中。她哭喊著，「畢拉穆斯，告訴我這是怎麼回事呀？回答我吧，畢拉穆斯！」聽到戀人的呼喚，畢拉穆斯雙眼閃動了一瞬，然後永久地閉上了。

緹絲碧看到染血的面紗和空劍鞘，似乎明白了什麼：「畢拉穆斯，你一定是為我而殺死自己的。」她喃喃自語，「我的愛情和你一樣深，我也和你一樣勇敢。就讓死亡成全我們的愛情吧！**讓樹上的漿果作為我們流血的紀念。**」說完，她提起染血的利劍刺進自己的胸口。

緹絲碧倒在了畢拉穆斯的身旁。他們的鮮血匯流到一起，滲進地裡，滲入了桑樹的根鬚，**整棵白桑樹都被染紅**。從此以後，桑樹結出的漿果都是紫紅色的。

希茲與
阿爾柯妮
CEYX & ALCYONE
哀鳴的翠鳥

關鍵字：恬念、托夢、呼喚

　　人在極度的痛苦中一定渴望超越陸地與海洋，飛向天空，向廣闊的宇宙去上訴。中國有杜宇、精衛等不滅的精靈，而在古希臘，幾乎所有的鳥都是傷愛飛情的化身。

　　希茲是金星神（即太白長庚星）赫斯佩羅斯（Phosphorus）與仙女菲羅尼斯的兒子，色薩利地方的一位賢明的國王。他神采奕奕，猶如他光輝的父親。妻子阿爾柯妮（Alcyone）是風神阿伊歐樂士的女兒，美麗而忠貞。天神也許不喜歡人類的美滿，或許這對夫妻誇耀自己的婚姻幸福如同宙斯和赫拉讓神生氣，總之不幸開始降臨，希茲家族中連發不幸與怪異。希茲心神不寧，決定遠航愛奧尼亞的克拉洛斯（Claros），到那裡的阿波羅廟請求神示。

　　妻子阿爾柯妮聽說了丈夫的打算，十分驚恐，作為風神阿伊歐樂士的女兒，她深知海上風暴的險惡。於是她用潛在的危險、用甜蜜的愛情阻攔

丈夫，並表示，如果非去不可，她要跟丈夫同行。希茲心情沉重，他不願意須臾離開親愛的妻子，但更不忍心讓妻子去海上冒險。他安慰妻子說：「憑著我金光閃閃的父親發誓，當月亮完成第二回圓缺的時候，我一定回來。」然後就毅然決然地準備船隻和行裝。

槳手們劃動大船的時刻，阿爾柯妮嗚咽著暈倒在岸上。希茲想過來扶她，但大船已經飛一樣進入了深海。待阿爾柯妮淚眼朦朧地站起來，甲板上的丈夫正遙遙地向她揮手，並隨著白帆漸漸消失在海平線上。

希茲並不知道，他請求預言的航程正應了不幸的預言。航程剛過一半的時候，風雲突變，可怕的東風神歐洛斯（Eurus）趁著夜幕呼嘯而來，天上烏雲密佈，雷電交加，猙獰的波浪呼嘯著撲向天空，暴雨與大海連成一片。希茲大聲吩咐放下風帆，但咆哮的風浪吞沒了他的聲音，水手們的意志與技巧已經完全被巨大的恐怖瓦解。一道暗紅的閃電撕破冥河一樣的陰森幽暗，大船瞬間散落成碎片。希茲抱住一塊木板，掙扎在驚濤駭浪中，他向父親和岳父呼救，並一再呼喊著阿爾柯妮。他慶倖沒有讓妻子參加這滅頂的航程，他祈禱海浪能將他的屍體漂流到妻子的眼前。當一個大山一樣的巨浪將他吞沒的片刻，他還在呼喊妻子的名字。

與此同時，阿爾柯妮正在計算丈夫歸來的日子，準備重逢時穿戴的漂亮衣服。為了丈夫的平安，她常常虔誠地祭拜天神，特別是天后赫拉。赫拉終於不忍心了，她呼喚彩虹女神伊瑞絲，命令她去找睡神許普諾斯，通過他托夢給阿爾柯妮，讓這個不幸的妻子得知事情的真相。

伊瑞絲立刻披上她五彩長衣，飛向大地最西端的睡神洞穴。那是太陽神也不敢親臨的地方，雲霧和黑暗從地面蒸騰而起，微光在無力地明滅閃動，沒有雞鳴狗吠，沒有人類的話語，只有來自岩石底下的勒特河（冥河之一，或譯忘川）沉悶的流水聲催人睡眠。山洞前面長滿了罌粟等藥草，

《翠鳥》
克魯晏氏（J.G.Keulemans）

從它們的汁液裡採集的各種睡眠被散佈到整個黑暗的世界。睡神的宮殿沒
有門，中間有一張烏木床，黑色的帳子，裝飾著黑色的羽毛，在令人骨軟
頭昏的香氣中，主人正全身舒展地躺在波浪一樣的軟墊上睡覺。四周佈滿
了形形色色的夢，彷彿收穫季節穀物的莖稈，這些都是睡神的兒子。伊瑞
絲輕輕走來，拂去四周盤旋的夢，她的光彩立刻照亮了洞府。但睡神不肯

起床，甚至連眼睛也不睜開。伊瑞絲傳達了指令，但自己不敢停留片刻，她逃出洞穴時已經昏昏欲睡了。

睡神哈欠連天地命令摩爾菲斯（Morpheus）去執行任務。摩爾菲斯擅長模仿人類，並且專攻君王和偉人的睡夢。他展開翅膀無聲地飛行，片刻工夫便來到了阿爾柯妮的臥室，並變化為希茲。他面色蒼白，渾身滴水，倚在床邊，淚流滿面：「我的不幸的妻子，你還能認出希茲嗎？難道死亡已經改變了我的容貌？不過我只是希茲的陰魂，我的屍體還漂浮在愛琴海的波濤中。請你快穿上悲痛的黑衫，用哀悼送我進入地府吧。」

阿爾柯妮在睡夢中哭泣著去擁抱丈夫，卻撲了空。她醒過來，哪裡有丈夫的身影！她哭喊著撕扯自己的衣衫和頭髮，訴說著昔日的愛情，悔恨自己沒能和丈夫一起葬身大海。

清晨，阿爾柯妮來到了海濱，在當初與丈夫告別的地方，她彷彿回到了那傷感的一刻。不知過了多久，一具屍體被海浪推到了岸邊。阿爾柯妮定睛一看，不禁大哭起來：「啊，最親愛的丈夫，你就這樣回到我的身邊嗎？」她伸出雙臂，撲向了海中。就在這剎那間，她生出雙翅，變成了一隻**翠鳥**，並盤旋著，發出憂傷的啼鳴。它試圖用自己新生的翅膀擁抱那蒼白的屍體，並用鳥喙去觸動親吻它。那已經沒有生命的身體似乎有所知覺，也在瞬間化成了翠鳥（或說海鷗）。

從此，一對翠鳥雙飛在大海上，十分恩愛。冬天的時候，大海有七天寧靜的日子，鳥巢可以漂浮在如鏡的水面上，翠鳥在巢裡孵育它們的後代。這自然託福於風神阿伊歐樂士，這七天裡他把所有的風全都禁閉起來，從而保佑他的外孫兒、外孫女們出生和長大。以後每當翠鳥在海上築巢產卵時，大海就變得風平浪靜，這段時間叫「Halcyon Days」，意為「**太平歲月**」或「**美好時光**」。

席拉與尼索斯
SCYLLA & NISUS
情慾戰血緣

關鍵字：命髮、背叛、報應

女兒為了情人而背叛父親，是情欲對血緣的勝利，這種勝利總是散發著不吉祥的味道。按理說那個情人應該高興才是，一個女子提著父親的保險箱鑰匙（在下面的故事裡幾乎是**提著父親的頭**）來自薦枕席，是多麼提神壯陽的事情。但克里特國王米諾斯撞到這樣的好運時卻大恨且大怒，殘酷地懲罰了這個女人。也不知這件事情是因還是果——時間順序無法考證，米諾斯的女兒雅瑞安妮同樣因為愛上了大英雄翟修斯而出賣了父親，然後也被戀人遺棄在荒島上。

這一年，克里特國王米諾斯統帥大軍攻打梅格樂的海港城市尼塞亞（Nisaea.），但六個月過去了，尼塞亞城池巋然不動。情急之下，米諾斯請教預言家，結果得知：戰爭的結果竟然繫於一髮。原來，梅格樂國王叫尼索斯，是潘狄翁（或說阿瑞斯）之子，他頭上有一根（或一絡）紫紅色（或說金色）的閃光的頭髮，這是他的「命髮」。只要有頭髮在，他就不會死，完全顛覆了「皮之不存，毛將焉附」的公理。這可讓米諾斯為難了，如果

不能攻下尼塞亞，何以去研究尼索斯的一根變態的頭髮？

堡壘最容易從內部攻破，米諾斯的運氣從天而降──應該是從城牆上降下來的。尼索斯有一個女兒叫席拉，十分美麗多情。戰爭期間，她十分興奮，**平常哪能見到這麼多英俊勇敢的男子！**城牆上有一座塔，席拉經常到塔上俯視克里特軍隊的營地。男女鬥爭先於階級鬥爭，如果說席拉是觀察敵情，不如說是為了觀察敵軍中有沒有合適的情人。時間久了，她對克里特的將領和英雄已經了然於心，其中最傾慕的是國王米諾斯。

米諾斯戴上頭盔，手持盾牌，是那麼的英俊而優美。他投擲標槍或拉開強弓時，健美的姿態簡直勝過阿波羅。休戰時，米諾斯身披紫袍，騎著白馬奔馳在營地間，那麼清新灑脫。席拉情不自禁，她甚至嫉妒米諾斯手中的長槍和韁繩。她恨不得立刻跳下城牆，來到米諾斯面前。

有時，她呆坐在塔中，心裡亂紛紛的，口中自言自語：「應該感謝這場戰爭吧，它帶來了米諾斯。可米諾斯是我父親的敵人，愛上了他就背叛了我父親。為什麼我不能用愛情來結束這場戰爭呢？我要到他的軍營裡去，用父親的那根紫紅的鬘髮來換取他的愛情。」

這天夜裡，火熱的愛情讓席拉**完全失去了理智**。她走進父親的臥室，父親已經熟睡。她沒怎麼猶豫，就割下了父親尼索斯那根命髮。然後逃出城市，來到了敵人的營地，覲見米諾斯：「我是席拉，是尼索斯的女兒。**因為我愛你，所以將父親的頭髮和他的王國獻給你。**」

米諾斯大驚，不敢去碰那根神秘的頭髮和姑娘伸過來的手：「願諸神毀滅你，你這醜惡的女人。克里特島是宙斯誕生的聖地，決不容你這樣骯髒的女人來玷污！」

席拉如被巨雷轟頂，也許在那一刻她才明白：愛情是世界上最不可靠

的情操。她的情欲毀滅了父母之邦，她成了為所有人不齒的下賤叛徒。

由於尼索斯失去了命髮，米諾斯指揮大軍，輕鬆地攻克了尼塞亞城池。沒有人感謝席拉，後邊是廢墟、血泊和哭聲，前面是即將凱旋的侵略者。席拉被拋棄在岸邊，她快要瘋狂了：「忘恩負義的米諾斯啊，我為你犧牲了自己的父親和國家，將勝利帶給了你，只有你才能安慰我的罪孽啊！」

當克里特的船隊離開海岸的一刻，席拉跳進了海水中，也有人說在歸途中米諾斯將她拋進了大海。她緊緊抓住一艘船的船舵，在苦澀的海水中絕望地沉浮。這時，一隻海雕出現在空中，猛撲下來，用鉤嘴和利爪攻擊可憐的姑娘，這是父親尼索斯的化身。席拉驚恐地放開了手，在即將滅頂的瞬間，眾神出於憐憫，將她化為一種名叫客裡斯（ciris）的海鳥（或說百靈）。但即使到今天，她還未能擺脫海雕滿懷仇恨的攻擊。

格勞科斯與席拉

GLAUCUS & SCYLLA

美女變海怪

關鍵字：愛慕、嫉妒、魔法

希臘英雄奧德修斯回鄉路上身經百戰千難，但最恐怖的記憶一定是女海怪席拉。在通過席拉岩礁和卡瑞伯狄斯漩渦時，席拉突然將六條長長的脖子伸到船上，六張生滿利齒的大嘴同時咬住六個水手呼嘯而起。沒人能體會不幸的水手們的感受，而水手也不會知道──知道了會略感欣慰：席拉**曾經是個絕世美女**。

與梅格樂王國那個為愛情而背叛父親的公主同名，但此席拉並沒有背叛誰，為她招來禍患的恰恰是她拒絕愛情。關於她的父母眾說紛紜，可以肯定的是，她具有神的血統，否則一個凡女也不可能在後來升級為如此厲害的妖怪。席拉姿容十分美麗，據說海神波賽頓曾向她求愛，愛神也把她當作情敵。但少女非常高傲，不接受任何男人的愛情。

有一個青年漁夫叫格勞科斯（重名者甚多），英俊而勤勞。有一天，他拉網上岸，捕獲甚豐。正當他在草地上分揀活魚的時刻，那些魚忽然在

空氣中遊動起來，並很快回歸了大海。這裡非常僻靜，也沒有任何異兆。所以格勞科斯十分詫異，猜想地上的草有不同尋常之處。或許他心裡有進入大海的願望，於是他開始採集各種草，並且一一品嘗。他不知道，這些草是天神克羅納斯播下的神奇植物。當草的汁液進入體內時，他十分興奮，也很渴，並產生了游進大海的衝動。結果沒多大會兒，他就無法控制自己，縱身躍入了大海。

海洋的統治者俄刻阿諾斯（Oceanus）和忒提斯對歸化之民十分歡迎，並為他做了一番洗心革面的工作。成百條河流將河水不停地傾瀉在格勞科斯身上，改變了他的形體和一切感覺與意識。當他清醒過來時，下半身已呈魚尾的形狀，長長的頭髮、長長的鬍鬚如漂動的綠海藻。海神們紛紛慶賀他的新生，他也以為自己是一位儀表堂堂的海神了。

不過，格勞科斯身上的人性似乎沒能全部清除。有一天，他浮在岸邊的淺海中，看見不遠處走來一位美麗的少女。這就是席拉，她來到一片清澈的水中，拋下長衣，快樂地沐浴著美麗的身體。格勞科斯立刻愛上了她，覺得她比海裡的任何魚類都美。他升到水面，向席拉表示了愛慕。少女十分恐懼，轉身逃跑，到一處懸崖上，又忍不住回頭好奇地觀看。格勞科斯將身體倚在礁石上，語氣溫柔而自信：「小姐，我不是可怕的怪物或海獸，從前我是凡人，現在是一位高貴的海神。」他講述自己變形的故事和快樂，試圖以此博取少女的好感。但他**只知道魚之樂，卻忘了人之樂**，席拉也許覺得有趣，卻根本不想和他戀愛。

格勞科斯感覺到了人類特有的痛苦。萬般無奈，他決定向女巫細爾茜求助。細爾茜是最著名的女巫，精通巫術與毒草。她曾害死了丈夫，也曾把奧德修斯的夥伴們變成豬。但她對格勞科斯卻一向很有好感，所以，在聽完格勞科斯的訴說後，她十分嫉妒。她勸格勞科斯放棄徒勞的愛情：「如

果她藐視你，你就加倍藐視她。」但格勞科斯卻死心塌地：「除非海底長起大樹，山頂上生出海草，否則我絕不放棄對席拉的愛情。」他懇求細爾茜使用魔法魔藥，讓席拉產生對等的愛情。

女巫憤憤不平，但她不想懲罰格勞科斯，因為她喜歡他。這樣，她的情敵就倒楣了。她取出各種毒草，熬成一鍋冒著氣泡的黑湯，再附上魔法和符咒，然後傾倒在西西里島的一個海灣中。這時，席拉趕來沐浴，她站在齊腰深的清涼海水裡，忽然看到身體周圍出現了一些毒蛇和吠叫的怪物。她恐懼地逃開，卻發現它們已經成為她身體的一部分。伸手所及，是一張張血盆大口。就這樣，美麗的少女席拉變成了十分兇殘的巨大海怪。它有六個長脖子，六隻蛇頭（或說狗頭），每張嘴裡有三排利牙，下身長著十二隻腳。它盤踞在西西里和義大利之間海峽中的一個洞穴裡，與另一個怪物卡瑞伯狄斯為鄰，兇殘地吃掉經過的水手，直到最後變為一尊岩石為止。英語習慣用語有「**Between Scylla and Charybdis**」的說法，即前有席拉巨石，後有卡瑞伯狄斯漩渦，約等於漢語的「**進退兩難**」。

埃薩科斯與
赫斯珀里亞
AESACUS & HESPERIA
不死的哀傷

關鍵字：愛殤、悔恨、潛鴨

　　特洛伊國王普瑞阿摩斯有一大群英雄兒女，如偉大的赫克特、多情的帕里斯和聰明的卡珊卓等。其中埃薩科斯並沒有顯赫的聲名，他出生在城外伊得山的樹林中，母親是美麗的河流仙女格拉尼科斯。這個男孩從小喜歡河流山川，對富饒的特洛伊和父王豪華的宮殿毫無興趣。但他的性格並不因此粗野，反而恬靜優雅，彬彬有禮，就像一片清新自然的草地。對這樣一位優美純淨的青年，愛情都彷彿是一種打擾和罪過，但愛情還是如期地降臨了。

　　森林中有一個仙女赫斯珀里亞，十分美麗清純，也不諳愛情。有一天，她在刻布壬河中沐浴過後，在陽光下梳理飄柔的秀髮，並讓清風將它吹乾。這時，埃薩科斯向她走來。兩人相遇已經不是第一次了，埃薩科斯心裡升起了美好的愛情，眼前那優美的景象尤其喚起了他親近的願望和勇氣，於是大著膽子徑直走來。美麗的赫斯珀里亞對這位少年並無惡感，但還是嚇得轉身逃跑——這是**仙女們慣有的姿態**。埃薩科斯並不瞭解女性心

《獨眼巨人》 *The Cyclops*
魯東（Odilon Redon, 1840-1916）
Kröller-Müller Museum, Otterlo, Netherlands

AESACUS & HESPERIA

理，也沒有宙斯那樣的變形花招，愛情又強烈得不可控制，所以在後面快步追趕。

不幸就在這一刻發生了。仙女慌不擇路，奔向一片危險的草地。突然，一條毒蛇被驚動，在她雪白的赤足上咬了一口。赫斯珀里亞立刻坐在草地上，毒液進入她美麗的身體，麻痺了那愛情之花還未曾綻放的心靈。望著飛奔過來的美少年，她的眼裡沒有恐慌，只剩下了迷茫。

埃薩科斯跪在地上，把仙女抱在懷中，那雙美麗的眼睛已經永遠閉上了。埃薩科斯痛苦得要發瘋：「赫斯珀裡亞，我是多麼愛你，可是我卻害死了你！現在我是多麼悔恨追趕你啊！如果我不以自己的死向你贖罪，那我就比毒蛇還要歹毒！美麗的姑娘，讓我去陪伴你吧，那是結束我的痛苦的唯一辦法！」

埃薩科斯滿臉是淚，走到高高的懸崖上，縱身跳進波濤洶湧的大海。這時，海洋女神忒提斯心生憐憫，用海浪輕柔地接住了他。在他沉入海底時，女神讓他的全身披上羽毛，於是他又從水中漂浮上來。待浮出海面，已變成一隻海鳥。埃薩科斯又急又怒，他想死去，不願違心地痛苦活著。於是，他搧動起剛剛長出的翅膀，飛上高空，然後全力紮入大海，然而，不沉的羽毛在他入水時再一次將他浮起。他一次又一次沖入大海，但一次又一次地徒勞。他的軀體漸漸縮小，雙腿變得細長，最終變成了一隻潛鴨。但直到今天，他仍然懷著負罪的愛情一次又一次地撲向大海。

阿奇斯與
葛拉緹雅
ACIS & GALATEA
偷窺的獨眼

關鍵字：單戀、妒火、毀滅

　　大海的君王波賽頓與自然女神索歐莎結合，生下了著名的巨人組合庫克羅佩斯（有的神話認為庫克羅佩斯是烏拉諾斯與蓋亞之子，是為宙斯研製雷電的**三人科研小組**），庫克羅佩斯中最著名的是波利菲穆斯。這位巨人身材彷彿大山，毛髮十分發達，神力自不待言，最有趣的是只生一隻眼睛，又大又圓。波利菲穆斯是化外之民，不受宙斯的管轄，在海島上過著牧羊人的自在生活，有機會的時候也抓個人什麼的塞到口中，希臘英雄奧德修斯的幾個小夥伴就成了他的點心。不過，**宙斯的化外之民卻逃不脫愛情女神的控制。**

　　葛拉緹雅（Galatea，與畢馬里翁的象牙美女同名，翻譯不同）是古老的海神涅柔斯的女兒，涅柔斯是平靜海洋的化身，於是女兒也有溫柔嫻靜的性格。葛拉緹雅與浮奴斯（Faunus，羅馬神話裡的牧神與林神）之子、英俊的西西里牧人阿奇斯深深相愛，經常結伴在海濱和山間散步遊玩。獨目巨人波利菲穆斯也經常在這一帶活動，人們似乎也不特別害怕他，因為

《阿奇斯與葛拉緹雅》 *Acis, Galatea, and Polyphemus*
沛希耶（François Perrier, 1594-1650）
Musée du Louvre, Paris, France

巨人雖然很醜陋，但也很溫順，有的姑娘還敢戲弄他。**他們忽略了巨人的體內有巨量的荷爾蒙。**有一天，葛拉緹雅從蔚藍色的大海中走來，美麗矯健，充滿青春的魅力。波利菲穆斯突然感到幸福與苦痛交織，他刻骨銘心地愛上了葛拉緹雅：「啊，絕美的阿芙蘿黛蒂啊，你竟然能讓一個敢於藐視奧林帕斯眾神的巨人變成你的奴僕！」

愛情也將粗野的巨人變成了紳士，巨人不再認真經營羊群和山洞，開始格外關心自己的容貌和舉止。他用十字鎬或耙子梳理亂蓬蓬的頭髮，用鐮刀割短亂糟糟的鬍鬚。現在，他外表不再那麼野蠻，性格也似乎變得溫和了。臨水自照，覺得自己那**探照燈一樣的大眼睛含情脈脈**，甚至還帶點感傷，基本符合情人的標準。但在這時，預言家忒勒摩斯來到西西里的海岸邊，看見神魂顛倒的巨人，遂宣佈了一個殘酷的預言：「你額上唯一的眼睛將

被奧德修斯挖掉。」波利菲穆斯豪放地大笑，說：「你真是最愚蠢的預言家，**這只眼睛現在並不是我的，而屬於一個女人。**」也有人認為，巨人此時正為愛情而傷心，忽略了預言的嚴峻性。

這天，單戀的大情人來到海邊，放下桅杆一樣粗長的大棒，取出用一百根蘆葦做成的蘆笛，用力吹著甜美的曲子，偶爾還高聲歌唱一段。與此同時，葛拉緹雅和阿奇斯正在不遠處的一個山洞口纏綿，他們偷偷地聽著巨人的演唱，十分開心。而巨人突然感覺異樣，他站起身來，發現了他的心上人葛拉緹雅正在和一個身材一點都不高大的人親熱。波利菲穆斯妒火中燒，他放開喉嚨大吼，連埃特納火山都發出回聲：「我看見你們了！好啊，我讓你們這次見面成為最後一次！」

這對甜蜜的小情人感到大地震動，隨後看見巨人正憤怒地衝來。葛拉緹雅嚇得跳進了大海，溫柔的海浪立刻親切地將她保護起來。阿奇斯向大海伸出雙手，呼喚自己的父母和情人。獨目巨人更加憤怒，他撕下一大塊山岩（或推倒一座山峰），砸向阿奇斯。由於用力過大，只有山岩的邊緣砸到了阿奇斯，但這已經足夠了。殷紅的鮮血從岩石下流出，如汨汨的泉水。但血的顏色愈來愈淡，終於消盡殷紅，變成了一條河。隨即岩石迸裂，生出了蘆葦。水流中阿奇斯顯露出上半身，頭戴葦冠，臉色淡藍，他已變成河神。河水流向大海，去尋找他的愛人。這就是阿奇斯河。也許是偷窺的報應，巨人波利菲穆斯後來被《奧德賽》的主人公奧德修斯用卑劣狡猾的手段刺瞎了唯一的眼睛。

納西瑟斯與愛珂

NARCISSUS & ECHO

孤獨的愛情

關鍵字：自戀、回聲、水仙

　　顧影自憐的美少年與只能發出回聲的仙女，他們的相遇彷彿是為了證明兩顆心的融合是多麼的無望。仙女的名字是愛珂，原為地母蓋亞之女，赫拉的侍從，主管山林間的回聲。（或者只是赫立貢山的一位自然仙女，沒具體職務）她十分美麗，但比大多數的女孩更愛說話，無論在什麼樣的場合，最後的一句話都要由她來說。這倒讓宙斯很喜歡，因為如此愛好可以分散赫拉的注意力，讓他**有足夠的時間與仙女們調情並安全撤離。**

　　果然，這一天，天后赫拉跟蹤宙斯，路上遇見了饒舌的愛珂，小仙女也許是無意的，拉著天后嘰嘰喳喳地說個沒完。等天后回過神來，宙斯早已經辦完了好事，無影無蹤。赫拉大怒，決定懲罰愛珂：「你要失去舌頭的作用，沒有能力去說第一句話，而只能重複別人的最後一句話。」對愛珂來說，這殘酷至極。她從此沒有了主動說話的能力，只能毫無意義地重複別人剛說完的後半句話。談戀愛就很不方便了，而且更不幸的是，她愛上了最不該愛的人：納西瑟斯。

《納西瑟斯》 *Narcissus*
布留洛夫（Karl Pavlovich Bryullov, 1799-1852）
The Russian Museum, St-Petersburg, Russia

美少年納西瑟斯是河神刻菲索斯（Cephissus）和水澤女神利里俄佩（Liriope）之子。當初他出生後，母親利里俄佩向預言家提瑞西阿斯詢問兒子的命運。先知說：**「這孩子只要不看到自己的臉，就能夠長壽。」**提瑞西阿斯此時尚未成名，利里俄佩是第一個客戶，因此對這個荒謬的預言並沒有放在心上。十六年後，提瑞西阿斯正是因為這個預言而名動希臘。

　　這個預言可能反映了一個原始的觀念：**人害怕看見自己的臉或影像。**不過，在那時，人們並沒有多少這樣的機會。納西瑟斯因此健康成長，在十六歲時成為希臘著名的美少年。他不需要看到自己的臉了，因為所有的人都是他的鏡子，無數的女子愛上了他。這使他不缺乏愛，並進而只愛自己，拒絕任何女子的愛情，當然，他自然不會主動跟任何女子說話的。

　　有一天，納西瑟斯進山林中打獵，與夥伴們走散。碰巧被仙女愛珂看見，愛珂立即愛上了他：天下竟然有這麼美麗的少年啊！有趣的是，兩個人的精神世界呈現對稱性：納西瑟斯唯我主義，只愛自己，愛珂沒有自信，只能愛別人。兩個人的愛都是半塊，似乎可以互相彌補。若在從前，以愛珂喋喋不休的性格也許恰好可以對付不愛理睬人的少年。但現在他們缺乏交流的可能和能力，少男拒絕接受，少女無法給予。**愛情是從愛自己出發的，並像雷達一樣要求回波**，他們都缺少其中的一項，所以是天地間最遙遠的一對。

　　愛珂已經沒有了主動說話的能力，只能懷著焦急的愛情在後面跟蹤。這時，納西瑟斯大聲呼喚同伴：「誰在這裡？」愛珂十分高興，以為在問她，但她只能回答：「這裡。」納西瑟斯聽見聲音卻不見有人，他向四周巡視著大喊：「你快過來吧！」愛珂照樣重複後半句作為回答：「來吧！」納西瑟斯仍不見夥伴出現，接著又喊道：「讓我們彼此在一起吧。」仙女愛珂十分欣喜，回答了「在一起吧」，立刻現身，來到美少年面前，並擁

抱他。納西瑟斯吃了一驚，見是一個少女，立刻顯出厭惡的表情，粗暴地推開她：「放手吧！我寧死也不願和你在一起！」說完轉身走開了。

愛珂萬分難過，但仍然回答了半句：「願意和你在一起！」她痛苦地藏進了密林深處，從此再不露面。但她仍然深深愛慕納西瑟斯，並日思夜想。悲傷漸漸銷蝕了她的血肉，她的骨骼變成了**岩石**，一塊只能發出回聲岩石。她的靈魂只是回聲。當人們在山林中呼喊的時候，能聽到她悲哀的回聲。

有的神話中說，愛珂是被情慾受傷的牧神潘唆使一群歹徒打了個香消玉殞，甚至認為她為潘生了個女兒伊雲科斯（Inyx）——這個女兒後來因為用魔咒為自己（或愛奧）贏得宙斯垂愛，被赫拉變成了歪脖鳥。

納西瑟斯對此毫不在意，並繼續發展他的自負和冷漠，從而傷了很多仙女凡女的心。有一次，一位遭到羞辱的仙女大聲詛咒他：「納西瑟斯，讓你也愛！讓你將來所愛的人對你不以愛相報！」有的故事說，一個同性戀美少年阿彌尼俄斯（Aminias）在被納西瑟斯拒絕後自殺，死前也祈禱神靈懲罰這個無情的美少年。神自然也反感極端傲慢的個人主義者：你把自己當神了？女神們更覺得自己的性別與魅力都受到了蔑視。於是，在不同的神話中，都說懲罰納西瑟斯的是女神：如愛神阿芙蘿黛蒂，報應女神涅墨西斯，甚至重案組的復仇女神都出場了。性別衝突體現出了政治含義。

春日裡的一天，納西瑟斯狩獵途中，路過一條小溪，他想喝幾口泉水。這條溪水從沒有被牧人和羊群污染，也沒有微風吹落的樹葉和花瓣，水準如鏡。但就在納西瑟斯俯身的瞬間，他看見了自己在水中的倒影：優美的**鬈髮**，臉龐如象牙，嘴唇如玫瑰，那可能是世界上唯一能與他媲美的姿容吧。命運與詛咒同時生效：他無可救藥地**愛上了自己的影子**。他以為那是水中的精靈，但他將手伸向水中的時候，精靈就不見了。當他的手收回，

美麗的面容重現，並與他深情地對視。有的神話中說，納西瑟斯有個孿生的妹妹死去，他以為水中的倒影是自己的妹妹，故不忍離去。

從此以後，納西瑟斯每天臨水自照，向影子訴說愛情：「美麗的精靈，你也向我微笑，並伸出手臂，但最後為什麼要躲避我呢？我的面容是不會令你厭惡的。」他的眼淚滴進水裡，顫動著倒影，他的心也在顫抖。愛珂的靈魂就在附近，納西瑟斯呼喚水中的情人：「自負的心上人，再見！」就聽到有人回答：「再見！」但納西瑟斯終於不能親近他的唯一所愛，最後憔悴而死，化成了**水仙花**。愛珂與水澤神女們都很悲傷，準備了一個火葬堆，但她們看見的是冷豔孤高的水仙：翠綠的花莖，紫紅的花心，潔白的花瓣，一塵不染。

「**納西瑟斯之戀**」即自戀，也可稱為「**水仙花綜合症**」。

適度的自戀可以維持心理與人格的完整，但將愛完全封閉向內，必將「熱寂」。

著名雕刻家、賽普勒斯國王畢馬里翁也曾患有厭女症，但卻愛上了自己雕刻的象牙少女像，最後得愛神幫助，冰冷的雕像變成了溫柔美女葛拉緹雅，二人從此過上了幸福生活。「**畢馬里翁之戀**」指人愛上自己的作品或創造物（如文章或孩子）；「**畢馬里翁效應**」（也稱羅森塔爾效應〔Rober-tRosenthal Effect〕）強調的是愛心與期待的力量。但不知畢馬里翁遭遇納西瑟斯是否有治療效果。只聽說納西瑟斯死不改悔，陰魂經過冥界的阿刻戎河、斯提克斯河時，還一直俯身捕捉自己的倒影。那瀝青一樣的冥河水是映不出青春的嬌顏的。

作者後記

「個體自我的每一次偉大的提高，都源於同古典世界的重新接觸。
當這個世界被遺忘的時候，野蠻狀態總是重現。」

——德國哲學家雅士培（Karl Theodor Jaspers）

　　多年來，我一直在一所典型的工科大學講授《希臘神話欣賞》等通識課程。我曾跟同學們開玩笑說：「你們的專業課相當於紅燒豬腳，我這課是豬腳邊上鋪的生菜葉。」但我心裡一直很虔誠地感謝希臘諸神，很歡喜地感謝講臺下的學子，很愧疚地感謝我的妻子劉東梅女士；這門課程沒有學術深度，也不如發表論文「有用」，講了二十幾年，就是因為快樂。

　　儒家聖人對神靈「敬而遠之」，現代領袖批評「言必稱希臘」。因此早年我對神話的印象就是教科書的定義：人類童年時期對世界的初級認識。讀研究所時學《西方哲學史》，看法開始轉變，討論課上我曾對《舊約》中上帝造人的故事「過度闡釋」：「用泥土造人，反映了人對大地的依賴，是徹底的唯物主義；以亞當的肋骨製造夏娃，絕非男性中心主義的壓迫，而是女性對男性的剝奪：因為有了女人，男人就少了骨頭。」後來我開設了希臘神話課程，並在文學雜誌上發表了部分講義，講義由此開始變書籍。

　　書籍出版是契約也是因緣，故事不再言說，心中感激長存。此次原點推出繁體中文版，我格外欣喜，原因不喜「繁體字情結」。但「簡轉繁」十分繁瑣，如電腦軟體會將簡體動詞「奔 」直轉名車「賓士」，專有名稱多靠人工替換，個別辭彙轉換近乎翻譯。另外，原點為所有地名、人名添加

了英語形式，便於讀者檢索、對照。編輯邱怡慈小姐為此付出了辛勤勞動，在此表示敬意和感謝！

　　希臘神話、荷馬史詩是人類共有的文化財富。搞清楚「巴黎」與「帕里斯」、「愛馬仕」與「荷米斯」的關係是專家的事，但普通遊客若想提升一下國際土豪形象，希臘神話知識必不可少。否則出了老佛爺，進了羅浮宮，就可能如虛擬場景「邁達斯遇見梅杜莎」一樣。若論趣味性和深邃度，希臘的神話與傳說秒殺全部小說史。

　　有學者認為，今日「新人類」主要為「同齡文化」所塑造，也許有些誇張。但雅士培（Karl Theodor Jaspers）在《時代的精神狀況》（*Die geistige Situation der Zeit, 1931*）一書中的告誡是正確的：「個體自我的每一次偉大的提高，都源於同古典世界的重新接觸。當這個世界被遺忘的時候，野蠻狀態總是重現。」

陳喜輝

2016 年 1 月 12 日於哈爾濱

參考書籍

1. （古希臘）荷馬《伊利亞德》，羅念生、王煥生譯，人民文學出版社，1994 年
2. （古希臘）荷馬《奧德賽》，王煥生譯，人民文學出版社，1997 年
3. （古希臘）赫西俄德《神譜‧工作與時日》，張竹明、蔣平譯，商務印書館，1991 年
4. （古希臘）阿波羅多洛斯《希臘神話》，周作人譯，中國對外翻譯出版公司，1999 年
5. （古羅馬）奧維德《變形記》，楊周翰譯，人民文學出版社，1984 年
6. （古羅馬）維吉爾《阿伊尼斯紀》，楊周翰譯，譯林出版社，1999 年
7. （德）斯威布《希臘的神話和傳說》，楚圖南譯，人民文學出版社，1978 年
8. （美）布林芬奇《神話時代》，胡榮發譯，遼寧教育出版社，2000 年
9. （俄）尼‧庫恩《希臘神話》，朱志順譯，上海譯文出版社，2006 年
10. （法）馬里奧‧默尼耶《希臘羅馬神話和傳說》，梁啟炎譯，灘江出版社，1996 年
11. （德）古‧夏爾克《羅馬神話》，曹乃雲譯，譯林出版社，2000 年
12. （英）奧斯本 等《古典神話》，楊俊峰等譯，遼寧教育出版社，2000 年
13. （英）丘爾契《希臘悲劇故事集》，施咸榮譯，中國青年出版社，1980 年
14. （德）C.W. 西拉姆《神祇‧墳墓‧學者》，劉迺元譯，三聯書店，1992 年
15. （德）埃米爾‧路德維希《施利曼傳：一位尋金者的故事》，冷杉等譯，遼寧教育出版社，2001
16. （美）查理斯‧米爾斯‧蓋雷《英美文學和藝術中的古典神話》，北塔譯，上海人民出版社，2005 年
17. （美）伊蒂絲‧漢密爾頓《希臘方式：通向西方的文明源流》，徐齊平譯，浙江人民出版社，1988 年
18. （美）J.E. 齊默爾曼《希臘羅馬神話辭典》，張霖欣編譯，陝西人民出版社，1987 年
19. 魯剛《世界神話辭典》，遼寧人民出版社，1989 年
20. 羅念生《希臘漫話》，三聯書店，1988 年

國家圖書館出版品預行編目（CIP）資料

句句有梗的希臘神話 / 陳喜輝作. -- 三版. -- 新北市：原點出版：
大雁文化發行, 2023.11
400面；17 X 23公分
ISBN 978-626-7338-33-9（平裝）

1. 希臘神話

284.95　　　　　　　　　　　　　　　　　112015944

句句有梗的希臘神話
（原：神啊，每天來點希臘神話負能量！）

作　　　者	陳喜輝
封 面 設 計	POULENC、白日設計（三版調整）
內 頁 構 成	黃雅藍
執 行 編 輯	邱怡慈
校　　　對	柯欣妤
業 務 發 行	王綏晨、邱紹溢、劉文雅
行 銷 企 劃	蔡佳妘
主　　　編	柯欣妤
副 總 編 輯	詹雅蘭
總 編 輯	葛雅茜
發 行 人	蘇拾平

出　　版　　原點出版 Uni-Books
　　　　　　Facebook: Uni-Books 原點出版
　　　　　　Email: uni-books@andbooks.com.tw
　　　　　　新北市231030新店區北新路三段207-3號5樓
　　　　　　電話：(02) 8913-1005　傳真：(02) 8913-1056

發　　行　　大雁出版基地
　　　　　　新北市231030新店區北新路三段207-3號5樓
　　　　　　24小時傳真服務：(02) 8913-1056
　　　　　　讀者服務信箱 Email: andbooks@andbooks.com.tw
　　　　　　劃撥帳號：19983379
　　　　　　戶名：大雁文化事業股份有限公司

初版 1 刷　　2016年01月
三版 1 刷　　2023年11月
三版 2 刷　　2024年03月
定　　價　　460元
I S B N　　978-626-7338-33-9

大雁出版基地官網：www.andbooks.com.tw